老いのこころ
加齢と成熟の発達心理学

佐藤眞一・髙山 緑・増本康平［著］

はじめに

　日本の超高齢化はますます加速し，2060年には65歳以上の高齢者の割合（高齢化率）は39.9％にも達すると予想されています。しかし，その一方で，総人口はすでに2010年をピークに急激な減少に転じています（内閣府「平成25年版高齢社会白書」）。人口が減少するにもかかわらず高齢者の多い社会は，労働力が少なく，将来を担う若者や子どもたちも少ない社会です。高度成長期のように経済的活力が増大していくことは，当面の日本には望めないのかもしれません。

　しかし，高齢者が多いことは，成熟した大人の文化を発展させる契機でもあり，こころ落ちついた，優しさに満ちた社会にすることが可能です。その実現のためには，社会の高齢化に伴うさまざまな課題の解決が必要なばかりでなく，それと同時に私たちは，人が老いるとはいかなることか，老いた人とはどのような人であるかを，知る必要があるのではないでしょうか。

　本書は，高齢期の発達心理学のテキストであるとともに，研究成果に基づいた書物として，読者が「個人の老い」と「社会の老い」を考えつつ読み進められるように工夫をしました。

　まず，本書の専門分野を「高齢期の発達心理学」と位置づけましたが，これは生涯発達心理学という研究領域によって，発達とは「心身の成長と老化の各側面を包含するものであり，そしてまた，それらは同時に生起している現象である」と定義されたことに基づいています。つまり，老いの只中にある高齢者にも心理的成長が認められ，その両者を含めて発達と呼んでいるのです。ですから，本

書では，高齢者のポジティヴな面を常に意識して書かれています。この点が本書の第1の特徴といえるでしょう。

　第2の特徴は，心理学の新たな手法を駆使する新進気鋭の若手（増本），近年の研究の発展に自ら寄与している中堅（髙山），そして老年心理学の黎明期から研究をスタートさせたベテラン（佐藤）の3人の研究者によって書かれていることです。

　また，本書は3つの部から構成されています。第Ⅰ部「老いを包む社会」では，人生における老いの意味，生涯についての考察，そして引退という人生半ばの最大のライフイベントを核に，その後の老いとは何かを考えます。第Ⅱ部「老いのこころのメカニズム」では，発達心理学のテキストとしての内容が示されます。感覚，認知，学習といった基礎的な老年発達の様相から始まり，英知を含むより高次な知的機能の成熟と加齢，人生航路におけるパーソナリティの変化と発達，家族や社会とのつながり，そして高齢期のこころの病気とその対処について最新の知見が提示されます。第Ⅲ部「老いて，生きる」では，まず，人生終末期の心理発達を超高齢者の生き方に求めました。そして，老いの先にある死についての論考が続きます。最終章として，超高齢社会を高齢者と共に生きる若い世代にとっての課題を提示します。

　最後に，本書の企画から出版まで私たち著者を辛抱強く励まし続けてくださった有斐閣書籍編集第2部の中村さやかさんには篤く感謝申し上げます。本書が高齢期の発達心理学の発展の一助になることをこころより願ってやみません。

　2014年3月

著者を代表して　**佐藤　眞一**

著者紹介

佐藤 眞一（さとう しんいち）

執筆担当　第 1, 2, 3, 11, 12, 13 章
現　職　大阪大学名誉教授，大阪府社会福祉事業団特別顧問，博士（医学）
主　著　『認知症の人の心の中はどうなっているのか？』光文社，2018 年
　　　　『心理老年学と臨床死生学』（編著）ミネルヴァ書房，2020 年
　　　　『高齢期の発達科学』（編著）新曜社，2024 年

髙山 緑（たかやま みどり）

執筆担当　第 6, 7, 8, 9 章
現　職　慶應義塾大学理工学部教授，博士（教育学），臨床心理士，公認心理師
主　著　『高齢者心理学』（分担執筆）朝倉書店，2008 年
　　　　『発達科学入門 3　青年期〜後期高齢期』（分担執筆）東京大学出版会，2012 年
　　　　『エッセンシャル 金融ジェロントロジー——高齢者の暮らし・健康・資産を考える』第 2 版（分担執筆）慶應義塾大学出版会，2023 年

増本 康平（ますもと こうへい）

執筆担当　第 4, 5, 10 章
現　職　神戸大学大学院人間発達環境学研究科教授，博士（人間科学）
主　著　『エピソード記憶と行為の認知神経心理学』ナカニシヤ出版，2008 年
　　　　『最新老年心理学——老年精神医学に求められる心理学とは』（分担執筆）ワールドプランニング，2018 年
　　　　『老いと記憶——加齢で得るもの，失うもの』中央公論新社，2018 年

目次

はじめに　i

第Ⅰ部　老いを包む社会

第1章　老いのこころと高齢社会　3

1 老いの歴史的背景 …… 4
　古代の老い（4）　悲劇としての老い（5）　老賢者（6）　老いと隠居（7）

2 現代社会における老い …… 9

3 老いの不安 …… 12

4 老いのイメージと老性自覚 …… 14

5 高齢者の自立と自律 …… 17
　●アクティヴ・エイジング運動

第2章　エイジングのこころ　21
人の生涯発達

1 成長, 老化, 成熟, 発達 …… 22

2 生涯発達心理学の特徴と課題 …… 25

3 人の生涯に関する研究モデル …… 27
　発達段階モデル（27）　ライフサイクルモデル（29）　ライフイベントモデル（31）　ライフコースモデル（33）　精神分析モデル（35）　生涯発達モデル（37）　発達的調整モデル（38）

第3章　引退するこころ　　41

引退期の獲得と喪失

1　引退のプロセス …………………………………… 42

2　生涯キャリアにおける退職と引退 ………………… 43

　CASE①　定年が受けいれられない！：A氏の事例（45）

3　引退後の生活と生きがい …………………………… 46

　退職後の人生（46）
　CASE②　定年後の日々：B氏の事例（48）
　社会貢献への期待（49）
　CASE③　退職と地域社会：C氏の事例（51）
　ポジティヴ・エイジングの模索（52）
　CASE④　定年退職後の夫婦関係：D夫妻の事例（54）

4　幸福な老い …………………………………………… 55

　　　　　　　　●ポジティヴ・エイジングの諸側面と生きがい

　成功した老い：サクセスフル・エイジング（55）　生産的な老い：プロダクティヴ・エイジング（57）　幸福な老いの測定：サブジェクティヴ・ウェルビーイング（58）　ポジティヴ・エイジング：生きがいある老い（58）

第II部

老いのこころのメカニズム
正しい理解とアプローチのために

第4章　情報処理機能の変化　　65

感覚・脳・認知

1　感覚機能の変化 ……………………………………… 66

　視覚（67）　聴覚（67）　嗅覚・味覚（69）　触覚（皮膚感覚）（70）　運動機能（71）

2 脳の変化 ･･ 73

　　脳の構造と加齢による変化（73）　脳神経伝達と加齢変化（76）

3 認知機能の変化 ･･ 77

　　外部の情報を取り入れる感覚機能の低下（77）　情報を処理する速さ（処理速度）の遅延（79）　一度に複数の作業ができなくなる（80）　必要のない情報に注意が向く（81）　脳生理指標からみた理論の妥当性（82）

第**5**章　忘れやすさと忘れにくさ　　85
記憶と学習

1 高齢者が抱く記憶に対する不安 ････････････････････････････ 86

2 高齢者の記憶はなぜ低下するのか ･･････････････････････････ 88

3 忘れやすい記憶／忘れにくい記憶 ･･････････････････････････ 90

　　加齢によって低下する記憶機能（90）　加齢の影響を受けにくい記憶機能（95）

4 記憶のプロセスに加齢が及ぼす影響 ･･･････････････････････ 100

5 記憶の低下に影響する年齢以外の要因 ･････････････････････ 102

第**6**章　英知を磨く　　105
知 的 発 達

1 成人期の知能 ･･･ 106

　　知能とは（106）　知能の構造（106）　流動性知能と結晶性知能（106）　横断法による知能の古典的加齢パターン（107）　縦断法による知能の加齢変化（108）　知能の加齢変化の多様性（110）　知能の低下が生活に与える影響（111）　知能の可塑性（112）　フリン効果（113）　知能の加齢変化の個人差を生むもの（113）

2 知　　　恵 ･･･ 114

vi

知恵とは（115） 知恵の測定法（116） 知恵の加齢変化（117）
知的能力とパーソナリティと知恵との関わり（117） 経験と知
恵との関わり（118） 感情と知恵との関わり（119） 知恵はい
つから形成されるのか（120） 知恵の発達の多次元性（120）

3 創　造　性 ………………………………………………… 121

創造性の加齢変化（121）　高齢期の創造性：白鳥の歌現象
（122）　高齢期と創造性（123）

第7章　その人らしさとエイジング　125

パーソナリティ

1 パーソナリティ ……………………………………………… 126

2 パーソナリティの変化と安定性 …………………………… 127

パーソナリティの変化・成長を捉えた理論：エリクソンの発達
理論（127） 特性からみたパーソナリティの加齢変化（129）
集団内の相対的位置の安定性（130） 特性によって異なる加齢
変化（131） 個人内変化の個人差：加齢変化の多様性（132）
個人内変化の個人差をもたらす要因（134） 6焦点モデル
（134）

3 パーソナリティと寿命と健康 ……………………………… 137

4 感情とエイジング …………………………………………… 138

5 高齢期のウェルビーイング ………………………………… 139

第8章　家族とのつながり　143

家族のサポート

1 変わる家族 …………………………………………………… 144

三世代世帯から夫婦世帯，単身世帯へ（144） 三世代世帯のい
ま（144） 変わる家族観と変わらぬ家族への期待（145） 別居
している子どもとのつながり（147）

2 サポートシステムとしての家族 …… 147
子世代へのサポートの提供（147）　親子間でのサポートの授受の時間的変化（148）　高齢期のソーシャルサポート：サポートの受領（150）

3 高齢期の家族関係 …… 152
成人した子どもとのつながり（152）　親子関係とウェルビーイング（156）　配偶者とのつながり（158）　きょうだいとのつながり（160）

第9章　他者との関わり合い　163
社会のサポート

1 社会関係の捉え方 …… 164
ソーシャルネットワーク（164）　ソーシャルサポート（165）　ソーシャルインテグレーション（165）

2 高齢期の社会関係 …… 166
●加齢による変化

社会関係は縮小するか増大するか（167）　社会関係の側面によって異なる加齢変化（168）

3 社会関係と幸福感 …… 170
社会関係と幸福感（170）　高齢期の友人関係と幸福感（170）　受領したサポートと知覚したサポート（172）　与えることがもたらす幸福感（173）　コンパニオンシップと幸福感（174）

4 社会関係と健康 …… 175
ストレスをやわらげる社会関係の効果（175）　ソーシャルインテグレーションの直接効果（175）　ネガティヴな関係（176）

5 高齢者の社会参加 …… 177

第10章 高齢期のこころの病気　181
気分・意識の障害と認知症

1 高齢者のこころの問題 ………………………… 182

高齢者の気分の障害（182）　高齢期のうつ病の特徴（182）　高齢者の意識の障害（185）

2 認知症について ………………………… 187

認知症の定義と診断（187）　さまざまな認知症（194）　認知症の治療と予防（196）

第Ⅲ部　老いて，生きる

第11章 超高齢期のこころ　203
それぞれの生き方，それぞれの人生

1 現代社会の高齢化と超高齢化 ………………………… 204

2 超高齢期を生きるということ ………………………… 206

3 超高齢期の課題 ………………………… 208

バルテスの人生第4期論（208）　エリクソンの第9段階（210）　トーンスタムの老年的超越（212）

4 賢く生きる ………………………… 213
　●自己の成熟と長寿への適応

自己受容：自己に対する積極的態度（213）　積極的な他者関係：他者との肯定的・積極的な関係の維持（214）　自律性：自己決定と自己コントロール感（215）　環境制御能力：環境を調整できるという有能感（215）　人生における目的：人生に目標があると感じていること（216）　人格的成長：成長への意志があること（216）

5 よりよく生きる ……………………………………… 217
　　　　　　　　　　　　　　　　●生きがいある人生

6 幸せに生きる ……………………………………… 221
　　　　　　　　　　　　　　　　●ハッピー・エイジングの提唱

第12章　死にゆくこころ　　225
死生観と死のプロセス

1 老年学と死生学 ………………………………………… 226
2 「人はなぜ死ぬのか」という問い ……………………… 227
3 死すべき者としての人間の生物学と遺伝学 ………… 229
　　ヘイフリック限界（229）　単細胞生物の死と多細胞生物の死（230）　寿命の時計・テロメア（231）　細胞の自死・アポトーシス（233）
4 死　生　観 ……………………………………………… 233
　　死の本能・タナトス（234）　死（death：第三人称の死）と死ぬこと（dying：第一人称の死）（235）
5 現代における死への態度と死の準備 ………………… 236
　　死への態度（236）　死の準備：エンディングノート（239）
6 死のプロセス …………………………………………… 241
　　死のプロセス（241）　死別と看取り（242）　看取りの場（243）　孤独死（245）　自殺（246）

第13章　老いを共に生きるこころ　　251
家族として，援助者として

1 老いを共に生きるという課題 ………………………… 252
　　共に生きるということ（252）　欧米諸国の介護という概念（253）　「家」制度と親の扶養義務（254）　戦後の家族関係の変化（255）

2 家族システムと高齢者 …………………………………… 255
家族構造の変化と同・別居（255）　多世代同居と世代境界（257）　家族神話の呪縛（258）

3 家族による介護の困難 …………………………………… 260
家族介護という神話（260）　認知症と家族神話（261）　家族介護に潜む危険性：ケアとコントロール（262）

4 コミュニティケア ………………………………………… 265
●新たな絆の創出

孤立する高齢者，見捨てられる高齢者（265）　コミュニティの再生（267）　コミュニティケアの必要性（268）

引用・参考文献　273
事項索引　291
人名索引　297

Column 一覧

① 年齢差別――エイジズム ………………………………………… 15
② 主観年齢と年齢アイデンティティ ……………………………… 24
③ 定年後の夫の「居場所不安」 …………………………………… 47
④ 脳の老化を予防する？――脳の可塑性 ………………………… 75
⑤ 年をとると嫌なことは思い出さず，よいことを思い出す？ … 96
⑥ 階層的補完モデルと課題特定モデル …………………………… 151
⑦ 家族関係を包括的に捉える ……………………………………… 157
⑧ ソーシャルサポートのいろいろ ………………………………… 166
⑨ 障害を認識することの重要性 …………………………………… 197
⑩ 生きがいの多様性 ………………………………………………… 218
⑪ 人の尊厳と死 ……………………………………………………… 240
⑫ 死別と悲嘆 ………………………………………………………… 270

本書のコピー，スキャン，デジタル化等の無断複製は著作権法上での例外を除き禁じられています。本書を代行業者等の第三者に依頼してスキャンやデジタル化することは，たとえ個人や家庭内での利用でも著作権法違反です。

第Ⅰ部

老いを包む社会

第1章　老いのこころと高齢社会
第2章　エイジングのこころ──人の生涯発達
第3章　引退するこころ──引退期の獲得と喪失

第1章 老いのこころと高齢社会

（出典）Wikimedia Commons
（作者不詳，1769 年。おそらく1769 年のジャン゠フランソワ・デュシー（Ducis, J.-F.）による上演でリア王を演じたLudwig Devrien を描いた絵）

　老いることは人間にとっての苦しみの1つではありますが，その老いの境地の中で人は成熟し，発達する存在であることが，古代から現代に至るまで繰り返し述べられています。

　本章では，まず，老いに関する古今東西の主な文献から，現代の老年心理学に資する論考を紹介します。次いで，現代における老いの諸相を，社会の高齢化と個人の高齢化の両側面から検討します。人口の高齢化によってさまざまな社会的側面も変化します。これは，同時に個人の高齢化にも影響します。多くの人々が高齢期まで生きる高齢社会においては，老後の不安などのネガティヴな面ばかりに目を向けるのではなく，社会貢献を含む高齢者のもつ多様な能力を社会が認め，それを活かすことが求められます。

1 老いの歴史的背景

古代の老い　仏教では，生老病死を四苦としているように，老いることは人間にとっての苦しみの1つとされています。長寿は祝うべき，めでたいことと思いながらも，現代に生きる私たちの多くは，やはり老いることは厳しいこと，辛いことと否定的に捉える傾向があるのではないでしょうか。しかし，古代ローマの政治家にして弁論家であったキケロは，84歳になる大カトーが二人の若者に老いを語るという形式の対話篇『老年について』（B.C. 44年）の中で，老いはたしかに重荷ではあると認めはするのですが，公職からの離脱，肉体の衰弱，快楽の剥奪，そして死の接近という陰惨で悲観的なイメージは必ずしも正しくないことを立証し，訓練と適応とによって知的能力は老年まで保持しうることを示しています。

人類の歴史の中で，老いることは苦しみでもありますが，その老いの境地の中で人は成熟し，人間としての最終的な到達点に達することが可能であるということが，繰り返し述べられてきました。ですから，神話的世界観や宗教的世界観の中でも，長命は必ずしも不幸なことではないということが示唆されています。

老年心理学者のビレンとシュルーツ（Birren & Schroots, 2001）は，『ギルガメッシュ叙事詩』を老年心理学に関連する最古の記述ととらえるところから，老年心理学の歴史を書き起こしています。紀元前2600年頃に著された古代メソポタミアのギルガメッシュ叙事詩は，王たちの老いと死を重要なテーマとしています。しかし，旧約

聖書のノアの方舟のくだりに影響を与えたとする「洪水」以前の王たちの在位期間は2万8800年あるいは4万3200年などという神話的な数字が示されていますし，実在したと考えられているギルガメッシュ王においてもその在位は126年間とされ，当時の1年という期間がどれほどの時間経過を表しているかはわかりませんが，いずれにしても長命を肯定的に考えていたものと想像できます。

『旧約聖書』では，アブラハムの175歳をはじめ，預言者の多くはとてつもない長寿を得た知恵者として描かれています。そしてまた，神のイメージは白髪の老人でした。そもそもアダムは930歳まで生きたとされているのですから，旧約聖書の世界観においても長命は決して望ましくないことではなかったのです。

しかし，ギリシア時代は青春礼賛の時代でした。老いは悲痛なことなのです。多くの哲学者もまた老いを否定的に捉えることが多かったようです。ただ，プラトンも老いの否定的側面は否定しないものの，「老人は魂を乱す情念から解放され，心ゆくまで精神の喜びに浸ることができる」（『国家』B. C. 375年頃）とも述べて，老境における心の平安の可能性を示しました。

キリストの時代は，老いの醜さは罪を重ねたからと考えられることも多かったようですが，賢者となりえた高齢者と賢者になれなかった高齢者とが存在すると繰り返し指摘されています。

悲劇としての老い

シェイクスピアの4大悲劇の1つ『リア王』（1604～06年頃）では，リア王の悲劇と愚かさは，長く権力の座にいることによる傲慢さと老いがもたらしたものと描かれています。耳に痛いことには聞く耳をもたず，世辞と追従によるへつらいのみを欲し，権力に固執し，財産を守り，感情的で真実を見分ける目を失い，物事のうわべだけしか見ない老人。

娘たちからの甘い言葉が欲しいがために国も財産も譲ったあげくに裏切られて老醜をさらし，末娘の真実の愛を見極めることもできなかった愚かな老人。それがリア王です。

しかし，リア王は，ついに自分の愚かさと醜さに気づき，人生の不条理を知ることになります。老いという悲劇を通過することによって，人は精神的成熟に至ることが可能になる。そのことを，シェイクスピアは，リア王を通して私たちに語りかけているのです。

老賢者

古代ローマでは，キケロが訓練と適応によって知的能力は老年まで保持できることを示しましたが，このことはこの時代にルーツをもつ「元老院」設立の根拠ともなっています。

年長者による王の助言機関を意味する「元老院」は，後年に至って各国で用いられるようになり，現在でもその意図が二院制をとる各国の議会の在り方を示しています。わが国の参議院にあたる議会は通常「上院」と訳されていますが，たとえば，アメリカ合衆国議会上院は，正式には元老院を表す'Senate'です。他の国々も言語は異なりますが，「元老院」を語源とする語を当てている国が多数存在します（フランス，カナダ，ポーランド，イタリア，スペイン，メキシコ，フィリピンなど）。

わが国でも，江戸時代の「大老」「老中」や相撲の「年寄」のように，年長者を意味する語によって意思決定者の名称としていました。そして，明治維新後には，立法諮問機関を西洋に習って「元老院」としたのです。

このような老賢者のイメージは，「竹取の翁」「芭蕉翁」など，「翁」を偉大な業績のある年長者の尊称として用いたことにその源があります。さらに，能楽における「翁」は，この世とあの世を結

ぶ精霊であり王の宿神(しゅくしん)としての重要な役割すらあったのです。古代の翁と嫗の神性は，能楽に顕著に受け継がれていると思われます。

父観阿弥の人生を描いた『風姿花伝』(1400〜20年頃)の中で，世阿弥は50歳を過ぎた老境における能楽の演じ方について，次のような意味のことを述べています。

「花」には「時分の花」と「まことの花」がある。「時分の花」は年齢とともに失われていくが，「まことの花」はそれを求めて精進した者には生涯失われることがない。高齢になって舞う能には「まことの花」がある。老いてはじめて到達するのが「まことの花」である。「時分の花」を失ったぶん，「まことの花」は輝きを増す。芸の数を増やすということは若い時の精進であるが，得意の芸を「すくなすくな(少な少な)」と工夫を凝らして演じることで「まことの花」が現れる。

このことの例として，世阿弥は，父観阿弥が52歳で亡くなる直前の駿河の国の浅間の御前で舞った申楽が，見物の人々を感動させたのはまさに「まことの花」があったからだと述べています。

世阿弥は，芸術の到達点とは失う花によって現れてくる真の花である，ということを示しています。人生においても，生涯の間に獲得してきた真の成熟が，若さを失うことによってはじめて現われ，それがその人の個性となるということを，観阿弥・世阿弥親子は私たちに示しているかのようです。

老いと隠居

わが国の家制度は，第2次世界大戦後の日本国憲法の制定に伴う民法改定によって廃止されましたが，それ以前の日本人は家制度の中で生涯を送っていました。家名の相続や親の扶養などに関する日本人の意識は，今なお家制度の影響を強く受けています。

明治維新を経て，わが国は法治国家としての形を徐々に作り上げていきます。家督相続や親の扶養義務などを含む家族法を規定した明治民法は，明治憲法（大日本帝国憲法）の制定に伴って，1890年にいったん成立しました。しかし，公布後に反対派との間に「民法典論争」が起きたため，改訂作業が行われ1898年に新民法が施行されました。この改訂作業の中心人物のひとりが穂積陳重(のぶしげ)でした。

　穂積は，明治政府の国費留学生として英・独両国に留学後，東京帝国大学法学部教授およびわが国初の法学博士となり，後に貴族院議員，枢密院議長を務めました。わが国の「民法の父」とよばれる明治期を代表する法学者です。穂積は，民法における家族法立論の根拠を得るために隠居の歴史とその意義を研究し，その成果として『隠居論』（1915年，有斐閣書房刊）を上梓しました。

　隠居は，社会の生産性の上昇とともに老親を扶養することが可能になった社会においてみられることを，古代法典や宗教，社会的事件など広く考察して示していきます。そして，隠居に至るまでの高齢者に対する扱いの古今東西における変遷は，食老から殺老，棄老を経て，退隠（職を退き隠居すること）の習俗へと進んでいくことを示しました。わが国にも存在する姨捨(おば)ての古事（「大和物語156段」「更級日記」「今昔物語集」等）は，棄老の習俗に当たります。

　『隠居論』では，隠居の種類，隠居年齢，隠居要件，隠居の効果など法，経済，習俗などの社会科学的な観点から膨大な研究資料が示されていますが，ここでは，隠居を生涯発達心理学的観点から考えてみましょう。

　現代の職業からの引退に重ねられることの多い隠居ですが，江戸時代には武士のみならず，豊かな商人などにもみられるようになってきました。

井原西鶴は，大阪の裕福な商家の跡取りとして生まれましたが，早くから俳諧に秀で，妻の急死とともに34歳で剃髪，隠居しました。西鶴は，商人の隠居について，『日本永代蔵』(1688年)に次のように書いています。

> 「人は十三迄はわきまえなく，それより二十四五迄は親のさしずを受け，其後は我と世をかせぎ，四十五迄に一生の家をかため，遊楽する事に極まれり。」

　人生とは，懸命に働いて45歳までに生涯の基礎を固めておいて，その後は「遊楽」して過ごすに極まる。江戸初期，人生50年時代の町人にとっての人生の理想なのでしょう。

　さて，この「遊楽」とは何でしょうか。隠居後は仏門に入り，学問を通して心穏やかに過ごそうとする武士や豪商が多かったようです。しかし，一方で，和歌や俳句，絵画などの創作活動に遊ぶ者もありました。江戸文化の爛熟は，これら隠居した者たちの活躍の成果でもあるのです。

　ヨーロッパでも，たとえば精神分析のユングは，40歳を人生の正午と位置づけ，その後は**個性化**とよぶ**自己実現**のプロセスに移行すると述べています（第2章参照）。「遊楽」とは自己実現のプロセスであり，それによって人が唯一無二の存在として個性化する過程と考えることができます。

2　現代社会における老い

　わが国は，第2次世界大戦後，急速に長寿化していきます。古代から戦前を通して，平均寿命（0歳の平均余命）が50歳を超えたこ

とはありません。男女ともに平均寿命が50歳を超えたのは1947（昭和22）年のことです。この年に発表された第8回生命表で，男性50.1歳，女性54.0歳となり，日本人の平均寿命が男女とも初めて50歳を超えました。1891〜98年の調査に基づいて1902（明治35）年に発表された第1回生命表では，男性42.8歳，女性44.3歳でした。人生50年とさえいえない状況でした。

　男女ともに平均寿命が50歳を超えた1947年から23年後の1970（昭和45）年に，わが国はついに「**高齢化社会**」となります。高齢化社会とは，国連の定める総人口に対する65歳以上人口の比率，すなわち高齢化率（高齢者割合）が7％を超えた社会を指します。さらにその2倍の14％に達したのが24年後の1994年でした。この時点でわが国は「**高齢社会**」とよばれるようになりました。

　わが国よりも早く人口の高齢化が進展していたヨーロッパの国々では，「高齢化社会」（7％）から「高齢社会」（14％）へと移行するのに長い時間がかかりました。たとえば，わが国の江戸末期に当たる1865年にすでに高齢化率7％に達して「高齢化社会」となったフランスは，14％の「高齢社会」になるのに114年かかりました。スウェーデンは82年，イタリア59年，イギリス46年，ドイツ42年の時間がかかっています。高齢化のスピードを示すこの年数をみると，わずか24年しかかからなかったわが国の高齢化は類をみない速さで進展したことがわかります。

　そして，2007年にわが国の高齢化率は7％の3倍の21％に達しました。「**超高齢社会**」の到来です。高齢化率14％から21％への超高齢化のスピードは13年と，さらに加速しています。

　平均寿命は男性が79.94歳，女性は86.41歳と世界最高水準の長寿を実現しています（厚生労働省，2013）。また，65歳以上の高齢期

を74歳までの前期高齢期と75歳以上の後期高齢期に分けてその人口分布をみると，3000万人を超えた高齢者人口の約半数は後期高齢者が占めています。さらに**超高齢者**の増加も顕著で，90歳以上の人口は150万人を超え，100歳以上の百寿者とよばれる人々が5万人を超えました（総務省，2012）。

　人口の高齢化は，**エイジング**（ageing［英］, aging［米］：加齢）の社会的側面です。これには，食糧事情の進歩や，医療・福祉の向上とインフラの整備，国民の健康志向などが影響しています。これらの側面はいずれも経済的発展がその基礎となっています。奇跡的ともいわれるわが国の戦後の経済成長が人口の高齢化を支えているのです。

　こうした高齢化は，少子化と連動しています。15歳未満の年少人口は，すでに1997年には高齢者人口を下回り，2012年時点では13.0％と高齢者人口の24.1％にはるかに及びません（厚生労働省，2013）。わが国の医療・福祉政策では，若い世代の支払う社会保障費（医療保険料や年金掛け金）が高齢者の医療や福祉を支えています。少子化によってこれらの財政は逼迫してしまいます。さらに，超高齢者の増加が，それに拍車をかけています。超高齢化は今後も続き，2055年には39.4％に達して国民の2.5人に1人が高齢者となる社会が到来すると予想されています（国立社会保障・人口問題研究所，2013）。社会の高齢化は，職業・税金・社会保障（年金・医療費）の分配や医療資源の分配（患者数，入院）等に関して，今後，若い世代との葛藤，すなわち「世代間闘争」を引き起こす可能性もあり，わが国のきわめて重要な政治的課題でもあるのです。

3 老いの不安

　社会のエイジングに対する，エイジングのもう1つの側面は，個人の**老化・加齢**です。

　高齢者は「弱者」とよばれています。たとえば，2012年の年間の交通事故死者4411人のうち65歳以上の高齢者の占める比率は51.3%で，同年の高齢化率が24.1%ですから，この割合は人口比の2倍にのぼります（警察庁，2013b）。高齢者が「交通弱者」とよばれるゆえんです。事故死のうちでも交通事故をしのぐほどの頻度で発生していると考えられるのが入浴に関連した事故です。家庭内溺死者数（事故死）は近年では4000人を超えていて，減少傾向にある交通事故死者と同程度までに増加しており，65歳以上はそのうちの9割近くを占めています。さらに，事故死ではなく，入浴が引き金になった脳出血や心不全，熱傷に分類された人々を含む入浴関連の死亡者数は1万4000人にも及ぶと推定され，交通事故死者数の3倍にもなるのです。高齢者はまさに「入浴弱者」でもあります。政府は2012年度から入浴死の実態把握に本格的に乗り出すことにしました（厚生労働省，2012a）。

　これらの例をみれば，確かに高齢者は身体の弱った「弱者」であり，それだけ事故にも遭いやすい存在です。若者であればほとんど考えられないような入浴が死を招くことも少なくないのですから，多くの人々は高齢者に対してこうした弱者としてのイメージを抱いています。

　しかし，高齢者は本当に「弱者」なのでしょうか。高齢者は，長

寿を得ただけでも「生物学的強者」のはずです。さらには，戦中の悲惨な体験と戦後の貧困の中を生き抜き，高度成長期の変貌する社会に適応してわが国を繁栄に導き，親子関係や男女関係など多様化する社会的価値観の中で自立した生活をまっとうしてきた「精神的強者」でもあります。

2000年版『厚生白書』においても，ついに「新しい高齢者像を求めて——21世紀の高齢社会を迎えるにあたって」と題し，それまでの高齢者を「弱者」と捉える視点に替えて，「長年にわたって知識，経験，技能を培い，豊かな能力と意欲をもつ」とする肯定的な高齢者像が必要であることを主張したのです。

高齢者一人ひとりには，その人なりに苦難の人生を乗り越えてきたという自信が，自己の人生を肯定的に捉える背景として存在するはずです。**エリクソン**（Erikson, E. H.）が，高齢期の心理・社会的発達課題とした「**統合**」とは，自己の人生に対するこうした肯定的意味づけをすることによって人生を受容することなのです（第2章参照）。

多くの高齢者は，「自分の人生にはもっと他の生き方があったかもしれない。しかし，それでもやはり唯一無二の自分の人生であったのだ」と，自己の人生を受容して生き続けているという意味でも精神的強者です。一方で，多くの高齢者はまた，「長生きし過ぎること」を恐れてもいます。「長生きして寝たきりになったり，呆けたりして周囲の者に迷惑を掛けるのが嫌だ」という「寝たきり不安」や「呆け恐怖」といった長生きをすることへの恐れの背景にあるのは，自立的強者のはずの高齢者が，長生きすることによって病気や障害をもってしまったときの，他者に依存しなければ生きることのできない自己の姿への恐怖であり，そうなってしまうかもしれ

ない長生きすることへの不安なのです。近年の脳トレ・介護予防ブームの背景には，このような老いへの不安や恐怖の心性が存在するのです。

　高齢者の心理傾向には，このような自立と依存の狭間に揺れる慢性的な不安が存在しています。こうした不安は，普段は潜在していて家族など周囲の者に気づかれることはないのですが，配偶者や親しい友人など同世代の近しい人々の死，病気や骨折による入院といった非日常的な出来事（ライフイベント：life event）が急激な不安の引き金になってしまうことがあります。

4　老いのイメージと老性自覚

　老いのイメージを学生に尋ねると，病気がち，弱い，暗い，悲しい，退屈，古くさいなどの否定的な回答が圧倒的に多くみられます。物知り，優しい，落ち着いているなどの肯定的イメージは，ホンネというよりも年長者を敬うというタテマエ的・優等生的回答といえるかもしれません。ましてや，いきいきとして活動的な高齢者のイメージはほとんど皆無といえます。活動的な高齢者を目にした若者は，「この人はまだまだ老人ではない」と言います。このことは，活動的なうちは高齢者ではなく，外に出ることができなくなってきたときに高齢者になると考えているようです。したがって，若者の高齢者の定義そのものが「病気がちで家にこもり退屈に生活している人々」となってしまっているのです。

　このような老いに対するイメージは，容貌の衰え，慢性疾患，認知症などが連想される老人像と関連しています。そもそも老人とい

Column① 年齢差別——エイジズム

　アメリカ国立老化研究所（NIA）初代所長の**バトラー**（第3章も参照）は，アメリカには3つの差別があると指摘しました。第1の差別が人種差別で，これは南北戦争以来1960年代まで最大の差別であり続けました。しかし，1975年頃からは女性差別がアメリカ社会の差別報道の半分を占めるようになりました。これが第2の差別です。しかし，女性解放運動の成果が，女性の社会的地位の向上と男女平等社会の実現へと社会を変貌させることになりました。

　そして，1980年代以降，アメリカの差別報道の3分の2までが高齢者に対する偏見と誤解に関する内容になった（Palmore, 1999）といいます。バトラーはこの**年齢差別**を，人種差別のレイシズム（racism），性差別のセクシズム（sexism）になぞらえて**エイジズム**（ageism）と名付け，いち早く偏見の存在を指摘したのです。

　1967年に成立したアメリカの「雇用における年齢差別禁止法」は，年齢を理由にした強制退職制度を廃止しました。これは，高齢になると職業能力が劣るというエイジズムを否定するものです。その後のアメリカでもエイジズムを一掃することは難しい課題であり続けています。しかし，エイジズム排除運動の始まりと評価することができるでしょう。

　その後，カナダ，オーストラリア等でも雇用における年齢差別が禁止され，2000年には欧州連合（EU）で雇用における均等指令が採択され，年齢差別が禁止される方向にあります。

　わが国では，公務員を含む多くの企業・組織で定年制（強制的退職制度）が採用されています。しかし，2013（平成25）年に「高年齢者雇用安定法」が改正され，65歳までの雇用確保が可能になりました。この改正によって，現在，多くの企業被雇用者や公務員に適用されている60歳定年制から定年年齢は引き上げられる方向に向かうと考えられます。ただし，これは年齢差別との関係というよりは，年金支給年齢を遅らせたいという政策的理由からです。年齢で一律に退職を迫ることの是非については，世界で最も高齢化の進んでいるわが国でこそ議論されるべきではないでしょうか。

う言葉を高齢者と言い換えるようになったのも，こうした否定的老人像が差別用語的な扱いをされるようになったからなのでしょう。

さらに，この社会のステレオタイプ化した老年観は，高齢者自身の自己概念にも影響し，ストレスフルな精神状態に高齢者を追い込むきっかけにもなっています。すなわち，無能，非効率，社会から引退すべき存在などの自己観を高齢者自身がもってしまう原因にもなっているのです。

自らの老いを自覚することを**老性自覚**とよびますが，これには五官の能力の低下や歯が抜けたり，しわや白髪が増えたり，禿げたり，疲れやすくなったり，性欲が減退したり等の身体的徴候や物忘れが激しくなったり，計算が遅くなったり，物事をするのが億劫になったり，根気がなくなったりする等の精神的な減退によって自己の老いを自覚する「内からの自覚」と，子の成長や独立，孫の誕生，配偶者や友人の死，定年退職，他人からの老人扱いなどの社会的な経験や出来事から老いの自覚に至る「外からの自覚」の2種類があります（佐藤, 1998）。一般的には，内からの自覚によって自己の老いを実感することが多いようです。

いずれにしても，老いを自覚するきっかけが，どれも否定的な意味合いのものばかりであることが問題です。なぜなら，社会の否定的な老年観と高齢者自身の否定的な老性自覚が一致してしまうことが，高齢者の活力を奪う心理的な源泉になってしまっているからです。これによって，積極性は減退し，希望は失われ，ついには人生そのものを諦めてしまう人さえあります。

高齢者の自己概念をより積極的なものにするには，社会の老年観をより肯定的なものに改めていく必要があるでしょう。実際に前期高齢層の人々はきわめて活動的で生産的です。こうしたサクセスフ

ル・エイジングのイメージを社会化していくことが，肯定的老年観の醸成にとって必要でしょう。

　老年心理学では，エイジングは通常「加齢」と訳されますが，食品科学の分野では，エイジングは「**熟成**」と訳されます。江戸期の爛熟した文化の立て役者は隠居者たちでした。超高齢社会の未来は，エイジングの熟成の側面を重視し，奥深い大人の文化を醸成していくことが人々の生きがいにつながるものと思います。

5　高齢者の自立と自律
●アクティヴ・エイジング運動

　1999年は国際高齢者年でした。国連では，**高齢者の権利**として次のような5つの「高齢者のための国連原則」を定めました。①自立，②参加，③ケア，④尊厳，そして⑤自己実現です。これらの中で，特に高齢者の社会参加を促すために，**アクティヴ・エイジング**運動（active ageing movement）を開始しました。

　国連の定義によれば，アクティヴ・エイジングとは，**QOL**（quality of life：生活の質）を高めるために健康と参加と安全のための機会を最適化するプロセスで，それによって生涯にわたる身体的，社会的，精神的な**ウェルビーイング**と**社会参加**を実現することが可能になるのです。単に寿命が延びるだけでは人類の進歩とはいえません。よりよい長寿を手に入れるための国際的な運動として，国連機関の1つである国際保健機関（WHO）が各国の関連機関や団体と連携をしながら進めています。

　ここでいう「アクティヴ」という言葉は，単に身体的に活発であるとか，労働し続ける能力があるということではありません。経済

的,文化的,宗教的あるいは市民として参加し続けることを意味します。ですから,退職者,あるいは病気や障害を抱えた高齢者であっても,世代間の団結と相互扶助によって,家族や地域や社会に対して積極的に貢献し続けられる存在であることが,アクティヴ・エイジング運動では重要になります。そのために,アクティヴ・エイジング運動は,各個人の「健康寿命」(healthy life expectancy)とQOLの拡大を目指しています。そして,そのゴールは,高齢者の自立と自律を維持することなのです。

WHOは,自立性と自律性を定義しています。それによると,**自立性**(independence)とは,一般的に日常生活に関連する諸機能を遂行する能力であり,他者の援助無しに,またはわずかな援助のみで,在宅生活を独立して行える能力を指します。この能力は,**日常生活動作**(**ADL**:activities of daily living)や**手段的日常生活動作**(**IADL**:instrumental ADL)によって測定することができます。

ADLは,私たちが生きていくために必要な最低限のことが自分自身でできるのか,それとも介助が必要なのかの基準です。一般には,移動,食事,排泄,入浴,着替え,整容(身だしなみ),意思疎通などの自立度を測定します。IADLは,買い物,食事の支度,金銭の管理,掃除・洗濯,交通機関の利用など,社会生活を送る上で必要とされる能力の自立度を測定します。自立度が低い場合には,何らかの援助が必要になりますから,介護必要度の指標として使用されます。

一方,**自律性**(autonomy)とは,人が自分なりのやり方(rule)や**選択**(preference)に従いながら,一日一日をどのように生きていくかということに対して感じているコントロールと処理と自己決定の主観的能力と定義されます。自立性が身体的側面から判断される

のに対して，自律性はその人の個性的な生き方に関連しているといえるでしょう。その意味では，きわめて心理的な側面です。しかし，自律性の側面をADLやIADLのように測定することは容易でないので，アクティヴ・エイジングのゴールとしては，当面は除外されてしまいました。

身体的側面である自立性は，健康度を高め，他者の介護を受けない状態をできる限り長く維持することを，運動の実施目標にすることが可能です。現在，日本の介護政策として「介護予防」が重視されていますが，アクティヴ・エイジング運動における自立の維持に対応しています。

一方で，自律性はきわめて個人的であり，しかも心理的要素を背景にしているため，一律の指標で測定することは困難だと考えられていました。しかし，自律性は，たとえ自立性が低下して，何らかの援助や介護を受けるようになったとしても，維持することが可能な側面です。たとえば，自分で食事をすることができなくなった要介護者であっても，「食事をする」という意志をもち，それが食事をすることの動機づけとなるのであれば，その人の自律性は保たれていると考えることができます。たとえ疾病や障害をもってしまっても，また，引退によって社会的役割の一部を失った人でも，自律性を保った生活は可能です。その意味でも，アクティヴ・エイジングにとって，自律性は不可欠な要素といえます。

こうしてしばらくは棚上げにされていた自律性ですが，WHOが開発しているQOL尺度の一環として開発が続けられているWHO QOL-OLD等において自律性を測定しようとの努力がなされています。また，介護場面では，被介護者の個別的な事例検討を通して自律性を高めようとする手法の開発も試みられています（第13章参

照)。

　読書案内

谷口幸一・佐藤眞一編 (2007)『エイジング心理学——老いについての理解と支援』北大路書房
　●老い (エイジング) を，個人の老いと社会の老いの両面から捉える老年心理学のテキスト。第1部：エイジング心理学の基礎理論，第2部：エイジング心理学の領域別理解，第3部：高齢者の介護予防と地域活性アプローチから構成されています。

権藤恭之編 (2008)『高齢者心理学』朝倉書店
　●朝倉心理学講座全19巻のうちの1冊。高齢者心理学の歴史と展望から生物学的加齢，社会環境，生理的加齢，注意，記憶，知能・知恵・創造性，感情と幸福感，性格，社会関係，臨床：心理的問題，心理的介入法の各章から構成されており，学生が体系的に学ぶことのできるテキストです。

第2章 エイジングのこころ

人の生涯発達

　老い（エイジング）の心理的な時間変化は，生物学的な獲得と喪失を背景として，環境と個人の相互作用による学習によって生じます。生涯発達心理学は，受胎から死に至るまでの個人の心身の加齢変化を量と質の両面から捉えようとします。つまり，人は生涯にわたって発達する存在なのです。

　本章では，人の生涯に関する代表的な7つの研究モデルを紹介し，老いにおける発達的側面に対する理解を深めます。

1 成長，老化，成熟，発達

「歳をとる」とは，老化することなのでしょうか。'aging'（米語，第1章参照）の訳語として，最初は「**老化**」が用いられました。ところが，わが国の高齢化が顕著となり，高齢者が増えてきた頃から，「**加齢**」という言葉が'aging'の訳語として用いられることが多くなってきました。その理由は，「老化」という言葉が，もっぱら外見的な老いや心身機能の衰えを示す概念であるからと思われます。それに対して「加齢」という言葉には，歳を加えるという文字通りの意味だけが示されます。しかし，「老化」に替えて「加齢」という言葉を使用することは，'aging'によって衰えていく部分とともに，歳をとることの肯定的側面の存在を暗に示したいという意図が感じられます。

ところが，英語の'aging'は'growth'「成長」と対比的に用いられる言葉で，一般的にはやはり日本語の「老化」に近い語感の言葉のようです。'growth'は，第一義的には**生物学的**な意味での**成長**（biological growth）を表す言葉なので，'aging'も同様に**生物学的な老化**を意味する言葉（biological aging）なのです。成長という言葉は，後になって精神的な意味にも用いられるようにはなりましたが，より専門的には**精神発達**（mental development）が用いられます。成長が遺伝規定性の強い側面を指すのに対して，発達は学習効果の大きい側面を指すと言い換えることができるかもしれません。

では，生物学的老化（biological aging）に対応する精神的側面の変化を指す言葉は何でしょうか。**成熟**（maturation）は，心身両面

の形態と機能が最大レベルに達したことを意味する言葉なので，必ずしも高齢期の精神的な特徴のみを指す言葉ではありません。たとえば，経験に基づく知的発達のように，高齢期には身体の老化に伴う適応機能としての精神的変化が認められ，それが人として質的により高度の発達と考えられています。これも成熟と捉えることができるでしょう。また，成熟は肯定的な概念ですが，加齢のすべてが肯定的というわけではありませんし，生物学的な側面にも用いる言葉なので，精神的加齢のみに対応する言葉として使用するのは適切ではありません。

生涯発達心理学を提唱した**バルテス**（Baltes, P. B.）は，成長と老化を表裏一体の現象であると述べています。成長とは生物学的形態上の新たな**獲得**のことを指し，獲得があればそこには同時に**喪失**が生じ，これが老化だといいます。このような獲得と喪失の交代現象は出生時からすでに始まっているのですが，獲得に比べて喪失の相対的な比率がきわめて高くなる高齢期には，それが著しい老化現象として認識されるのです。

こうした生物学的な獲得と喪失を背景として，環境との相互作用による学習によって精神的な加齢変化が生じます。生物学的加齢変化は量的に捉えることが可能ですが，**精神的加齢変化**は，加齢とともに人が置かれる環境も変化してくるため，量的な変化としてだけ捉えては十分ではありません。たとえば，対人的関係性は，単に量的変化と捉えるだけでなく，関係性の意味の変化にも注意を向けることが必要です。したがって，精神的加齢現象については，一貫して発達と捉えることが合理的なのです。生涯発達心理学では，このように生物学的成長と老化と精神的加齢変化を統合的に捉えようとします。

Column② 主観年齢と年齢アイデンティティ

　私たちは相手の年齢からおおよその人生の段階やそれに伴う地位や家族的背景などを推し量り，それに相応しい対応をしようと考え，振る舞います。では，自分に対してはどうでしょうか。実際の年齢（暦年齢）と自分が実感する若さ（あるいは老い）は一致しているでしょうか。

　筆者ら（佐藤ら，1997）は8〜94歳まで約1500人を対象に，自分が実感する年齢，すなわち**主観年齢**（subjective age）を測定し，暦年齢とのズレを調べました。その結果，子どもの頃は暦年齢より主観年齢のほうが高く，子どもは実際の年齢よりも自分は大人だと感じているのですが，20歳代の前半にはすでにその関係は逆転し，30歳代では男性で2〜3歳，女性で3〜4歳程度暦年齢よりも若いと感じており（自己若年視），さらに40歳代では4〜5歳，50,60歳代では6歳，70,80歳代では6〜7歳と徐々に主観年齢と暦年齢の差は大きくなる傾向にありました。2011年に地域を変えて改めて行った調査でも同様の傾向を示しました（Sato, 2011）。

　青年期以降の主観年齢は暦年齢よりも若いため，人は実際の年齢よりも若く振る舞います。それは，日頃の態度や言葉遣い，さらには身につける衣服や髪型などの外見から金銭の使い方にまで及びます。主

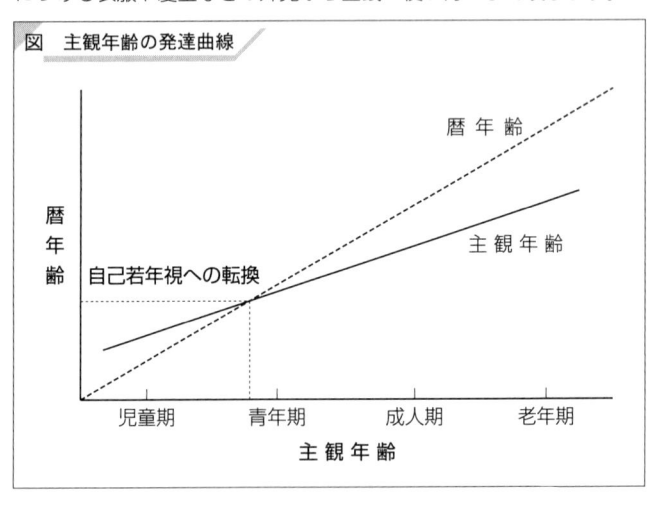

図　主観年齢の発達曲線

観年齢は暦年齢よりもその人の行動に大きな影響を与えるのです。このように自己に内面化した年齢規範は、その人の**年齢アイデンティティ**となり、行動や態度を規定します。

私たちは、他者からは年齢相応の行動をとることを期待されていますが、一方で、自分の年齢アイデンティティは実際の年齢より若いのです。高齢者がそのような期待から外れた行為をすると「年甲斐もない」とか「年寄りの冷や水」などと非難されることさえあります。このことが年齢差別の原因となることもあるので、気をつけたいものです。

年齢アイデンティティは個人の行動傾向を規定する要因と考えられ、近年では、主観的健康感やアンチエイジングなどに関わる健康行動や商品開発などにおいて、ターゲットとする世代の特性分析をする際の重要な要因と考えられるようになっています。

2 生涯発達心理学の特徴と課題

生涯発達心理学（lifespan developmental psychology）は、受胎・出生から始まり、幼児期、児童期、青年期、成人期、高齢期、そして死までの一生（ライフスパン）を対象にします。人の一生は、同じ国や文化の中であれば、ほぼ同じ年齢で学生期を送ったり、引退期を迎えたりするでしょうし、子育ての期間にも大きな差異のないことも多いと思います。しかし、近年の先進諸国では、結婚年齢に著しい個人差があったり、独身で生涯を過ごす生き方を選択したり、いったん就職した会社を退職してから大学に入学したり、大学院に進学したりするというように人生の送り方も多様化してきています。また、生活水準の格差の大きい国では、就学、就職、結婚など、人

生上の重要な出来事（ライフイベント）の経験の有無自体に大きな差異のあることもあります。

　一方，自然災害や人為的な事故などによって人生が大きく変わってしまうこともありますし，日本の明治維新のように時代の変化によって人々の生き方そのものが変わってしまうこともあります。しかも，そうした出来事を人生のどのような時期に経験したかもその後の生活に大きな影響力をもつことがあります。子ども時代や青年期に経験した出来事が，その後の人生を左右することもありますし，老年期に経験して生きる意欲を削がれてしまうというような辛い体験をすることもあります。

　また，生涯発達心理学では，従来の心理学が仮定したような特定の成熟状態や機能のピークを仮定しません。たとえば，知能では，動作性知能あるいは流動性知能（第6章参照）は青年期以降低下が始まりますが，それに対して言語性知能あるいは結晶性知能は青年期以降も伸び続け，高齢期にも大きく低下することはありません。さらに，中年期以降，結晶性知能を基礎として複雑な人生上の問題を解決するための知恵（英知）に磨きをかけ，人間として円熟していく人々も少なくありません。このように，発達を生涯にわたる過程とみなし，人生のさまざまな時点で生じる変化の形態と特徴を突きとめ，その時間的順序や相互関係を明らかにすることが生涯発達心理学の課題となります。

　かつての発達心理学では，成人期以降の変化は個人的なもので，共通の特徴のある大きな変化は認められない，という考えが主流を占めていました。しかし，成人期および高齢期が青年期までの2倍，3倍になるほど高齢化が進んだ現代社会においては，人生後半期の生き方に対する科学的探求の必要性がますます高まっており，心理

学も例外ではありません。

3 人の生涯に関する研究モデル

　成人期以降の人の生涯過程は，生物学的要因以外にもさまざまな要因が影響します。どのような要因あるいは側面に注目するかによって，研究のモデルは異なります。ここでは，代表的な研究モデルを紹介します。

発達段階モデル　　**発達段階モデル**は，人の生涯を研究するモデルの中では中核的ともいえるものです。人生をいくつかの段階に区分して，それぞれの段階の特徴を記述し，各段階で解決すべき課題を明らかにします。そして，その課題に対する解決の仕方が次の段階に影響を与え，それが積み重なることを通じて人の発達に意味づけを行おうというモデルです。代表的なモデルとしては，**ハヴィガースト**（Havighurst, 1953）の発達段階を挙げることができます。

　ハヴィガーストは，人が正常に発達するためには，各発達段階において達成しなければならない課題が存在すると考えました。その課題の中心的な内容は，生物学的に環境に**適応**すること，個人的な行為を形成すること，そして生活上の社会的な期待に適応することなどです。こうした点から人生を6段階に区分し，各段階の**発達課題**が設定されました。各段階での課題を達成することができないでいると，次の段階での課題の達成が困難になるため，適応障害を引き起こすと考えられました。たとえば，乳児期・児童初期の「話すことの学習」は児童中期の「読み書きの学習」より以前に達成され

表 2-1 中年期と高齢期の発達課題

中年期の発達課題
① 家庭から社会への子どもの移行に助力する
② 成人としてのレジャー活動の開始
③ 配偶者と自分とをそれぞれ一人の人間として結びつける
④ 成人としての社会的・市民的責任の形成
⑤ 満足すべき職業的遂行の維持
⑥ 中年期の生理的変化への適応
⑦ 高齢者である両親への対応

高齢期の発達課題
① 身体的変化への適応
② 退職と収入の変化への適応
③ 満足な生活管理の形成
④ 退職後の配偶者との生活の学習
⑤ 配偶者の死への適応
⑥ 高齢の仲間との親和の形成
⑦ 社会的役割の柔軟な受容

(出典) Havighurst, 1953 をもとに作成，一部改変。

ていなければなりませんし，また，青年期の「親からの情緒的独立」の失敗は成人期の「配偶者との幸福な生活」への不適応を引き起こしてしまいます。

中年期の発達課題は，多くの人々が直面する家族関係，職業生活，健康などの問題への対応が中心となります。すなわち，自分の老いと引退への準備，子どもの独立への支援，親の介護への準備，夫婦関係の見直しなどです。

高齢期の発達課題は，中年期の課題を達成することによって現実的なものとなり，課題達成に向かうことが可能となります。

高齢期には，引退と老化によって失われる諸側面への対応が主な発達課題になります。社会・経済的な地位の喪失，職業生活における人間関係の喪失，そして心身の健康の喪失は，生きる意欲の喪失

さえ引き起こしかねません。これらさまざまな喪失に対処し適応することは、たしかに高齢期の重要な側面です。

しかし、一方で、高齢期には人生を生き抜いてきた体験と英知によって、新たに獲得することの可能な側面も存在するはずです。喪失を新たな獲得の機会とすることが、高齢期の自己の発達にとっていっそう重要な意味をもつのです。

ライフサイクルモデル 人がたどる標準的な人生を仮定し、そのプロセスの中で生じる問題や危機をテーマにするのが**ライフサイクルモデル**です。ライフサイクルモデルの代表的な研究としてエリクソン（Erikson, 1959a, 1963）の心理・社会的段階モデルを挙げることができます。このモデルは発達段階モデルにも分類可能ですが、ここではライフサイクルモデルとして紹介します。

精神分析学者の**エリクソン**は、フロイト派の自我理論の観点から人の生涯を検討しました。エリクソンは、歴史的・社会的存在としての人の発達過程を各発達段階における課題と危機とその克服という視点で捉えようとしました。ライフサイクル論とよばれる彼の理論では、人の生涯は8段階に分類されます。

第8段階にあたる高齢期に至ると、人は人生を振り返り、自分ははたして価値ある存在であったのかと考えることがあります。その時に、自分の人生が本来の自分にとっての本当の人生ではなかったと気づいたとしても、人生をやり直すには残された人生は余りにも少ない、という感情に襲われることがあります。これが、エリクソンのいう高齢期の**危機**です。

しかし、たとえこの絶望感に直面したとしても、人は、自分の人生はただ一度のものであり、やはりこうであらねばなかった人生で

表2-2 エリクソンの発達段階

段 階	危機（葛藤）	活力(徳)	内　容
乳児期	信頼 VS 不信	希望	・一貫性、連続性、類同性の経験が信頼に導く ・不適切、非一貫性または否定的な養育が不信を招く
幼児初期	自律性 VS 恥、疑惑	意志	・自分のペース・やり方で技能を試す機会が自律性に導く ・過保護または援助の欠如が自己や環境の統制能力に疑問を抱かせる
幼児後期 （遊戯期）	自発性 VS 罪悪感	決意	・活動の自由と疑問に答える親の忍耐が自発性に導く ・活動の抑制と疑問を無意味に扱うことが罪悪感を招く
学齢期 （思春期）	勤勉性 VS 劣等感	才能	・ことを成すことが許され、達成を褒めることが勤勉性に導く ・活動の制限と行いの批判が劣等感を招く
青年期	同一性 VS 役割の混乱	忠誠	・状況や人物が異なる際の人格の連続性と類同性の再認識が同一性に導く ・安定性（特に性役割や職業選択）を確立できないことが役割の混乱を招く
初期 成人期	親密性 VS 孤立	愛	・他者との同一性の融合が親密性に導く ・他者との競争的、闘争的な関係が孤立を招く
成人期	世代性 VS 停滞	世話	・次世代の基礎を固めくことが世代性を生み出す ・自己への優先的な関心が停滞を招く
高齢期	統合 VS 絶望	英知	・人生の受容が統合に導く ・遅すぎて機会を取り戻すには遅すぎるという感情が絶望を招く

(出典) Erikson, 1959a, 1963 などを参考に作成。

あったはずだと受けいれようとします。つまり，自分のこれまでの人生には意義があったと確信し，唯一無二の自分だけのものとして受容することが高齢期の課題とされます。自分の人生を自己の責任のもとに受容し，死に対して冷静な態度で臨めるようになることを高齢期の課題と規定したのです。

この内面的な葛藤を，エリクソンは自我の「統合対絶望」とよび，この危機を克服して課題を達成した者には「英知」という徳が現れるとしました。一方，その危機を乗り越えることができない場合には神経症的なパーソナリティに陥ってしまい，精神的に健康な老いを実現することは困難になると考えました。

後に，エリクソンは90歳を超えるような長寿者が数多く出現し始めた現代社会においては，第8段階の次に他者による何らかの介護が必要な超高齢期に対する思索を深めていきます。この点については第11章で詳しくみていきます。

ライフイベントモデル

私たちは，人生の中でさまざまな出来事を経験します。中でも，生活環境の変化を引き起こすような重要な出来事を，先に示したように心理学では特に**ライフイベント**（life event）とよんでいます。

ホームズとレイの研究（Holmes & Rahe, 1967）以来，多くの人々が経験する可能性のあるライフイベントが広範囲に示され，ストレスとの関連でライフイベントの研究は広まりました。

両親との別れなど，幼い頃に経験した非常に重要な出来事が，その後の人生を大きく作用することがありますが，そのようなネガティブなライフイベントは，一般的には高齢期に経験することが多くなります。自己の存在を揺るがすほどの重要なイベントで，しかもそれがネガティヴな体験であることの多い高齢期には，ライフイベ

ントはきわめて重要な意味をもっています。

私たちは，50歳から74歳の男女約3000人に調査を行い，中高年期に経験することの多いライフイベントを調べ，そのイベント経験について良いことであったか，悪いことであったかをたずねました（佐藤，1995；下仲ら，1996）。調査対象者の50％以上の人々が良いと答え，悪いという回答が20％以下のイベントを「良いライフイベント」とし，その逆を「悪いライフイベント」，それ以外を「中立イベント」として規定し，精神的健康との関係を検討しました。表2–3に中高年期に経験することの多いライフイベントの一覧を示しました。

表2–3 中高年期に出会うライフイベント

良いライフイベント
- 孫の誕生
- 子どもや孫の入学
- 子どもや孫の結婚
- 転居
- 子どもとの同・別居
- 自分や家族の職業上の昇進や転身

悪いライフイベント
- 自分や家族の病気やケガ
- 暮らし向きの急変
- 夫婦関係のトラブル
- 親戚とのトラブル
- 友人や隣人とのトラブル
- 家族内の問題
- 事故や犯罪被害・訴訟
- 自分や家族の失業
- 施設入居
- 配偶者や家族，友人との死別

中立イベント
- 住環境の変化
- 財産や資産の獲得や損失
- 子の独立（空の巣）
- 親との同居
- 自分や配偶者の定年，退職，引退
- 閉経（女性）

（出典）佐藤，1995を改変。

ところで，ライフイベントの影響を考える場合，イベントの予測可能性と統制可能性の認知的な側面の重要性が指摘されています（Dorenwend & Dorenwend, 1974; Neugarten, 1979）。表2–4にライフイベントを分類して示しました。

ライフイベントによるストレスへの対処は，予測も統制も可能な

表 2-4 ライフイベントの予測および統制可能性

		予測可能性	
		予測事態	不測事態
統制可能性	可能	子との同居・別居 経済的低下 転居	施設入居 夫婦関係のトラブル 友人・知人とのトラブル
	不可能	子の独立（空の巣） 定年退職 失業	親しい人の死 病気やケガ 暮らし向きの急変 事故・犯罪被害 孫の誕生

（出典） Dorenwend & Dorenwend, 1974, Neugarten, 1979 を参考に作成。

事態ほど容易であることがわかっています。しかし，ライフイベントは不測の事態であって，かつ統制の不可能な場合が多いものです。また，予測や統制が可能と分類したイベントでも，現実にはどちらも不可能な場合が多く，対処困難なことも多いと考えられます。したがって，そのような場合には心理的な対処方略が重要な鍵となります。イベントの原因は何で，発生源はどこかなどに関する個人的な判断（自分か他者かの原因帰属など）によって，予測や統制可能性が主観的に決定されることもあるため，その個人がどのようなパーソナリティか（楽観的か悲観的かなど）ということも，ライフイベントへの適応性に影響します。

ライフコースモデル　社会的・歴史的な出来事が個人の人生に与える影響を分析する社会学的モデルが，**ライフコースモデル**です。ライフサイクルモデルが，人の生涯のプロセスを固定的に捉えているために，社会環境が急速に変化し，個人のライフスタイルが多様化する現代に生きる人々を説明するには十

分ではないという反省から,生涯発達心理学においても注目されるようになってきました。

　個人の人生に影響を与えるような重要な出来事,たとえば戦争や革命,世界恐慌やバブル経済の破綻のような国家的な経済的危機,あるいは大地震,洪水,台風などの自然災害などを,個人の発達に影響を与える要因と規定して,それらと生物的な成長との相互作用の中で人の発達を捉えようとするアプローチです。したがって,生物学的成長という普遍性に加えて,同時代性(歴史性)と個人の唯一無二の人生という独自性を含む研究法と位置づけることができます。

　このモデルによる代表的研究としてエルダー(Elder, 1974)の世界恐慌下に生きた子どもたちに関する研究を挙げることができます。1929年からおよそ10年間に及ぶ未曾有の経済不況が子どもたちのその後の人生にどのように影響を与えたかを縦断的に調べた研究です。この研究によって,経済的な困窮に伴う父親の態度が,子ども時代の情緒不安定,青年期の問題行動,成人期の職業生活にまで影響を与えていることがわかりました。

　ライフコースモデルは,ある時代のある地域での出来事が,人が発達上のどの段階にあるかによって社会的・歴史的出来事から被る影響が異なることを明らかにしようとします。このような社会的・歴史的な観点を発達研究にもたらしたことは画期的といえるでしょう。しかし,個人がどのような条件下で経験したかを統制することが困難なため,研究上の厳密性を確保しにくいということと,こうしたマクロ要因と個人の人生との間には,さらにさまざまな要因が介在していることをどのように検討するかという方法上の問題点が指摘され,多数の研究成果に基づく議論がなされています(Elder & Giele, 2009)。

　近年では，イベントヒストリー分析という時間変数を従属変数とした多変量解析の方法によって，過去に遡って，過去のイベントの現在への影響力という因果関係について，多様な要因を統制し，かつその相互作用を考慮しながら分析できるようになりましたので，今後，このモデルによる研究が活発に行われるでしょう。

| 精神分析モデル | 　**ユング**（Jung, C. G.）による**精神分析モデル**を紹介しましょう。

　加齢とともに経験が積み重ねられ，広がっていくにつれて，卓越した人格が無意識から語りかけてくる，とユングはいいます。そこではじめて意識と無意識の全体を統合する過程が機能しはじめるのです。こうして，意識と無意識とから形成される全体的人格を包括する中心，すなわち「自己」が立ち現れます。自己は，人格の発達過程とともに意識と無意識の対決の成果の中に結晶化していきます。この過程がユングのいう「**個性化**」です。この過程に関して，ユング派のマイヤー（Meier, 1972）は結婚を例に次のように説明しています。

　　男性にとっての女性性と女性にとっての男性性は，最も親しいものであると同時に最もなじみのうすいものです。その両面が，最大の魅力であると同時に拒否へとも導くのです。この対立が，結婚という親密な同居生活の中で避けられないレベルに達したときに，2人のパートナーの間には対決的な状況が引き起こされ，結婚生活ということの意識化に向かわざるをえなくなります。このような状況は大きな精神的負担であるために，道徳的義務を真剣に受け止めることのみによってしか耐えることができません。しかも，意識化はそれに応じてもたらされるのです。結婚という制度は，自己形成という意味で人々が追い込まれ，逃げ出すことのできないという本質

第2章　エイジングのこころ

を有しています。しかし、それによって結婚には、個性化および真の関係を作る能力の獲得のために重要な価値が与えられるのです。若い人は経験が少ないために生活の多くが無意識の領域にあります。恋愛や結婚にしても無意識の愛着が多くを占めます。そのために、2人の結びつきは運命的なものと感じられるのです。つまり、明晰な意識性を前提とする自由な選択が、恋愛や結婚にまつわる課題と認識されていないのです。この「強制的」ともいえる関係は「隷属」とよばれるものと同一です。そして、この状態は個性化のプロセスと対局にあります。その限りにおいて、結婚生活の明晰な意識化は年齢が高まらない限り困難なのです。つまり、人生後半期の意識的な自己の確立に向かう過程が個性化なのです。

ユングは、40歳を人生の正午として個性化過程の開始の時期としました。初老期である50歳代から60歳代を人生の午後3時、そして高齢期を夕暮れと捉えました。高齢期は若いときには意識化されなかった自己がますます明瞭になるとともに、喪失の危機が急速に迫ってくる世代でもあります。しかし、そのことが人生の個性化過程をより高みに押し上げます。人生後半は、それまでに抑圧してきた自己の真の姿の発見、すなわち個性化のプロセスにあるのです。

ユングの個性化の概念は、アメリカに渡って「**自己実現**」(self actualization)という概念に変貌していきました。自己実現という概念は、はじめナチスドイツから逃れてアメリカに渡ってきた**ゴールドシュタイン**(Goldstein, K.)が、脳損傷の兵士の研究に用いたとされます。ゴールドシュタインの教え子の一人である**ロジャーズ**(Rogers, C. R.)は、自己実現を「人が自己に内在している可能性を最大限に実現して生きること」と概念化し、彼の来談者中心療法の考え方に大きな影響を与えました。

マズロー(Maslow, A. H.)の「欲求の5段階説」の最上位に位置

づけられた「自己実現」は、その後、教育学や経営学などにも取り入れられ、心理学の重要概念となったのです。

マズローの動機づけモデルに「自己実現」が導入されたときには、その理論にユングの影響が強く現れていました。しかし、近年、一般社会で用いられている自己実現の概念は、「自分のやりたいことをやる」という程度に用いられることが多くなり、ユングの個性化の考え方からは相当に異なったものになっていることには注意が必要です。

生涯発達モデル 生涯発達心理学の提唱者であるバルテスはさまざまな理論や知見を提示し、それらを次々と実証していきましたが、ここでは、その中でも最も重要と評価されている **SOC**（selective optimization with compensation：**補償を伴う選択的最適化**）**理論**を紹介します（Baltes, 1997; Baltes & Baltes, 1990）。

バルテスは、発達を心身の形態と機能に関する獲得（gain）と喪失（loss）の相互作用によって進行する成長と老化のダイナミクスと捉えます。すなわち、成長と老化の発達的交替は、人の生涯の過程の中で常に生起し続け、その特徴を捉えることの重要性を示しました。この発達的交替の過程の中で生じる実際的問題に人々はどう対処しているかに関する理論がSOC理論です。

加齢による心身機能の低下によって、それまでの水準が維持できなくなってしまった場合に、その対処法としてSOC理論を適用することで、自己の姿を維持し続けることができるとされます。すなわち、若い頃よりも狭い領域を探索し、特定の目標に絞る（**選択**）、機能低下を補う手段や方法を獲得して喪失を補う（**補償**）、そして、その狭い領域や特定の目標に最適な方略をとり、適応の機会を増や

表 2-5　80 歳のピアニスト・ルービンシュタインへのインタビューの SOC 理論の適用

質　問：どうすれば，いつまでもすばらしいピアニストでいられるのか？
回答 1：演奏する曲のレパートリーを減らす（選択）
回答 2：少ないレパートリーに絞って，その練習の機会を増やす（最適化）
回答 3：指の動きのスピード低下を隠すためにテンポに変化をつける（補償）

（出典）　Baltes, 1997，Baltes & Smith, 2003 を参考に作成。

す（**最適化**）というのがこの理論の中核を構成しています。

　高齢になると喪失は獲得をかなり上回ります。一般的には，この状態を老化現象が進んできたと表現しています。しかし，SOC 理論に基づく対処方略を実践することで，加齢に伴って増大する喪失に対処し，自己像の急激な変化を抑制することができると考えられています。

　表 2-5 には，SOC 理論の説明にバルテスが好んで用いた高名なピアニスト・ルービンシュタインへのインタビュー例を示しました。

発達的調整モデル

　バルテスの SOC 理論をより具体的なものとして，実践に役立てようとしたのが**ヘックハウゼン**（Heckhausen, 1997）です。

　人生の途上で人の前には膨大な選択肢が現れます。しかも，その中から何らかの方法で選択をするように，人は決断を迫られます。一方で，運命的に遭遇する環境にも適応しなければなりません。しかし，この決断と適応に失敗が生じた場合には，それへの対処が必要となります。ヘックハウゼンは，このように発達過程に対する自分自身の影響力と自分に与えられた発達の場としての生態学的環境の両面に対する個人の心理学的対応について，**発達的調整作用**（developmental regulation）の概念を提唱しました。そして，この点を

検討するために,ロスバウムら (Rothbaum et al., 1982) の**1次的制御** (primary control) と**2次的制御** (secondary control) の概念をとり入れました。

この概念は,目的的行動に対して人はどのようなコントロールの方略をとるかを検討しようとするものです。1次的制御とは,自分の欲求や願望に適合するように自分の外なる世界,すなわち外的環境を変えようとする試みとその能力についての信念のことで,2次的制御は,現状に調和するために自らの内なる世界(目標,願望,信念など)を調整しようとする試みを示しています。通常は,まず1次的制御が試みられ,それを補う目的で2次的制御が行われます。

ヘックハウゼンは,この1次的制御と2次的制御の理論が,バルテスのSOC理論の実践に有効と考えました。なぜなら,SOC理論の目的は,最終的には個人を現在の環境に最適化するように導くことだからです。加齢に伴う喪失に遭遇することの増加する中高年期の人々は,機能低下への対処として外界への働きかけである1次的制御を行いますが,現実にはなかなか首尾良くは行きません。加齢に伴うさまざまな限界が存在するからです。そして,こうした制約への適応のための2次的制御を行います。2次的制御が1次的制御を補うことで,その個人を取り巻く環境と加齢という現実に対する最適化が目指されるのです。

ヘックハウゼンとシュルツ (Heckhausen & Schulz, 1995) は,選択と補償を1次的制御と2次的制御と組み合わせて4タイプの方略を類別し(選択的1次的制御,選択的2次的制御,補償的1次的制御,補償的2次的制御の4タイプ),具体的行為との関係で中高年期における自己の適応性について検討する「1次的および2次的制御における最適化の2次元モデル」(two dimensional model of Optimization in Primary and Secondary control：**OPSモデル**）を提唱しました。このモデルによると，人は加齢に伴って，欲求や願望に適するように外界を変えようとする1次的制御は低下し，外界に調和するために内なる世界を調整しようとする2次的制御の増加することが明らかになりました（Schulz & Heckhausen, 1998）。

このモデルで明らかになったように，心身機能の低下する老年期には，人は環境に働きかけるよりも内なる世界に関心を向けるようになります。このことは，離脱理論（表3-2参照）でカミング（Cumming, E.）とヘンリー（Henry, W. E.）が示した人の老後生活の在り方に対応すると考えられます。したがって，離脱理論に対するメタ理論と位置づけられる**トーンスタム**（Tornstam, L.）の**老年的超越**理論（第11章3節参照）に通じる考え方でもあります。また，このアプローチは，さらにブラントシュテッターら（Brandtstädter & Greve, 1994）による**対処**（coping）**理論**としてより詳細に論じられています。

読書案内

高橋惠子・波多野誼余夫（1990）『生涯発達の心理学』岩波新書
● わが国の生涯発達心理学の先駆けとなった書。加齢を生涯発達と捉える視点は，バルテスらの努力によって心理学の研究の世界では1970年頃から広まってきた。わが国の研究の成果も取り入れながら生涯発達研究の意義を示しています。

レビンソン，D./南博訳（1992）『ライフサイクルの心理学』上・下巻，講談社学術文庫
● かつて中年期は人生において最も充実した「黄金の時期」と捉えられていました。しかし，この書では人生を四季になぞらえて捉えて，人生の秋から冬に移行する中高年期の人々の心の葛藤を描いています。

第3章 引退するこころ

引退期の獲得と喪失

　人生における最も重要な課題の1つとして，職業生活をいかに送るかということが挙げられます。したがって，職業を含む生涯キャリアの育成と調整は，私たちの人生にとってきわめて重要な位置を占めます。このことは，在職中はいうまでもなく，また，児童期や青年期における職業準備期だけでなく，引退後の生活に影響するという意味でもその重要性を見逃すことはできません。

　本章では，まず，事例を通じて退職，引退後の生活，生きがい，社会貢献，そして夫婦関係について考えます。次いで，ポジティヴな老いの在り方について，社会老年学のモデルやわが国の生きがいの概念に基づいて検討します。

1 引退のプロセス

　人の**引退のプロセス**はさまざまです。被雇用者と自営業者とはまったく異なりますし，同じ被雇用者でも会社員と公務員では異なります。さらには，会社員でも管理職と現業職ではまったく異なるプロセスを辿りますし，大企業と中小企業でも異なります。近年では，ベンチャー企業の労働者のキャリアプロセスが，従来の企業人の在り方とは大きく異なっていることが知られています。

　このように，引退のプロセスは，職業選択や社会経済的地位などの個人的要因によって多様になります。一方で，1990年代のバブル経済の破綻からITバブルを経て，「リーマン・ショック」が起点となった世界同時不況というように，国家レベルから一個人に至るまでがグローバル経済の動向に翻弄される時代的要因による影響からは逃れようもなくなっています。

　さらにわが国では，定年制度が公務員から一般企業までのほとんどの組織で導入されています。2013（平成25）年の「高年齢者雇用安定法」の改正によって，企業は定年そのものを廃止するか，定年年齢を65歳以上に延長するか，あるいは65歳以上まで再雇用を行うかのいずれかを選ばなくてはならなくなり，60歳の定年以降も65歳までの雇用が確保されるようになりました。これは，年金支給年齢が60歳から65歳に移行することに連動しています。つまり，従来は原則的に60歳で強制的引退を迫られていた雇用環境が変わり，65歳までの同一企業・組織における継続雇用が実現することになります。このような制度変更に伴って，実際に定年制度を廃止

する企業も現れてきたことから，今後は，職業からの完全な引退までの時間的調整が可能となってくるでしょう。このような社会的要因も個人の引退のプロセスに影響します．

2 生涯キャリアにおける退職と引退

　青年期以降に最も重要な人生の課題の1つは，**職業生活**を構築していくことです。職業に就くことを前提とする生涯キャリアの育成が青年期に現実的な課題となって立ち現れます。職業は，経済生活の安定と人生における主要な**役割獲得**というだけでなく，**自己実現**のための人生設計の一環としての役割をも有しています。したがって，職業は，その始まりにおける人生設計と同様に，退職後の生活にも大きな影響力を及ぼします．

　キャリアとは，生活全般の中から職場という限られた時間と空間を切り取って行われていた職業研究が，人生全体の中に職業生活を位置づけようとする考え方にシフトすることによって用いられるようになった概念です。したがって，キャリア発達とは，個人の発達過程を職業と他のさまざまな役割の連鎖と捉えて，その中で達成される人間的成長や自己の表現を含むものです。ですから，子どもの頃の家族関係や社会体験に始まり，退職後の精神生活までをも射程に入れて考えることが求められます。

　ところが，経済の低成長・不況の社会においては人余り現象が起き，早期退職とリストラよる解雇が頻繁に行われ，退職目前の後期キャリアの時期においても失業率が高くなってきています。また，大企業においては50歳頃から子会社・関連会社への出向や転籍が

> **表 3-1 生涯キャリアにおける発達課題**
>
> ① **エントリー期（21 歳頃まで）**
> 職業興味の醸成，職業能力の形成と向上，学歴・資格などの諸条件を整えることが課題。成熟した職業人への準備の時期。
>
> ② **基本訓練期（16～25 歳頃まで）**
> 職業人としての基礎訓練の時期。理想と現実のギャップを克服し，仕事を自己のものとし，同僚や組織に適応することが課題。
>
> ③ **キャリア初期（30 歳頃まで）**
> 自己のキャリア発達のモデルとなるメンター（mentor）を得て，部下としての有能性の獲得と主体性の確立が課題。初期キャリア形成期。
>
> ④ **キャリア中期（24～45 歳頃まで）**
> 専門性の獲得，責任の確保，独立感と有能感の確立，可能性の推察，初級管理職への昇進が課題。中堅としてのキャリア確立期。
>
> ⑤ **キャリア後期（40 歳頃～定年まで）**
> 非リーダーとしてのキャリア後期と，指導者役のキャリア後期とに分かれる。組織内の立場や役割が明確に分化。その地位・役割への適応とそれに応じた影響力の発揮が課題。
>
> ⑥ **衰えおよび離脱・引退（定年とその後）**
> 自己の役割と職務内容の他への譲渡，職業からの引退の時期。年金受給年齢の上昇と余剰人員の問題により，退職年齢を引き上げる代わりに，ワークシェアリングを行いながら退職に向けて準備をすることが今後の課題である。
>
> （出典） Schein, 1978 を参考に作成。

頻繁に行われるため，定年までの地位や職務が不安定なことも多く，引退のプロセスが明確ではなくなってきているのが現状です。

　会社員や公務員などの被雇用者の定年年齢の変更や再雇用などによる雇用延長，そして最終的な労働からの引退に，個人の裁量も働くようになってきました。退職と労働からの完全なる引退後に，いかなる生活を構築していくかという人生最後のキャリア発達には，今後，ますます個人の意志と努力が求められていくことでしょう。

CASE ① 定年が受けいれられない！：A氏の事例

　定年退職の英訳はマンダトリー・リタイアメント，すなわち「強制された引退」である。定年に個人の意思は反映されない。だから，強制と訳されるのである。

　A氏は大手損害保険会社の支店長だった。本社の役員に迎えられれば，定年とは無関係に仕事を続けられるはずだった。その期待に不安はなかった。ところが，定年の数年前に本社の閑職に配置転換され，そして定年を迎えた。日本屈指の有名大学の経済学部を卒業し，業界トップクラスの損保会社に就職して，エリート街道を突っ走ってきたA氏。彼は，定年という現実をどうしても受けいれることができなかったという。

　自分は会社に尽くしてきた。喜びも悲しみも会社とともにあった。それなのに会社は冷たい。まだ諦め切れない。やり残した仕事もある。再就職して，つまらない仕事をする気にはなれない。私とのインタビューにこう答えるA氏は，結局，定年後は家で新聞とテレビの毎日になった。

　A氏の言うように，仕事には生きがいの素がたっぷり詰まっている。目標を達成した時の喜び，地位と報酬による評価，苦しみも喜びも分かち合うことのできる仲間，自分を必要とする人々……。自己の存在価値を確認することのできる，あらゆる要素が用意されている。

　しかし，この生きがいの素は定年制度によって失われることになる。定年が新たな出発のためのスタートラインであるならば，それも良い区切りとなろう。だが，生きがい提供のタイムリミットを示す場合には，絶望の素になってしまう。

　定年退職が誰にとっても「何かを創める引退」（日野原重明氏の言葉）となるならば，それが仕事であるか否かにかかわらず，ハッピー・リタイアメントと訳される日が来るかもしれない。

（佐藤，2007aより）

3 引退後の生活と生きがい

退職後の人生

西欧の人々の人生モデルでは、親の庇護の下にある児童・青年期である人生第1期 (first age)、親から独立し社会的責任を担う成人世代である人生第2期 (second age)、そして、社会から引退し年金生活となる人生第3期 (third age) という区分が用いられてきました。しかし、近年の長寿化によって、85歳、あるいは90歳を超える超高齢者が非常に増加してきました（第1,11章参照）。この事実を背景に、**超高齢期**を人生第4期 (fourth age) と捉えて、健康で自立的、社会貢献をも可能な人生第3期と区別し、何らかの疾病や障害を抱える介護の対象者としての終末期をも人生計画に組み込んでおくことが必要になりました。

こうした超高齢化という現実をふまえると、先進諸国における戦後のベビーブーマー世代の退職に伴う老後の生き方に対する社会学的・心理学的な問題を検討する際には、従来の退職後の人生をその終末に向かう「老後」と捉える人生計画ではなく、人生第4期の前の活力ある後半期の人生の始まりと捉える人生計画の下に生きる人々が増加すると考えることが必要です。

この変化はすでに始まっています。博報堂エルダービジネス推進室の団塊世代を対象にした調査（2005年）によれば、退職後の人生に対するイメージは、「第2の人生」の選択率32.4％よりも「新たな出発」が45.5％と多くなっていて、「老後」という考え方に変化が現れていると報告しています。社会から引退するのではなく、社

Column③ 定年後の夫の「居場所不安」

　企業を定年退職した夫たちに居場所がないといいます。職場だけでなく，退職した彼らにとっては家庭ですら居場所ではなくなってしまった，ということなのでしょうか。

　ところで，居場所とは何でしょう。単なる物理的な空間を指すのでないことは明らかですし，また，こころの中だけの問題でもなさそうです。読書が大好きで，1日中本を読んでさえいられれば幸せだという人がいたとします。その人が，家で本を読んでいると家族に邪魔にされるので，毎日図書館に行き，そこで1日のほとんどを一人で過ごしているとします。このような人のことを，他者は「居場所のない人」と言い，本人も「自分には居場所がないから図書館に行くのだ」と言うかもしれません。家庭が居場所になっていない，というわけです。

　居場所とは，自分一人で何かをしている場所やそこでの行為を指すのではなく，誰かと共に居て何事かを為している場所のことなのです。誰かと共に居るためには共有する空間が必要であり，それを「場所」とよぶのです。つまり，人との関わりを前提にした言葉だということがわかります。ですから，インターネット上の仮想空間も，たしかにある種の人々には居場所となりうるのでしょう。

　では，居場所の「居」とは何でしょうか。「居」とはその人の「存在」が明確であることを指す言葉です。私がそこにいることが明らかであること。これが「存在」であり「居」の意味するところなのです。

　こう考えていくと，「定年退職後の夫に居場所がなくなる」ということは，かつては職場にいたはずの，自分の存在を，その意味や意義とともに明確に認識してくれる誰かが，今の自分の生活空間の中にはいない，ということを意味しているようです。また，現役でバリバリ働いていたときは，家庭は安らぎの場としての居場所であったはずが，退職とともに家庭もそのような居場所ではなくなったということをも意味しているのかもしれません（佐藤，2002）。

第3章　引退するこころ

会の中に新たな活躍の場を求めようとする意識が反映されている結果ではないでしょうか。

戦後生まれの団塊世代は「モノ」の無かった時代に生まれ、そして現在は、溢れるほどの「モノ」に囲まれた高齢期に入っています。三種の神器と呼ばれた家庭電化製品を手に入れ、郊外のマイホームと自家用車を手に入れることが家族の夢であり幸せであった時代とともに生きてきた世代です。

そして、現在、これらの夢は仕事人生とともに現実のものとなり、いよいよ会社の縛りから一個人へと戻る時がやってきたのです。しかし、時代は移り、幸せは「モノ」から「ココロ」に替わってしまいました。団塊世代が退職後に求める幸せもやはり「ココロ」にあると考えるべきでしょう。団塊ジュニアと呼ばれる1970年代後半生まれの世代は、すでに家族や「モノ」よりも自分の「ココロ」が満たされることを何よりも幸せと感じる時代を生きてきました。さらに現代は、若者にスポーツカーが売れなくなり、携帯電話やスマートフォンで友人とつながることを優先する時代です。彼らの親世代、祖父母世代もやはり同時代を生きているのです。

今の超高齢社会に生きる人々の生きがいを考えるには、経済成長を果たした後の時代の幸せとは何か、人々は何を求めて行動しようとしているのかを明らかにする必要があります。

CASE ② 定年後の日々：B氏の事例

定年退職に関する調査のいずれをみても、定年後にしたいことの第1位は、常に「旅行」である。筆者は学生時代、観光事業を研究するサークルに所属していた。新入生のだれもが、最初に先輩から「旅」の定義を教わることになっていた。旅とは、日常生活圏から離れること——これが、旅の定義だった。解放、冒険、そして出会い。旅の内包するイメージは、確かに非日常的である。

民俗学者の神崎宣武氏によれば，江戸中期には，年間60〜70万人（当時の人口の約25人に1人）が，伊勢参りに出かけたという。そのほか，善光寺参りや金比羅参りなど，江戸時代は寺社詣が旅の方便に使われ，人々は盛んに観光旅行をしていたようである。

　旅は，いつの時代も人々を魅了する。それは，日常生活から離れることの魅力にほかならない。定年後の希望として旅行を挙げるのも，長年の日常であった職業から遂に離れるという退職者心理の表出かもしれない。「定年後」は，まさに新たな出発（たびだち）なのである。

　大手製薬会社の役員だったB氏は退職後，妻と月に一度は旅行することに決めた。ホテル・旅館は一流，列車もグリーン。とても贅沢な旅行である。毎月，旅行を計画し，出かけるのは楽しかった。しかし結局，この旅行は半年も続かなかった。飽きてしまったからだ。

　筆者がB氏にインタビューした時，彼は近所の高齢者を毎日，病院に送迎するボランティア活動に従事していた。大手企業の元役員が退職後，このようなボランティアをする例は，あまり多くない。B氏は，旅行という非日常の生活には飽き足らず，会社勤務の時分の縁で，この地域貢献活動を開始した。いわば，日常生活に戻ったのである。

　ボランティアを始めてからというもの，たまに行く旅行が楽しくなったそうだ。非日常的なイベントは，日常では味わえないからこそ，魅力的なのであろう。その意味で，旅行の喜びとは，日常の生活があって初めて成り立つものといえる。新たな出発である定年後の生活も，まずは日常的であるべきことを，この旅行の例は示しているように思えてならない。

（佐藤，2007bより）

社会貢献への期待　2007年は，戦後生まれの団塊第1世代がいっきに定年を迎えた年でした。「2007年問題」とよばれた大規模な離職現象は，社会・経済的にも大きな影

響を与えると予想されました。

　さて，この年の1月4日付の朝日新聞に「いまいちど翼を広げて」という社説が掲載されました。その中で，団塊世代が40歳代の頃の電通による調査では，彼らは自分らしさにこだわり，好きなことに打ち込むが，他者への関心は薄いと指摘していることが紹介されました。

　また，ぶぎん地域経済研究所の報告（松本，2005）では，埼玉県内の市町村別の団塊世代人口を調べると，都心に近いニュータウンや大型団地地域と工業団地周辺地域に多数の団塊世代が居住していることが明らかになりました。そして，これら地域での団塊世代の退職後に対する対策が急務であることを指摘し，さらに，団塊世代が退職するポジティヴな面の1つとして，「職業経験の豊富な優秀な人材が地域社会に戻ってくる」ことを挙げています。

　社会では，団塊世代が退職後に地域社会に貢献することを期待しています。しかし，その一方で，戦後生まれの団塊世代は，自分と家族の幸福を大事にしてきた世代です。彼らが退職後に社会貢献をすることに生きがいを感じることができるかどうか，そしてまた，個人の幸福のみを追求する人生第3期の生き方で，はたしてその先にある他者への依存を前提とする人生第4期の幸福を実現することは可能かどうかなど，団塊世代の生き方が，その後の世代の生き方のどのようなモデルとなるかが問われています。

　年金シニアプラン総合研究機構の調査（1992～2012）でも，年齢が高くなるに連れて，社会的な有用感を生きがいの意味と捉える傾向が高くなること，あるいは，各種調査においても団塊世代のボランティア意向は決して低くないことが明らかになっていることなどを考慮すると，社会の側がそうした意向を行動に移すための支援を，

どのように行うかが課題なのもしれません。

2012年には、団塊第1世代がついに人口学的な意味での高齢者の仲間入りを果たしました。しかし、彼らとそれに続く世代の活力と主観年齢は依然として若く保たれており、超高齢社会における重要な**社会資源**（social capital：**社会関係資本**）としての期待はますます高まるばかりです。この期待を実現するためには、コミュニティにおけるいかなる仕組みが有効かを、実践を通して探っていくことが必要でしょう。

CASE ③ 退職と地域社会：C氏の事例

都心に通うサラリーマン家庭で構成される新興住宅地域では、夫にとっての地域社会が形成されることはない。それゆえ、彼らの幸福は、家族と自分自身に向かわざるをえなかった。

退職後のサラリーマンを迎える地域社会は、豊富な経験と知識、技術をもつ彼らに期待している。ただ、自らが存在していなかったも同然であった地域社会への貢献に、はたして彼らが生きがいを感じることはできるのだろうか。

サラリーマンは会社に自己の社会的アイデンティティを重ねてきた。肩書が、自己の存在証明だったのだ。しかし退職した今、社会的アイデンティティは、否応なく変更されなければならない。会社から社会へ——「自分・家族」から「他者・世間」に切り替えることができれば、彼らにとっての地域社会が姿を現すかもしれない。

C氏の地域社会デビューのきっかけをつくったのは、近所の床屋のオヤジさんだった。親の代から床屋一筋。この地域の生き字引である。このオヤジさんに、ある晩、飲みに行こうと誘われたのだ。飲み屋にはオヤジさんの仲間が集まっていた。洗濯屋を営む夫婦、整形外科医院を開業している医者もいた。飲みながら聞く彼らの話は、とにかくおもしろかった。

そんな集いが何度か続いた後、商店街の大売り出しのイベントに、C氏も駆り出された。タテ社会に生きてきたC氏にとって、互い

を気遣いながらも協力し合う地域の人間関係は新鮮だった。

(佐藤，2007dより)

ポジティヴ・エイジングの模索

　私たちは本当に長寿を望んでいるのでしょうか。国立長寿医療センターが20歳代から70歳代までの男女約2000人に実施した調査（荒井ら，2005）によると，長生きしたいとは思わない人の数は41％にものぼったとのことです。男女を合わせた平均寿命が80歳を超えているまさに超高齢社会に生きる私たちの中の，かなりの数の人々が長命を望まないという逆説的な現象は，その根本に老いに対する不安（第1章参照）と否定的な感情があるからでしょう。

　アンチ・エイジングが話題になっています。健康長寿をうたい文句とするサプリメントの商品市場はかなりの規模だといいます。閉経前後の女性に対するホルモン療法も一般的なものになってきました。顔のシワを伸ばすプチ整形も流行っています。このようなアンチ・エイジングが多くの人々の共感を得ているという事実から察するに，「長くは生きたいが，老いるのは嫌だ」というのが，人々の本音ではないでしょうか。アンチ・エイジングとは，老いずに長生きしたいという矛盾した考え方です。しかし，このことが，まさに老いに対する私たちの葛藤を示しているといえます。

　老年心理学を含む社会老年学の分野では，研究史の初めから老いの肯定的な側面の探求が課題でした。それは，老いがもしも否定的な側面しか内包していないとしたら，私たち人類が実現してきた長寿にはどのような意味があるのか。もしも長寿に意味がないとしたら，それは文明の否定につながらないか。そもそも，長い高齢期を有するのが人類の特性だとしたら，そこには重要な意味が含まれて

表 3-2　ポジティヴ・エイジングに関する諸理論

活動理論（activity theory）
提唱者：Havighurst, R. J. & Albrecht, R.（1953）

　職業は，成人期の個人生活の多くを占めており，個人に役割を与え，対人的交流や能力を発揮する機会を与えてくれる。個人は，そのような場面でこそ喜びや生きがいを感じることができる。すなわち，職業は，人に生きる意味を与えてくれる重要な生活の場である。こうした観点からみれば，職業からの引退は，その後の生活における不適応の直接の原因であるから，職業において得ていたものを引退後も継承すること，つまり，活動の継続こそ，高齢期の幸福感を維持させるもの，ということになる。

離脱理論（disengagement theory）
提唱者：Cumming, E. & Henry, W. E.（1961）

　引退のもたらす個人の活動量の低下と人間関係の減少は，加齢に伴う自然で避けられない過程であり，それは産業上の世代交代あるいは社会の機能を保つという意味で必然的なことであるばかりでなく，個人の人生を職業生活や他者との関係にのみ結びつけずに，自分自身の内なる世界，個人的な価値や目標の達成に費やすための時間として個人が望むものである。

継続性理論（continuity theory）
提唱者：Neugarten, B. L. et al.（1968）

　社会的離脱によって高齢期に適応できるか否かは，個人のパーソナリティによって異なる。高齢期にある個人も，発達心理学的観点からみれば，その前段階からの変化が連続しており，その変化もまた個人が選択してきたものである。

（出典）　佐藤，2007e を改変。

いるはずである。こうした信念が，研究者を老いの肯定的な側面の解明に向かわせたのです。チャールズ・ダーウィンの『種の起原』が，老年学の出発点の1つとされる理由は，他の種と異なり，人間には例外的に生殖活動の終了後に長い老後のあることを示したからです。そして，その意味を探ることが老年学の重要な課題なのです。

　引退後の生活に関して，これまで3種類の重要な学説が展開されてきました。引退後の人々には，生活環境の変化とともに加齢に伴うさまざまな心身の変化が起こります。それらに適応しながらより

よい高齢期を送ることは誰もが望むところです。それを実現するための代表的な3つの理論を表3-2に示しました。

しかし、これらの議論は、結局、未解決のまま今日に至っています。老いの肯定的側面、すなわち、**ポジティヴ・エイジング**は、未だ、十分に明らかになっているわけではありません。それは、先に述べた調査結果のように、現代人の多くが長生きを望んでいないことからも明らかです。ポジティヴ・エイジングの研究は、今後も多面的に検討されていくことでしょう。「アンチ・エイジング」と、老いを嫌うのではなく、現実に老いを迎える私たちが「老いて生きることの意味」を実感できるような研究成果を願うばかりです。次節では、これまでの主な研究成果を振り返り、今後のポジティヴ・エイジング研究の行方を考えてみたいと思います。

CASE ④ 定年退職後の夫婦関係：D夫妻の事例

以前、サラリーマン夫婦を対象に、多様な角度から生活の満足感を調査したことがある。その結果、夫婦間の差が最も大きかったのは「社会的評価に対する満足度」だった。特に、この傾向は専業主婦に著しかった。

夫は仕事での社会的評価に、ある程度の満足を感じている。その一方、妻はいくら立派に家事をしても、社会的に評価されているとは感じない。社会の一員として、自身の価値を確認したいとの思いは、夫も妻も同じ。夫の現役時代は、そこに妻の不満の種があった。

趣味であれ、知識であれ、友人に褒められるだけで、自己の評価は高まる。それゆえ、妻は夫の退職後、「家事の時間を減らしたい」と主張する。それは、夫から離れ、友人やボランティア仲間と過ごすことが自己の価値を実感させてくれることを知った妻の「社会化宣言」なのである。

退職後の夫婦関係の希望を尋ねた別の調査によれば、夫は「妻と一緒にいる時間を増やしたい」と答えるが、妻は「一人でいたい」

と回答することが多かったという。

家庭は，安心と安らぎを提供してくれる場である。夫婦でいることは，それらを保証し合うことなのだ。けれど，人間はそもそも社会的存在。だから，家族以外の他者からの評価によって，自己の存在価値を確認したいという欲求がある。

子どもが一人前の社会人になった，と親が誇るのも，その存在価値が社会によって認められたからにほかならない。

社会で活躍する夫の姿は，妻にとって自分自身の社会的評価と重なっていた。しかし，退職して社会的評価を受けることのなくなった夫に，もはや妻が自己の社会的評価を投影することはない。

Ｄ夫妻の退職後の生活は，朝食後に分担した家事を終え，別々に出かけることから始まる。「私たち夫婦は，やりたいことがそれぞれ違います。ですから，生活は一緒ですが，外で何をするかは"自由"ということにしました。」Ｄ夫妻の選択した退職後の生活スタイルである。夕食時に，互いのことを話し合うのが1日で最も充実した時間だ，と夫婦の意見は一致した。

夫も妻も，互いに自立しながら寄り添い合う。そんな夫婦生活もなかなか良さそうだ。　　　　　　　　　　　　　　　（佐藤，2007c より）

4　幸福な老い
●ポジティヴ・エイジングの諸側面と生きがい

成功した老い：サクセスフル・エイジング

社会における高齢化の諸問題に対しては，心理学をはじめあらゆる研究分野が，互いにその成果を取り入れながら研究を進めています。こうした学際的研究分野である社会老年学の領域では，単なる長命ではなく，いかにして充実したよりよい高齢期を迎えるか，すなわち，幸福な老いのための条件を探ることが重要なテーマとし

て掲げられてきました。その1つが**サクセスフル・エイジング**（successful aging）です。

かつての社会老年学では、貧困、病気、孤独のいわゆる三悪といわれる老人問題にいかに対処するかが最重要課題でした。しかし、その後の「大衆長寿時代」（濱口・嵯峨座，1990）においては、「老人問題」というネガティヴな捉え方から脱却して、それとは反対の極であるポジティヴな「健やかに老いる」「上手に老いを迎える」ための要因を明確にするという方向で研究が進んできました。

ところで、かつての成人病が生活習慣病という名称に替わりました。最近では、生活習慣病による高脂血症、高血糖、高血圧などをメタボリック症候群と名付けて、メタボ検診なる腹囲測定が行われるようになりました。生活習慣病やメタボリック症候群は、個人の生活改善によって予防することができるはず、というメッセージが聞こえてきます。生活習慣病やメタボリック症候群は加齢に伴って起きてきますが、これらは自分自身でコントロールできる要因であるということのようです。サクセスフル・エイジングという考え方の背景には、老いには「良い老い」と「悪い老い」とがあって、それらは生活習慣の自己コントロールの結果であり、「悪い老い」は避けられなければならないという信念があります。

加齢に伴って、人は心身にさまざまな変化が起きてきます。多くはネガティヴな変化です。しかし、そうした変化を予想して自ら対策を立てて、行動を変えたり、生活習慣を制御したりすることが、結果として「良い老い」を実現することになるというのが、サクセスフル・エイジングの考え方です。

ロウとカーン（Rowe & Kahn, 1997）によれば、サクセスフル・エイジングとは、生産的・自立的で社会貢献を成す老い方をいいます。

高齢期の生き方は自立的でなければならず,こうした努力によって,彼らのいう理想的な老いの過程を実現することができるのです。では,いったいどうすれば,このような老いを実現することが可能なのでしょうか。

心理学の立場から老化への対処法を理論化したのが**バルテス**です。彼の「補償を伴う選択的最適化(SOC)理論」(第2章3節参照)を適用すれば,加齢に伴う心身機能の低下に適応しつつ,自己を維持し続けることが可能になると主張しています(第2章参照)。SOC理論に基づく対処方略を実践することで,加齢に伴う喪失に対処し,自己像の急激な変化を抑制することができるとされます。

| 生産的な老い:プロダクティヴ・エイジング |

プロダクティヴ・エイジング,すなわち「生産的な老い」とは,高齢者は何もできなくなった惨めな存在という偏見や,収入のためだけの仕事が社会にとって価値があるという考えに対する抵抗として,アメリカの老年学者**バトラー**(Butler, R. N.)が提唱しました。

バトラーは,高齢者に対するこうした偏見は,人種差別(racism),性差別(sexism)に次ぐ第3の差別,すなわち**年齢差別・エイジズム**(ageism)だと指摘し(*Column①*参照),収入にはならないかもしれないが,市民として価値ある活動ができるという意味で,高齢者はプロダクティヴであり,社会に有用なさまざまな貢献が可能な世代だと指摘しました(Butler & Gleason, 1985)。

すでに指摘したように,団塊の世代が仕事から引退しつつあるわが国でも,戦後の自由主義的教育を受け,活力ある時代を築いてきた彼らが,その知識と技術を,収入とは無関係な活動に活かしてくれることを,私たちの社会は望んでいます。

また，少子化の影響で，日本の労働力は，移民対策などを講じない限り，今後，ますます減少していきます。雇用延長を含む高年齢層による労働力の維持も，少子高齢化の社会が望むところでもあります。バトラーの時代と異なり，金銭的対価を得る労働という形式においても，プロダクティヴ・エイジングを見直す時代なのかもしれません。

> **幸福な老いの測定：サブジェクティヴ・ウェルビーイング**

「幸福な老い」——**ポジティヴ・エイジング**には，社会的・文化的な条件によってさまざまな形態がありえます。ですから，外的な要因によって「**幸福度**」を測定し判定することは，文化依存的になることを避けられません。そこで，幸福な老いの状態にある個人の内的な特徴を測定し，通文化的に比較可能な形で幸福な老いの条件を評価しようとする研究が行われることになりました。

　そして，ポジティヴな高齢期を送っている個人の内的な状態は，**主観的幸福感**——**サブジェクティヴ・ウェルビーイング**（subjective well-being）として定義され，それをいかに測定するかが課題となっていきます。これまでに考案された尺度のうちの代表的なものを表3-3に示します。

　これまでの研究で明らかになっているサブジェクティヴ・ウェルビーイングに関連の高い要因としては，健康，社会・経済的地位，社会的相互作用（対人関係），婚姻状況，家庭生活，交通機関の利用可能性，パーソナリティなどが挙げられます。

> **ポジティヴ・エイジング：生きがいある老い**

ポジティヴ・エイジングに関する概念として，わが国では「**生きがい**」という言葉が用いられます。

　ところで，「仕事が生きがい」という場合，「仕事をしている時に

表3-3 主観的幸福感測定のための代表的尺度

尺　度	開 発 者
生活満足度尺度 (Life Satisfaction Index: LSI)	Neugarten, B. L. et al. (1961)
自尊感情尺度 (Self Esteem Scale)	Rosenberg, M. (1965)
アフェクト・バランス尺度 (Affect Balance Scale)	Bradburn, N. M. (1969)
PGCモラール・スケール改訂版 (Revised Philadelphia Geriatric Center Morale Scale)	Lawton, M. P. (1975)

(出典) 佐藤，2007e。

充実感を感じるので，それが私の生きがいになっている」ということを意味しているのであれば，充実感を与えてくれる「対象」がその人にとっての生きがい対象であり，また，生きがい対象から充実感という「感情」を得ることがその人にとっての生きがいとなっている，と理解することができます。しかし，別の人は仕事以外に充実を感じる場合もあるでしょうし，充実感以外の感情を生きがいと感じる人もあるでしょう。また，同じ人でも別の対象にも生きがいを感じることもありますし，それから得られる別の感情をも生きがいと感じることがあるでしょう。

このように，生きがいをその「対象」と満足感・充実感などの「生活感情」とに分けるとしたら，通文化的に用いられてきた主観的幸福感を構成するモラールや生活満足度，自尊感情，正の情緒などは，生きがいの一部としての生活感情を測定しているものと考えられます。また，英語の'happiness'という言葉は，単なる快楽や快適という言葉と同義に使われる傾向にありますが，'happiness'の意味を語源に遡って吟味したリフ（Ryff, 1989a, 1989b）は，本来

の幸福感情にはより積極的で困難な状況を乗り越えることによって得られるような部分も存在するとの観点から，成熟したパーソナリティの基準や自己実現をしている者の特徴などを参考にして，従来の主観的幸福感の研究に欠けていた部分について検討を加えています。そして，リフは，これまでのサブジェクティヴ・ウェルビーイングに替えて**心理的ウェルビーイング**（psychological well-being）という言葉を提案しました。こうした観点は，単なる快楽追求とは異なる「生きがい」の概念との共通性を高める役割を果たしていると思われます（第11章参照）。

近年，障害者や傷病者の「**生活の質**」（QOL）をいかにして高めるかが，ノーマライゼーション運動の重要課題となっています。柴田（2003）は，QOL と生きがいの違いを述べる中で，客観的な生活環境と主観的な生活の質への認知および生活機能や行為・行動の健全性が相互に影響し合い，その認知がサブジェクティヴ・ウェルビーイングとなり，これを QOL とよんで役割意識や達成感などが加わることで，日本的な生きがいが形成されるとしています。この際の客観的な生活環境および生活機能や行為・行動との相互作用の中で認知される生活の質が生活満足度であると捉えています。柴田の考え方をかりれば，生活満足度は主観的幸福感を規定する要因であり，QOL という概念に包含される下位概念といえます。

いずれにしても，生きがいという言葉は子ども世代に対して用いられる概念ではありません。ですから，生きがいとは，何らかの成熟に関連した概念だと思われます。そしてまた，青年期の生きがいと中高年期の生きがいも，それが問題とされる文脈は異なっています。青年期であれば未来に対する生きがいが問題になるでしょうし，中高年に対しては，青年期の獲得に向かう生きがいとは逆に，失わ

れつつある希望や夢との対比において問題にされることが多いのではないでしょうか。この点に関しては，生涯発達的な観点からも重要な内容を含んでいると思われます。

読書案内

神谷美恵子（1966／2004）『生きがいについて』みすず書房
　●生きがいの源泉であった職業からの引退は，生きがいの危機でもあります。人にとっての生きがいに関する思索の古典として多くの人々に読み継がれてきたこの書は，引退後の生きがいを考えるためにだけではなく，人として生まれ，そして老いていく人生を考えるための重要なテキストとなるでしょう。

藤田綾子（2007）『超高齢社会は高齢者が支える』大阪大学出版会
　●アメリカ国立老化研究所の初代所長で著名な老年学者のロバートN. バトラーが指摘した高齢者差別（エイジズム）を縦糸に，そして，彼がエイジズムに基づく高齢者への偏見からの脱却を示すために唱えた生産的な老い（プロダクティブ・エイジング）を横糸にして，わが国における老いの実態を明らかにし，高齢者自身が高齢者を支える時代を予見した書です。

第 II 部

老いのこころのメカニズム

正しい理解とアプローチのために

第4章　情報処理機能の変化──感覚・脳・認知
第5章　忘れやすさと忘れにくさ──記憶と学習
第6章　英知を磨く──知的発達
第7章　その人らしさとエイジング──パーソナリティ
第8章　家族とのつながり──家族のサポート
第9章　他者との関わり合い──社会のサポート
第10章　高齢期のこころの病気──気分・意識の障害と認知症

第4章 情報処理機能の変化

感覚・脳・認知

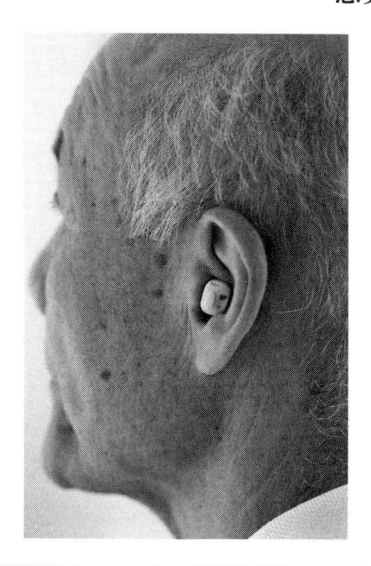

　高齢になると，目が見えにくくなる，耳が聞こえにくくなるといった感覚機能の変化や，体力や筋力が落ちるといった身体機能の変化が顕著にみられます。このような感覚・身体機能の変化は，日常生活の中で本の文字がぼやけて長時間本を読むと疲れる，重い荷物が持てなくなるといった症状として現れるため，本人も気がつきやすい加齢に伴う変化といえます。一方で，本人がなかなか気づかない変化として，判断力や思考の鈍化があります。人の情報処理能力の低下は，加齢による脳生理学的な変化によって引き起こされます。

　この章では，加齢に伴う感覚器官や脳の構造の変化を紹介し，それが私たちの情報処理の基盤となる認知機能にどのような影響を及ぼすのか概観します。

1 感覚機能の変化

　私たちは日々，目，鼻，口，耳，皮膚といった器官からさまざまな情報を取り込んでいます。冬になって寒くなると服を着込むように，環境から情報を取り入れ，その情報をもとに環境に適応することは，人が生活をしていくうえで必要不可欠です。また，コミュニケーションに必要な相手の顔を認識する能力や，人の話を聞くといった行為も，視覚や聴覚といった**感覚機能**が重要な役割を担っていることはいうまでもありません。それゆえ外部からの刺激を受容する感覚機能の低下や，感覚機能がまったく奪われてしまうことは，それまでの生活基盤を失うことを意味します。たとえば，事故や病気などによって人生の途中で感覚機能を失った中途障害者は，すぐに気持ちを切り替えることができず，不安や葛藤，苦悩，絶望感を抱きます（中田，2006）。また，そこから立ち直ることも容易ではありません。そしてこのような感覚機能の低下・喪失は，誰でも経験する可能性があります。なぜなら，感覚機能は加齢とともに低下するからです。感覚機能の低下が高齢者にもたらす影響は，目が見えにくくなる，耳が聞こえにくくなる，といった直接的なものだけではありません。徐々に機能が低下していくことに対する強い不安や絶望感に苛まれ，精神的に追いつめられる場合もあります。白内障を患った高齢者が「目薬があと1回でなくなりそうだ。白内障なので1回でも点眼しないと失明してしまうかもしれない」ととても心配になり精神的に不安定になる事例も報告されています（内田，1996）。このような不安定な状態は，うつ病などの気分障害（第10

章参照）や心身の健康状態を過度に心配してしまう心気症につながる場合もあります。

　では，加齢による感覚機能の低下にはどのような特徴があるのでしょうか。ここでは，感覚器官ごとに加齢が及ぼす影響を概観し，そのような変化が高齢者の日常生活に及ぼす影響について述べます。

視　覚

　高齢になると眼球が構造的に老化し，視覚機能全般に影響を及ぼします。たとえば，水晶体の透明性の低下などによって視力は低下していきます。また，水晶体の弾力や毛様体筋が低下し，30cm以上目から離さないと本や新聞の文字を読みにくいといった，見たいものに焦点を合わせる調整力も低下します。これが**老眼**とよばれるもので，早い人では30歳代でみられ，40歳代から50歳代になると多くの人が老眼を自覚します。その他にも，周辺視野の衰えや暗い場所で物を見る暗視力，動体視力にも低下がみられます。人は視覚によって環境から多くの情報を取り入れているため，視覚機能の低下は，日常生活全般に影響します。特に，夜間の歩行や自転車，車の運転に支障をきたすことや，転倒につながることが多くの研究で報告されています。

聴　覚

　聴力は年をとるにつれて低下しますが，この傾向は高音域（4〜8kHz）で顕著です。高音域の聴力低下は60歳代から70歳代に顕著にみられます。中音域（0.5〜2kHz）は70歳代後半から80歳代後半，低音域は80歳代から90歳代まで徐々に悪化し続ける傾向があります（佐藤（正），1998；図4-1参照）。

　また，高齢者の聴覚機能の低下の特徴として，左右の聴力が同じように低下する感音性の**難聴**が挙げられます。症状としては，①小さな音が聞き取りにくくなる，②小さな音を聞き取ろうとして音を

図 4-1　高齢期の年代別聴力

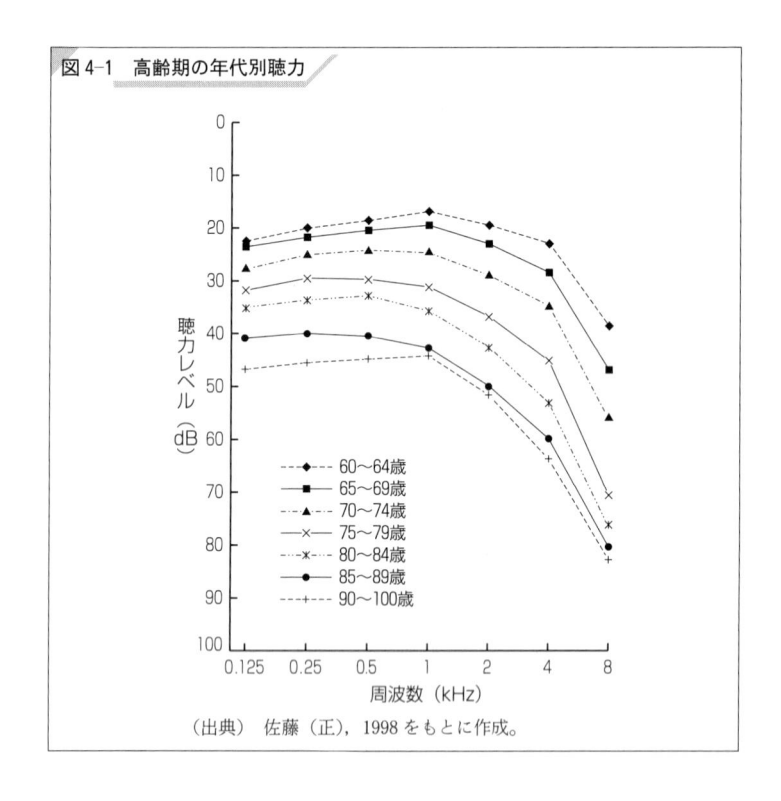

- ◆-- 60〜64歳
- ■-- 65〜69歳
- ▲-- 70〜74歳
- ×-- 75〜79歳
- ✳-- 80〜84歳
- ●-- 85〜89歳
- +-- 90〜100歳

（出典）　佐藤（正），1998をもとに作成。

単純に増幅してしまう（補充現象）ため，中等度以上の音が大きくなりすぎて不快になる，③同時に聞こえてくる複数の音を聞き分ける能力が低下する，④連続して聞こえる音を区別して聞き取る能力が低下する，などがあります（高卓・高坂，2006）。こうした高齢期の難聴は感覚細胞の障害が原因であることが多く，手術や薬剤による改善が困難であり，早期からの適切な補聴器の使用が必要となります。また，聴覚機能の低下は，言葉の聞き取り能力に影響を与えるため，結果としてコミュニケーションにも支障をきたします。その場合，会話の楽しみがなくなるため，孤独感や抑うつ気分などを

感じることもあります。適切なコミュニケーションをとるためには，耳の遠い高齢者に対しては，大きな声でゆっくりと話すことが大切です。また，背後から近づいてくる自転車や車の音に気づかないといった，危険を察知する能力も低下するので，周囲の人はそのことを理解し注意を払う必要があります。

嗅覚・味覚

これまで行われたいくつかの研究から，嗅覚・味覚も加齢に伴って低下することがわかっています。

嗅覚については，加齢による嗅細胞の減少や，嗅神経，そこから得られた情報を受けとる脳の機能低下などが原因として挙げられており，年齢とともになだらかに低下して行きます（図4-2参照）。嗅覚の低下によって，ガス漏れや火災に気づくといった，生命に関わる危険を察知する能力に支障をきたしますが，日常生活上で高齢者は嗅覚の低下をなかなか自覚できないようです。

味覚も嗅覚と同様に，検査上では加齢による低下が認められますが，その低下はなだらかです。味覚機能の低下は食べ物の味付けを変えることで補うことができるので，日常生活では味覚の変化を自覚することが難しく，味付けが濃くなったことを指摘されて気づく場合もあります（宍倉ら，1998）。私たちは，舌にある味蕾とよばれる細胞が味刺激を信号に変えて脳に送ることによって味を感じることができます。味覚機能の低下の原因には，この味蕾の減少や味覚伝導路の神経伝達速度の遅延，味覚を認識する脳機能の変化が挙げられます（阪上，2006）。また，高齢期のうつ病では，「おいしく感じない」「食べ物の味がわからない」といった味覚障害が出現することが報告されています（宍倉ら，1998）。

嗅覚や味覚は視覚や聴覚と比べて，老化による低下を受けにくく，

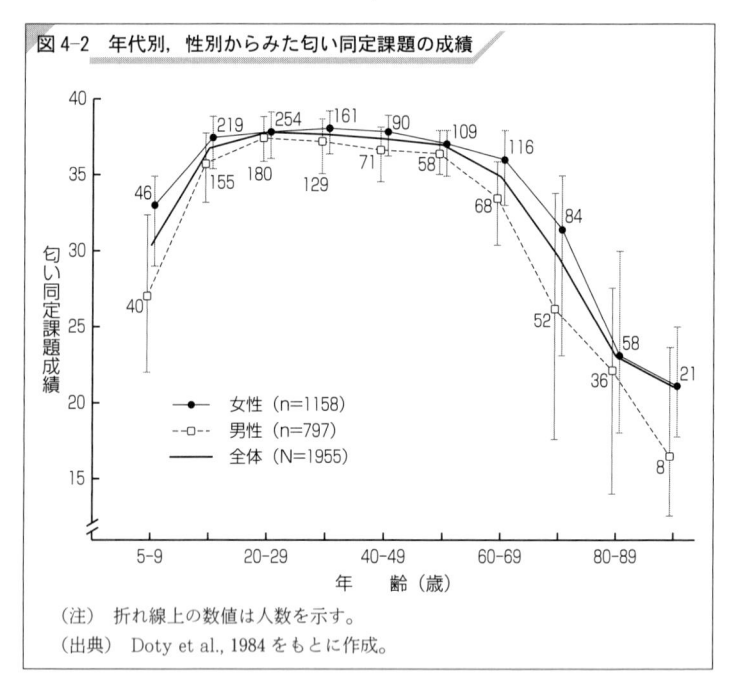

図 4-2 年代別, 性別からみた匂い同定課題の成績

（注）折れ線上の数値は人数を示す。
（出典）Doty et al., 1984 をもとに作成。

機能が低下したとしても日常生活で支障をきたすことが少ないと考えられてきました（宮地・宮岡, 2004）。そのため, 加齢による機能の低下という側面からはあまり省みられることがない器官です。加えて嗅覚・味覚は, 受容する刺激の対象が化学物質であり, 刺激の定量化や測定が困難なため, 他の器官と比較して研究が遅れています。しかし, 匂いや味がわからなければ, 毎日の食事も味気なく, 花の匂いやその場の空気の匂いを感じることができなくなります。よりよい生活を送るためには, やはり味覚や嗅覚は重要な器官であり, 今後の研究が期待される分野です。

触覚（皮膚感覚）

皮膚感覚は痛みを感じる痛覚・冷たさや温かさを感じる温度覚・物の振動を感じる振

動覚・皮膚感覚の鋭敏さを示す2点識別覚などに分けられます。これらの感覚はすべて加齢による低下がみられますが，その中でも特に高齢期に注目されるのは痛覚です。高齢期の痛覚の問題に，原因がはっきりわからない，あるいは，その痛みの原因である身体的疾患が治っているにもかかわらず，痛みを訴える**慢性疼痛**があります。慢性疼痛は，皮膚や刺激を受容する脳の問題だけではなく，痛みをどう認知するかといった心理的な問題や，ストレスが強く関連しています。そのため，認知行動療法と呼ばれる心理療法がその治療に用いられることもあります。痛みに対する認知行動療法では，「どうしようもない」「圧倒されそう」という痛みに対して抱く見方を「自分でなんとかできる」という見方に置き換えることで，痛みのコントロールが可能になることを目指します（丸田，2006）。また，慢性疼痛は抑うつ症状との関連も指摘されており，うつ症状が軽減すると痛みも小さくなる場合があります。この他にも，高齢期の痛覚の特徴として，痛みの感じ方が皮膚領域では鈍感になり，内臓では鋭敏になるといわれています（吉松，1998）。

運動機能

高齢者の運動機能については，筋力・敏捷性・持久力・瞬発力・柔軟性・バランス（平衡性）といった運動機能を構成する多くの要素で加齢による低下がみられます（図4-3参照）。

このような運動機能の低下は，日常生活での自立や社会活動への参加に大きな影響を及ぼします。高齢者では特にバランスの低下が顕著で，閉眼片足立ち時の重心動揺が大きくなり，このバランスの低下と歩行速度や歩幅との関連が指摘されています（丸山，1992）。また，運動機能の低下は**転倒**につながります。高齢期の運動機能は性別や職業，日常の活動の程度などによって異なり，低下の度合い

図4-3 運動機能の加齢変化

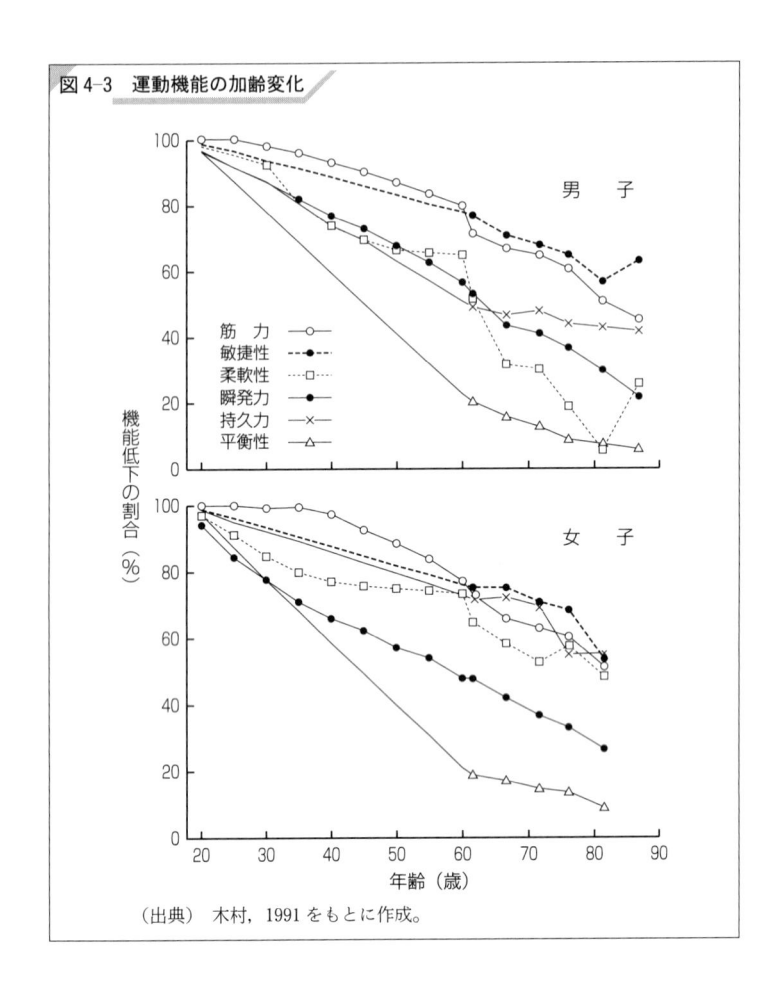

男 子

女 子

筋　力 —○—
敏捷性 --●--
柔軟性 ……□……
瞬発力 —●—
持久力 —×—
平衡性 —△—

機能低下の割合（％）

年齢（歳）

（出典）　木村，1991をもとに作成。

に個人差があるのも特徴です。たとえ短期間でも，病気を患い入院などで安静を保ったために運動機能が低下して，結果的に寝たきりになってしまうこともあります。そのため日頃から意識的に体を動かすことが大切といえます。加えて，運動を行うことが，身体機能だけでなく脳機能の維持に効果的だとする研究も報告されています。

2 脳の変化

　感覚機能から得られた情報は脳に送られます。ここでは，加齢が脳に及ぼす影響について解説します。

脳の構造と加齢による変化

　こころはどこから生み出されるのかという問いに対して，多くの人は「『脳』から生み出される」と答えるのではないでしょうか。では，加齢によって脳の構造が変化するとしたら，脳から生み出されるこころにも変化がみられるのでしょうか。このような脳とこころの関係を解明するために，現在国内外で多くの研究がなされています。

　まず脳の解剖学的構造について簡単にふれます。図4-4の上は脳の表面を横から見たもので，下は脳の内側から見たものです。脳の表面の大脳皮質とよばれる場所は，右半球と左半球の2つに分かれ，それぞれの半球は前頭葉，頭頂葉，側頭葉，後頭葉の4つに便宜的に区分されます。前頭葉の後方は運動機能を担う運動野を含み，前方（前頭前野）は計画や意志といった遂行機能と関連しています。頭頂葉は，触覚や痛覚などの感覚を担う体性感覚野を含んでいます。側頭葉は前頭葉の下方にあり，記憶や言語機能と密接に関連しています。後頭葉は大脳の最後方に位置し，視覚情報の処理と関連しています。おおまかにいえば，前頭葉は刺激に対する意図的な反応，頭頂葉は刺激に対する注意，側頭葉は刺激の認識，後頭葉は視覚処理にそれぞれ重要な役割を果たしています。

　人の脳の重さは，出生時が約400gで20歳ぐらいまで増え続け，

図4-4　脳の解剖図

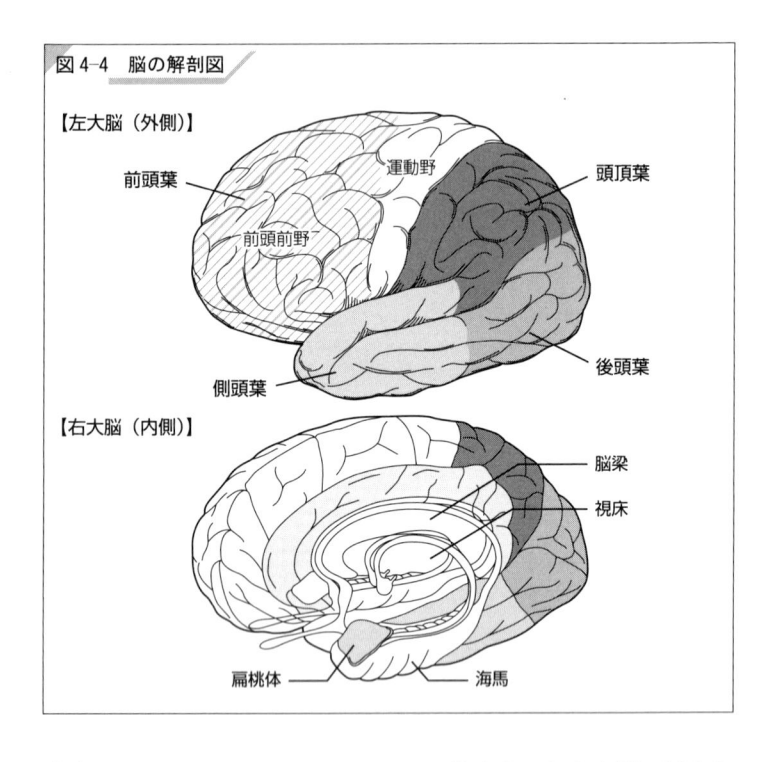

【左大脳（外側）】

前頭葉　運動野　頭頂葉
前頭前野
側頭葉　後頭葉

【右大脳（内側）】

脳梁
視床
扁桃体　海馬

成人では1200gから1400gになり，40歳ぐらいから次第に減少していきます。横断的研究から，高齢になると**前頭前野**で加齢による変化が顕著にみられ，ついで被殻，海馬といった部位に萎縮が生じます。縦断的研究からも，横断的な研究と同様に，前頭前野に顕著な萎縮がみられることが報告されています。しかしながら，海馬を含む側頭葉内側部では，それほど急速な萎縮がみられないことも報告されています。脳の大きさにはもともと個人差があるため，横断的研究では脳の大きさの基準の選択が問題となります。一方，縦断的研究では脳の個人差を考慮せずにすみますが，現在報告されている研究は測定期間が長いもので5年，多くは1, 2年程度の短期間で

Column ④　脳の老化を予防する？——脳の可塑性

　高齢者にみられる認知機能の低下には，脳の老化が関係しています。では，脳の老化そのものを予防できるかというと，この点については研究が行われ始めたばかりで，現時点で明確に答えることはできません。しかし，私たちの脳には老化に対応するためのメカニズムが備わっていることが最近の研究からわかってきました。それは脳の「可塑性」とよばれるものです。脳の可塑性とは脳の柔軟性を示す言葉で，さまざまな情報を入力することによって，神経細胞間のシナプスの結びつきや，情報の伝達効率が変化し，新たな神経ネットワークが形成されることをいいます。

　加齢に伴って最も萎縮する前頭前野は，若年者であれば，情報を記憶する時には左半球が，情報を思い出す時には右半球が活発に活動します。一方高齢者では，このパターンがみられません。しかし，だからといって高齢者が何かを記憶したり，記憶した情報を思い出したりすることができないというわけではありません。脳の別の場所を見ると，若年者では記憶の際に活動しない脳部位が，高齢者では活動しています (Greenwood, 2007)。脳活動のこの変化は，神経ネットワークの変化，つまり可塑性として捉えることができます。

　では，どのようにすれば新たなネットワークが形成されるのでしょうか。たとえば，記憶を筋肉のようなものと考えて，記憶力を上げるために，漢字を憶える訓練ばかりをするのは新たなネットワークの形成にはそれほど効果がありません。たしかに，特定の課題を訓練すれば，その課題の成績は向上します。しかし，その効果は限定されており，漢字の成績がよくなっても人の名前や顔を覚えられるようにはなりません。

　新たなネットワークを形成するための有効な1つの方法は，情報処理の仕方を変えてみるということです。今までなんとなく覚えていたことを，メモ帳などの記憶補助ツールや記憶術など自分にあった方法で記憶し，その方法を日常的に使用できるように訓練する方法です。これまでとは違った頭（脳）の使い方を持続的に行うことで，記憶するための新たな神経ネットワークを構築することが可能となります。脳機能が若い時と比べて衰えたとしても，新たな神経ネットワークが

> 形成されれば情報処理は維持され，それが認知機能の低下を予防することにつながります。

の追跡の結果が多く，成人から高齢期にかけてみられる脳の萎縮は，現在報告されているよりも実際には大きい可能性も指摘されています。

　脳の断面を肉眼で観察すると，灰色がかって見える部分と白く光って見える部分とがあります。灰色に見える部分には脳を働かせる神経細胞が集まっていて灰白質といいます。一方の白質には神経細胞体はなく，主に脳の働きを支える役割を果たしているグリア細胞と神経細胞をつなぐ神経繊維があります。どちらも加齢による変化が起こる場所として注目されています。灰白質は年齢と共に減少していくことがわかっています。また白質は若い時に増加し，成人期，中年期では変わらず，50歳を過ぎた高齢期に急速に減少するという逆U字曲線を示すことが報告されています。白質の萎縮と認知機能が低下する年齢が類似していることから，白質と認知機能の関連も示唆されています。

脳神経伝達と加齢変化

　ここまでは，脳の構造の変化について述べました。次は，脳神経間の情報のやりとりに，加齢が及ぼす影響について解説します。脳は，神経細胞間にあるシナプスとよばれるつなぎ目で神経伝達物質を放出することによって情報のやりとりを行っています。歳をとるとシナプスが減少し，この減少が高齢期にみられる情報処理の低下と強く関連しています。また，シナプスで放出される神経伝達物質の中でも，特にドーパミン系と高齢期の情報処理の低下の関連が指摘されています。**ドーパミン**は運動機能に重要な神経伝達物質であり，成人期の段階から

10年ごとに約4%から10%ずつ減少します。ドーパミンニューロンが異常に減少すると,体が震えたり思うように動かせなくなったりするといったパーキンソン症状がでます。さらにドーパミン受容体の機能低下が,行動の習慣化や,動作の組み合わせによる行動の計画といった遂行機能の働きを担う前頭前野や記憶において重要な役割を担う海馬においてみられることから,ベックマンら(Bäckman & Farde, 2005)は,高齢者の認知機能の低下におけるドーパミン系の重要性を指摘しています。

3 認知機能の変化

　高齢期になると,論理的な思考や判断の遅れ,記憶の低下による物忘れなど,情報を処理するためのさまざまな機能(**認知機能**)が低下します。この認知機能の低下の生理学的な原因としては,上述した脳構造の変化や脳神経伝達の機能低下が考えられています。ここでは,脳機能の低下の結果,なぜ認知機能が低下するのかについて,心理学の研究から得られた代表的な4つの理論を紹介します。

外部の情報を取り入れる感覚機能の低下

　本章の最初で述べたように,高齢期になると環境から情報を取り入れる感覚機能が低下します。そして,この低下が高齢者の認知機能の低下と密接に関連することが知られています(図4-5参照)。
　リンデンバーガーらは(Lindenberger & Baltes, 1994)は70歳から103歳までの156人の高齢者を対象とし,視覚・聴覚能力と処理速度,理解,記憶,知識,流暢性といった認知機能の関連性を検討しました。その結果,対象者の認知機能の49.2%,加齢による認知

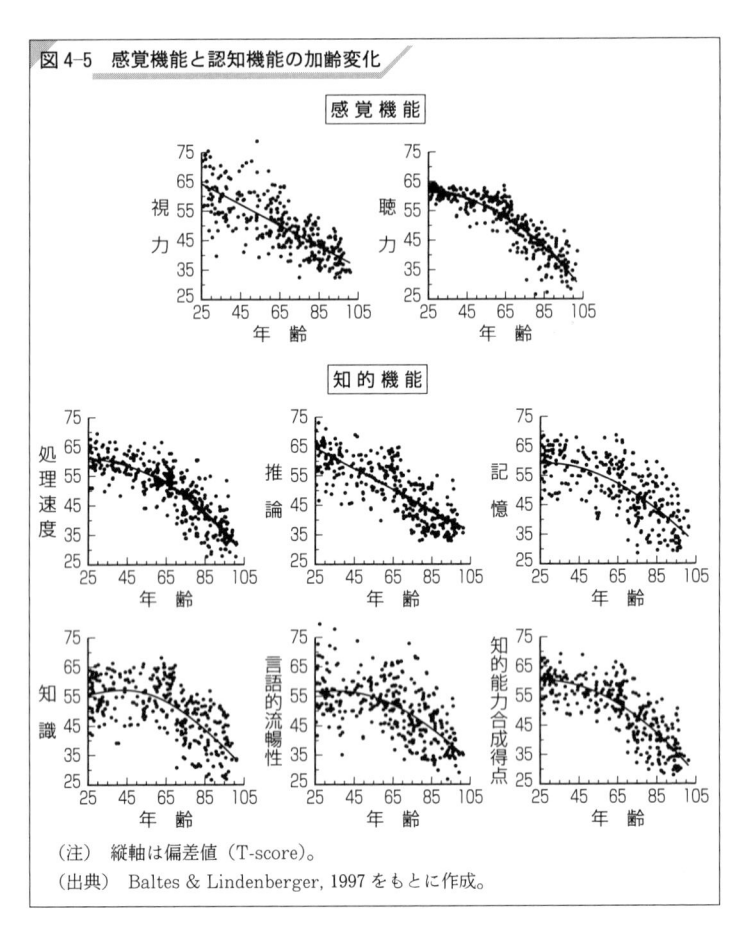

図4-5 感覚機能と認知機能の加齢変化

感覚機能 視力／聴力

知的機能 処理速度／推論／記憶／知識／言語的流暢性／知的能力合成得点

(注) 縦軸は偏差値（T-score）。
(出典) Baltes & Lindenberger, 1997をもとに作成。

機能の低下の93.1％が視覚と聴覚の能力によって説明できるというデータを示しました。また，彼らは25歳から103歳までの687人を対象とし，知的能力と視覚・聴覚能力の結びつきについて検討した結果，知的能力と視覚・聴覚能力との結びつきは，25歳から69歳までは11％なのに対して，70歳から103歳では31％と，結びつきが約3倍強くなることを報告しています（Baltes & Lindenberger, 1997)。

　では，なぜ感覚機能と認知機能にここまで強い関連性がみられるのでしょうか。リンデンバーガーらは (Lindenberger et al., 2001) は，加齢によって感覚入力の正確性が低下し，情報を正しく取り込むことができないことが，認知機能の低下を引き起こすという仮説を立てて実験を行いました。実験では30歳から50歳を対象者とし，視覚や聴覚が低下した高齢者が実際に見たり聞いたりしているものと同程度に正確性を低下させた視覚刺激や，聴覚刺激を用いて，高齢者で顕著に低下する認知機能検査を実施しました。もし，情報を正しく取り込むことができないことが高齢者の認知機能の低下に影響しているなら，30歳から50歳であっても正確性を低下させた刺激を用いて認知機能検査を実施すれば，その成績は低下すると考えらます。しかしながら，実験の結果は仮説に反するものでした。つまり，情報の正確性を低下させても認知機能の成績は低下しませんでした。このことは，感覚器官の老化により正確性を欠いた情報しか利用できないことだけが，高齢者の認知機能の低下を引き起こしている理由ではないことを示しています。

情報を処理する速さ（処理速度）の遅延

　認知機能を測定する課題を高齢者に実施すると，高齢になるほどその課題を遂行するのに時間を必要とします。課題を実行するスピードは**処理速度**とよばれていますが，複数の認知的操作が同時に求められるような複雑な課題で，処理速度の遅延はより顕著にみられます。処理速度の遅延は，認知機能の低下の75%を説明するとする報告もあり，感覚機能と同様に認知機能の低下の原因であると考えられています (Salthouse, 1996)。

　処理速度の遅延が認知機能の低下を引き起こす理由としては，

「制限時間メカニズム」と「同時性メカニズム」の2つが考えられています。制限時間メカニズムとは、高齢者が複数の情報処理から成り立つ認知課題を実行する際、先にくる情報処理に時間がとられてしまい、後の情報処理にまわす時間が制限され、結果としてその認知課題の成績が低下するというものです。このメカニズムによって、課題を遂行する制限時間が決められていて、かつ、必要とされる情報処理の量が多い複雑な課題において高齢者の認知機能が低下する理由を説明することができます。一方、同時性メカニズムとは、先に処理した情報が次の処理を実行している間に消失してしまう、というものです。つまり、必要とした時には、その情報が使用できなくなっている、という状況を指します。同時性メカニズムによって、課題遂行に時間制限がない場合の高齢者の認知機能の低下を説明することができます。

> 一度に複数の作業ができなくなる

高齢者で特に顕著に低下する認知機能の1つにワーキングメモリがあります。**ワーキングメモリ**とは、ある情報を保持しながら、その情報を用いて別の課題の処理を行うというような、記憶の能動的側面を指します。ワーキングメモリの例として暗算があります。たとえば、72×6を暗算で行う時、6×2をまず計算し、1の位は2、10の位は1繰り上がるという情報を保持しながら、6×7を計算する必要があり、最終的にこれらの記憶を統合して432という答えを導きます。筆算でこれを行う場合は、「1の位は2、10の位は1繰り上がる」という情報を紙に書くため、その情報は頭の中に留めておく必要がなく、ワーキングメモリを使用する程度は少なくなります。同じ問題であっても暗算より筆算の方が楽に計算できるのは、ワーキングメモリにかかる負荷が小さいからです。日常生活でも、

会話をしながら車の運転をする，パスタを茹でる時間を気にしながら野菜を切るというように，複数の情報処理を同時に行う場合や，複雑な思考を整理し，そこから新しい結論を導くような高次な思考が求められる時，ワーキングメモリはとても重要な役割を担っています。ソルトハウスら（Salthouse & Babcock, 1991）は，18歳から87歳の460人を対象とした研究から，加齢とともにこのワーキングメモリは著しく低下してしまうことを確認しています。高齢者が一度に複数の作業を求められるとミスが増えたり，作業が止まったりしてしまうという現象は，並列的に複数の情報を処理するために重要なワーキングメモリの低下によって説明することができます。

必要のない情報に注意が向く

心理学では，何かに意識を向ける心の働きのことを**注意**とよびます。勉強に集中していたのに，周囲の会話やテレビの音によってその集中が遮られるといった経験をしたことは誰もがあると思います。これは，必要のない情報に注意が向くために起こります。私たちは，普段の生活の中で何かに集中しなければならない時，それとは関連のない情報を意識しないですむように，関連のない情報に向けられる注意を抑制します。このような機能は**抑制機能**とよばれ，抑制機能には3つの働きがあることが知られています。1つは，ワーキングメモリへのアクセスの制御，つまり，ワーキングメモリへの情報の入力を課題に最も直接関連する情報に制限する機能です。2つめは削除機能であり，目的に関係のない情報や課題をワーキングメモリから削除する役割を果たします。3つめは強い反応を制御する役割が挙げられます。抑制機能が低下すると，何かをしなければならない時に，それとは関連のない外部の情報や，その時に頭に思い浮かんだ関心や興味といった思考の影響を受けやすくなります。

また，癖のような普段から学習された反応を抑制できず，そのために状況にそぐわない不適切な反応が出現することもあります。そして抑制機能は，年齢とともに低下することが報告されています（Zacks & Hasher, 1997）。高齢者でみられる，注意力の散漫や，思いついたら行動や言動に移すといった突発的な言動も，抑制機能の低下と関連していると考えられます。

脳生理指標からみた理論の妥当性

高齢者にみられる認知機能の低下を説明する理論はいくつかありますが，それぞれの理論は，どれが正しく，どれが間違っているというものではありません。これらの理論の中でも，処理速度の遅延や，感覚機能の低下は，どのような認知機能の課題でも共通してみられるため，高齢者の認知機能の低下を説明する「共通の原因」（common cause）とよばれています。しかし，共通の原因だけでは，単純な課題で加齢による低下が小さく，複雑な課題では加齢による低下が顕著にみられるといった，高齢者に特徴的な認知機能の低下を説明することはできません。この特徴の説明には，ワーキングメモリや抑制機能の理論が適しています。ワーキングメモリや抑制機能は言語や記憶，思考の統合や制御，行動の目標設定や目標を達成するための計画の立案といった遂行機能に影響を与えます。遂行機能の役割は複雑な課題になればなるほど重要になるため，これらの機能が低下した高齢者は複雑な課題において特に大きな能力の低下を示します。

そして，最近の研究は認知機能の加齢に関する理論の妥当性を，脳機能と関連付けて検討しています。年を重ねると私たちの脳には，神経伝達物質（ドーパミン）の減少や脳の萎縮，血流の低下など，さまざまな変化が起こることは述べました。このような脳の変化は，

感覚から受け取った情報を脳が処理する際の効率性を低下させ，いままで素早くできたことに時間がかかったり，受け取った情報の処理を困難にしたりします。また加齢により，特に前頭前野に顕著な萎縮がみられることもすでに述べましたが，前頭前野はワーキングメモリや抑制機能を含む認知的活動の制御を行う場所であることが明らかにされています。つまりワーキングメモリや抑制機能が加齢によって低下することは，脳生理学的にも裏付けられているのです。

脳と認知機能が密接に関係しているというこのような発見は，努力不足ややる気のなさといった意識的な要因が，高齢期にみられる行動の緩慢さや，判断や思考の鈍化の原因ではないことを示しています。老化に伴う不可避な生理的変化が，高齢期の行動・心理の特徴の原因にあることを理解しておくことは，高齢者と接する際の対応を考えるうえでも重要です。

読書案内

ゴールドバーグ，E.／藤井留美訳（2006）『老いて賢くなる脳』日本放送出版協会
- 老化のもたらす否定的な側面に着目するのではなく，年齢を経ることによって身につく「知恵」といった肯定的な側面を脳神経科学の分野からわかりやすく解説した本です。

第5章 忘れやすさと忘れにくさ

記憶と学習

　高齢者を対象として記憶の研究をしていると,「テレビに出演している芸能人の名前が出てこない」「用事があって隣の部屋に移動したのに何をしようとしていたか思い出せない」といった経験談をしばしば耳にします。このような物忘れは高齢者ではなくても多かれ少なかれあると思いますが,大多数の人が「歳をとると記憶力が悪くなる」と思っているのではないでしょうか。

　たしかに,一部の記憶は歳を重ねるにしたがって低下していきます。しかし,心理学や脳科学の研究から,歳を重ねても低下しない記憶のあることも報告されています。

　この章では,最新の研究から得られた知見をふまえ,加齢が記憶に及ぼす影響について解説します。

加齢による影響を最も強く受ける心理機能は**記憶**です。そして記憶は人の心理機能の中でも特に重要な機能の1つでもあります。人生の出来事を思い出す，歴史上の人物を憶える，自転車に乗る，友人との約束を守る，言葉を使ってコミュニケーションをとる，といったさまざまな行動は記憶という機能の存在によって可能となります。この章ではまず，高齢者が抱いている記憶機能の低下に対する不安についてふれ，高齢者の記憶機能低下の原因，高齢者の記憶機能の特徴について説明します。

1　高齢者が抱く記憶に対する不安

　70歳から84歳までの高齢者838人に対して行った調査（岩佐ら，2005）によると，高齢者の**記憶愁訴**として，「人名を忘れる」「物品をどこにおいたか忘れる」「物品をどこかに置き忘れてくる」「しようと思っていたことをし忘れる」というような問題が挙げられています。また，このような記憶に関する問題を対象高齢者の約40％が経験していたことを報告しています。

　高齢者は日常生活の中で物忘れの経験を通して，加齢による記憶機能の低下を自覚し，記憶に対する不安を抱くようになると考えられます。心理学では，自身の記憶に対する評価や記憶に対する知識のことを**メタ記憶**とよびます。「物忘れが多いので私の記憶は信用できない」という人はメタ記憶の評価が低く，逆に「私は物忘れなんてしない」という人はメタ記憶の評価が高いといえます。では，記憶に対して自信をもてず，不安を抱く高齢者は物忘れを頻繁にし

ているのでしょうか。逆に，記憶に自信のある高齢者は用事を忘れたりしないのでしょうか。

　一般的に，ある課題が与えられた時，課題を達成する自信がある（自己効力感が高い）ほど，その課題を達成できる可能性が高まることが心理学の研究から明らかにされています。禁煙を例にとると，毎日同じ本数を吸っている人でも，禁煙できると思う人とできないと思う人では，できると思う人のほうが禁煙の成功率は高くなります。

　しかしながら，メタ記憶の評価と実際の記憶成績との関連性を検討した研究は，メタ記憶の評価が記憶成績をある程度は予測するものの，必ずしもこの2つの間に強い関連性がみられないことを報告しています。つまり，記憶に対する評価が高い（低い）からといって，必ずしも実際の記憶成績が高い（低い）わけではないということです。特に高齢者は加齢による記憶機能の低下を自覚しているため，自身の記憶機能を実際よりも低く見積もる傾向があります（McDonald-Miszczak et al., 1995）。

　また興味深いことに，高齢者では記憶に対する評価が高いほど，記憶成績が悪いことも報告されています（河野，1999）。これは，メタ記憶が自分の記憶をもとに形成されることに起因します。たとえば，物忘れをするとその人の記憶に対する評価は当然下がります。しかし，これは健常な記憶機能を有している場合です。記憶機能の低下が顕著になると，物忘れをした事実を忘れてしまうために，自分の記憶機能を実際よりも高く評価する場合があるのです。加えて，記憶に対する評価が高すぎると，実際の記憶機能は低下しているにもかかわらず，手帳などの外的記憶補助ツールを使用しないため，物忘れをしてしまう危険性が高まることが予測されます。逆に，記

憶が良い人はたった一度の物忘れも憶えているため記憶の評価は下がります。しかし物忘れをしないための努力もするので，結果的に物忘れをする回数は減少します。

記憶に対して過度な不安を抱くことは自信の喪失につながるため良いとはいえませんが，高齢者が記憶に対して適度な不安をもつことは悪いことではなく，記憶に過度な自信がある人ほど，物忘れに注意する必要があるということです。

2 高齢者の記憶はなぜ低下するのか

高齢になると記憶愁訴が増加するのは，若い時と比べて記憶機能が低下するためだと考えられます。ではなぜ，歳をとると記憶機能が低下するのでしょうか。ここでは記憶の老化のメカニズムについて解説します。

図 5-1 は，高齢者の記憶機能の低下の原因を簡潔に示したものです。記憶機能の低下は，脳の老化（つまり神経生理的変化）から始まります。第 4 章で述べたように，私たちの脳は歳を重ねるに従って徐々に萎縮していき，脳を流れる血流量も低下します。加えて，情報を入力する視力や聴力といった感覚受容器官の機能も低下します。このような加齢に伴う器質的な変化は，情報入力，処理速度，注意資源，抑制機能の低下を引き起こし，高齢者の記憶機能の低下につながります。

私たちは記憶すべき情報を取得するとき，目や耳などの感覚からその情報を取り入れます。この感覚情報の入力について，たとえば，ファレンテインら（Valentijn et al., 2005）が 418 人を対象に行った

縦断的研究では，聴覚や視覚の鋭敏さの低下が記憶を含めた認知機能の成績の低下と強く関連していることを明らかにしています。また，アンスティら（Anstey et al., 2006）は，視覚コントラストに対する感度の低下と情報の処理速度の低下に関連があり，加齢による視覚入力機能の低下の結果，情報の入力速度が遅くなると考えています。

また，必要のない情報に注意が向くことを防ぐ抑制機能（第4章参照）も記憶機能の低

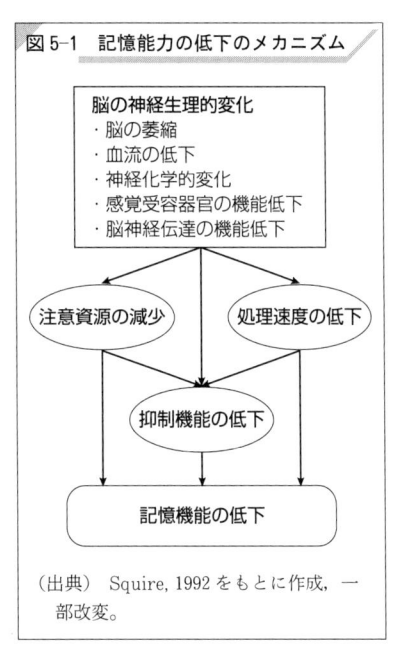

図5-1 記憶能力の低下のメカニズム

脳の神経生理的変化
・脳の萎縮
・血流の低下
・神経化学的変化
・感覚受容器官の機能低下
・脳神経伝達の機能低下

注意資源の減少　　処理速度の低下

抑制機能の低下

記憶機能の低下

（出典）Squire, 1992をもとに作成，一部改変。

下に影響します。ヴェルハーゲンとセレラ（Verhaeghen & Cerella, 2002）は，高齢者では，他の情報に干渉されずに目的の情報に注意を向ける機能（選択的注意）には加齢の影響がみられないのに対して，状況に応じて一方の情報には注意を向け，他方の情報を抑制することが求められる二重課題の場合は，加齢の影響がみられることを報告しています。また，記憶の情報処理に使用できる「注意資源」（情報処理に割り当てることのできるエネルギー量）が加齢によって減少することも指摘されており，この結果，若年者と同じようにある情報を記憶しようとしても，高齢者はより多くの労力が必要となります。たとえば，高齢者は記憶として貯蔵された情報を何の手がかりもなしに思い出すような，情報の検索に困難を示します。その

一方で、メモなどの手がかりによって注意資源の低下を代償することで、情報の検索を容易にすることが可能です。ヴェルハーゲンとマルクーン（Verhaeghen & Marcoen, 1994）は加齢により減少した注意資源は効率的な記憶方略の使用によって代償可能であることを示唆しており、物忘れを防ぐためには、高齢者では特にメモや手帳といった記憶補助ツールの使用が有効であるといえます。

3 忘れやすい記憶／忘れにくい記憶

ここまでは、高齢者の記憶機能低下のメカニズムについて説明しました。しかし、高齢になるとすべての記憶機能が低下するというわけではありません。図 5-2 は記憶機能の区分を表したものです。記憶は情報が蓄えられている時間によって、**感覚記憶**，**短期記憶・ワーキングメモリ**，**長期記憶**に分類されます。また長期記憶は情報を思い出す際に言語化できる、あるいは思い出していることを意識できる顕在記憶と、思い出したことを言語化できない、あるいは思い出していることを意識できない潜在記憶に分けることができます。ここではこの区分をもとに、高齢者にとって忘れやすい記憶と忘れにくい記憶について説明していきます。

加齢によって低下する記憶機能

● **エピソード記憶**　加齢の影響を最も受ける記憶は、**エピソード記憶**です。エピソード記憶とは、いつ・どこでといった時間や場所の情報を伴った過去の出来事の記憶のことを指し、一般的に「思い出」とよばれるものはこの記憶に分類されます。「めがねを置いた場所を忘れた」「昨日晩ご飯に何を食べたのか思い出せない」

図5-2 記憶の分類

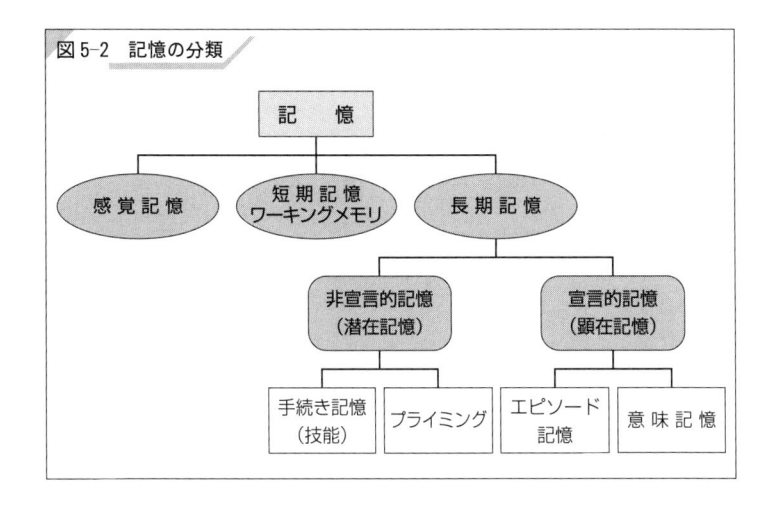

```
                    記　憶
         ┌────────────┼────────────┐
      感覚記憶    短期記憶      長期記憶
               ワーキングメモリ     │
                          ┌──────┴──────┐
                      非宣言的記憶      宣言的記憶
                      （潜在記憶）      （顕在記憶）
                      ┌────┴────┐    ┌────┴────┐
                   手続き記憶 プライミング エピソード 意味記憶
                   （技能）            記憶
```

などの物忘れはエピソード記憶の低下によって起こります。しかし加齢によるエピソード記憶の低下は、すべての出来事にみられるのではなく、比較的最近の出来事で顕著です。図5-3は人生の中でどの年齢（あるいは何年前）のことをよく憶えているかを示したものです。横軸は出来事の起こった時期を、縦軸は記憶の成績を示しています。このような自分自身の歴史に関する記憶は、エピソード記憶の中でも自伝的記憶として研究されています。そして高齢者が人生を振り返る時、ここ5年のうちに起こった出来事よりも20歳代から30歳代に起こった出来事をよく憶えているという傾向があります（Piolino et al., 2006）。逆にいうと、加齢による影響を受けやすいのは1年以上過ぎた比較的最近の出来事に関する記憶であるということをこの結果は意味しています。

エピソード記憶の低下は、海馬や前頭前野の萎縮によって、いつ・どこでといった時間や場所の文脈情報に関する記憶が低下するために起こります。また、ヴェルハーゲンとソルトハウス（Verhae-

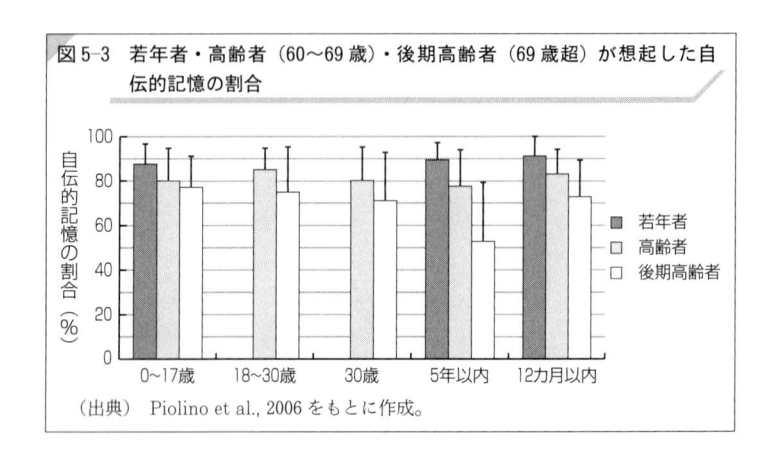

図5-3 若年者・高齢者（60〜69歳）・後期高齢者（69歳超）が想起した自伝的記憶の割合

（出典） Piolino et al., 2006をもとに作成。

ghen & Salthouse, 1997）による大規模なメタ分析の結果は，エピソード記憶の加齢による変化量を処理速度の遅延によって71％説明できることを報告しており，処理速度の遅延がエピソード記憶の低下に関連していることも示唆されています。

● **短期記憶・ワーキングメモリ**　短期記憶とは数秒から30秒程度保持される記憶のことをいいます。出前をとる際，電話帳でお店の電話番号を調べ，お店に電話をして注文が終わった後，その電話番号は忘れてしまっているのではないでしょうか。短期記憶はお店の電話番号を保持する記憶にあたり，記憶の保持期間も短いため，電話をした後その番号はすぐに忘れてしまいます。短期記憶に関しては，一度に憶えられる記憶容量，記憶した情報の忘却の割合に加齢の影響はほとんどみられません。

一方で，短期記憶をより拡張し情報の能動的な変換処理に焦点を合わせた**ワーキングメモリ（作動記憶）**とよばれる記憶では，加齢による低下が顕著にみられます（Grady & Craik, 2000）。短期記憶は一次的な情報の保持に焦点を合わせているのに対して，ワーキング

メモリは複数の課題を同時に行う必要のある,高次な認知課題において重要な役割を果たしています。ワーキングメモリの能力が低下すると,たとえば,数字を憶えるだけでなく,憶えた数字の操作が必要となる暗算や,前に読んだ文章の内容を憶えつつ次の文章を読み進める文章理解などの能力が低下します。また,日常生活や仕事でも,複数の作業を同時に行うことが求められる作業に支障をきたします。ワーキングメモリの低下には,抑制機能の低下や注意資源の減少が原因として考えられています(第4章参照)。

● **予定の記憶(展望的記憶)**　日々の生活は仕事や家事,友人や家族との約束といったさまざまな予定から成り立っています。そして私たちはそれらの予定を決められた時間に,あるいは決められた順序で遂行しながら生活しなければなりません。予定を遂行するためには,予定の内容だけでなく,適切な時点でしなければならないことを思い出す必要があり,このような記憶は**展望的記憶**とよばれています。この展望的記憶の低下は「し忘れ」として現れ,高齢者の記憶愁訴の多くがこの記憶に関する問題であることが報告されています。展望的記憶を必要とする日常生活上の行動としてはたとえば,「毎食後薬をのむ」「外出時に火の元,戸締まりを確認する」といったことが挙げられます。展望的記憶に加齢が及ぼす影響に関しては,たくさんの研究が報告されていますが,それらの研究は,実験室実験と日常生活場面での実験に分けることができます。

　実験室実験では,パソコンの画面に反応してボタンを押すという課題を行いながら,20分経過したら手を挙げるというような二重課題を実施します。このような実験室実験では,若年者と比較して高齢者の成績が悪いという結果が多く報告されています。

　しかしながら,「決められた時間に電話をする」や「決められた

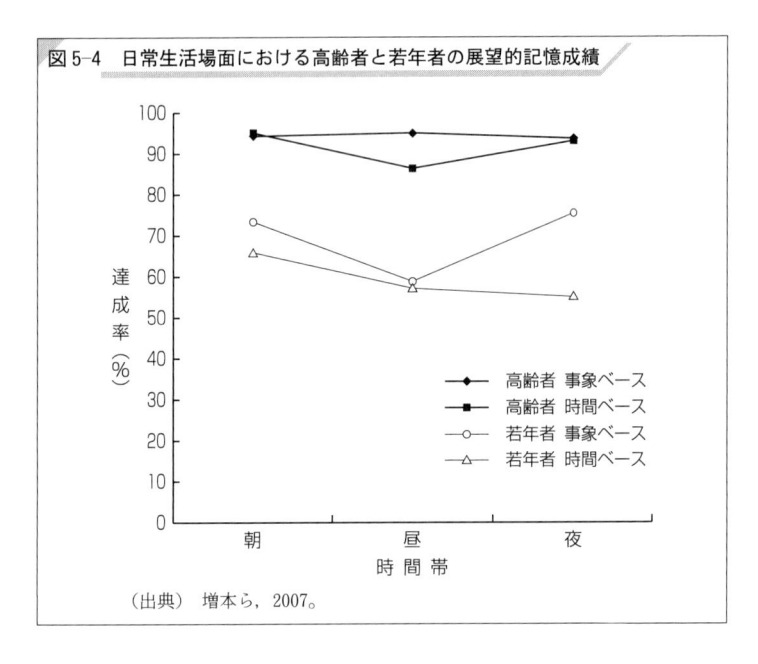

図5-4 日常生活場面における高齢者と若年者の展望的記憶成績

達成率(%)

凡例:
- ◆ 高齢者 事象ベース
- ■ 高齢者 時間ベース
- ○ 若年者 事象ベース
- △ 若年者 時間ベース

横軸:時間帯(朝・昼・夜)

(出典) 増本ら,2007。

日にはがきを投函する」といった課題を用いた日常生活場面での実験では,実験室実験とは逆に,若年者よりも高齢者のほうがし忘れをしないという結果が得られています。図5-4は若年者(大学生)と高齢者に1日3回指定された時間に電話をするという課題を実施した結果を示したものです(増本ら,2007)。時間ベース群は8時,13時,18時の3回,事象ベース群は朝食・昼食・夕食後の3回電話をすることを求めました。この実験では,高齢者はし忘れることなく90%以上課題を遂行できたのに対して,大学生の達成率は70%程度でした。若年者の方がし忘れが多いというこの結果は,「記憶能力だけでは日常生活のし忘れを説明できない」ことを示唆しています。また,増本ら(Masumoto et al., 2011)は時間ベースと事象ベースの課題に加えて,1日3回4時間以上の間隔をあけて1

週間連続して電話をする課題と，1週間に21回4時間以上の間隔をあけて電話をする課題を設定し実験を行いました。追加した課題を遂行するには，「何回電話をかけたのか」「前の電話は何時にかけたのか」といった過去の経験を記憶しておく必要があり，時間ベース，事象ベースの課題と比較して高齢者で低下するエピソード記憶に依存した課題といえます。そのため，もし記憶機能の低下が直接的に日常生活のし忘れに影響しているのであれば，新たに加えた2つの課題ではし忘れが増加することが予測されます。しかしながら実験の結果，課題間で高齢者のし忘れに違いは認められませんでした。この結果も，加齢による健常な範囲での記憶機能の低下は，直接的に日常生活のし忘れに影響するわけではないことを示しています。一方で，電話を一度もかけ忘れなかった高齢者と，一度でもかけ忘れた高齢者とでは唯一，メモや手帳といった記憶補助ツールを使用しているかどうかに違いが認められました。

実験室実験から高齢者の展望的記憶自体が加齢により低下することは確認されていますが，日常生活場面での実験は，展望的記憶機能が低下していたとしても記憶補助ツールを使用することで日常生活のし忘れを防ぐことが可能であることを示唆しています。

加齢の影響を受けにくい記憶機能

● **意 味 記 憶**　**意味記憶**とは，普遍的で一般的な知識のことを指し，九九や歴史上の人物といった学校で習うような情報の記憶のことをいいます。加齢によって低下するエピソード記憶と意味記憶は同じ顕在記憶に分類されますが，エピソード記憶はいつ・どこでといった文脈情報を伴っているのに対して意味記憶ではそのような文脈情報を伴わない点で異なります。たとえば，「小学校の時にお風呂で九九の練習をした。」という記憶はいつ・どこでといっ

Column⑤ 年をとると嫌なことは思い出さず,よいことを思い出す?

　高齢者の記憶研究の中で興味深い報告がなされています。チャールズら（Charles et al., 2003）は若年者（18～29歳）,中年（41～53歳）,高齢者（65～80歳）の3群を対象に,ポジティヴな感情を喚起する写真(b),ネガティヴな感情を喚起する写真(c),感情を喚起しない中立な写真(d)を用いた記憶実験を実施しました。実験の結果,若年者,中年ではポジティヴな写真とネガティヴな写真の記憶成績が中立な写真の記憶成績より優れていたのに対して,高齢者ではポジティヴな写真の記憶成績が他の写真よりも優れているという結果が得られました（下図(a)）。この研究は,ポジティヴな感情を喚起する情報に対する記憶が高齢者で高まることを意味しており,このような傾向は,他の研究でも報告されています。一方で,若年者を対象とした研究では,若年者はネガティヴな情報に注意を向けようとする傾向にあります。一般に,ポジティヴ・ネガティヴに関わらず感情を喚起する情報の記憶は,感情を喚起しない情報の記憶と比較して記憶成績がよいのですが,

図　記憶にもたらす感情の効果

（出典）　Mather et al., 2005.

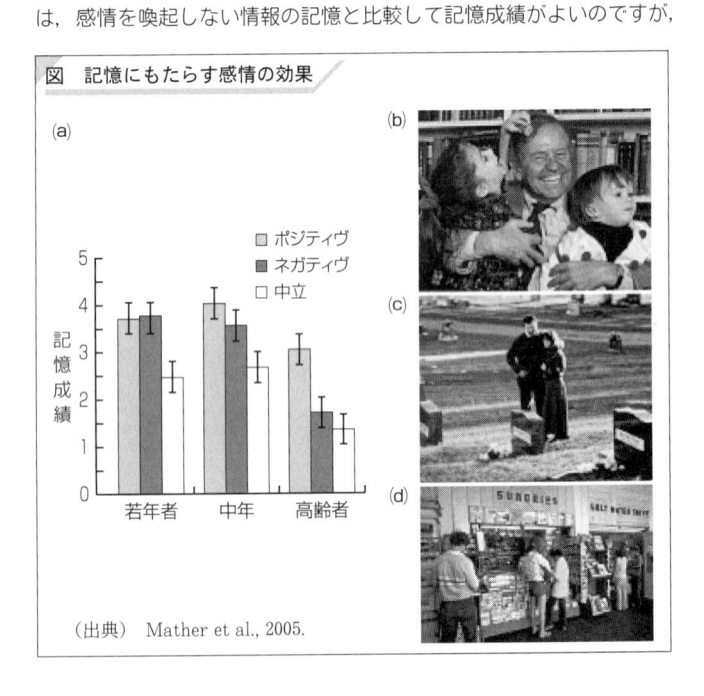

ではなぜ若年者ではネガティヴな情報の，高齢者ではポジティヴな情報の記憶成績が高まるのでしょうか。

　若年者がネガティヴな情報を重視するのは，恐怖や危険といった情報に着目しそれを避けることが，生存に欠かせないからだと考えられています。一方で，高齢者がポジティヴな情報を重視する理由としては，余命が関連しているのではないかという説があります。残された時間が限られていると認識した高齢者は，気持ちを肯定的にしてくれる情報を重視するようになるという考えです。高齢期になると配偶者や友人の死，健康の喪失，退職といった心理・社会的なストレスイベントが増加します。このようなストレスに対処するためにも，高齢者はポジティヴな情報を重視している可能性が指摘されています。現段階で，このような現象が生じる理由ははっきりしていませんが，人のこころの発達過程や高齢者のこころを理解するうえで，このような現象がなぜ起こるのかを明らかにすることは重要であるため，今後の研究の進展が期待されています。

た文脈情報を伴っているためエピソード記憶に，「9×9＝81（ククハチジュウイチ）」という九九そのものは文脈情報を伴わない一般的な知識のため意味記憶に分類されます。意味記憶は加齢の影響を受けにくいことが知られています。健常な高齢者であれば，昨日の晩ご飯にカツ丼とお味噌汁を食べたというエピソード記憶を思い出せなかったとしても，カツ丼がどんな食べ物なのかという意味記憶を忘れることはありません。

　また，シンガーら（Singer et al., 2003）は，意味記憶は年齢とともに低下するどころか，むしろ増加することを報告しています。図5-5でも意味記憶である言語的知識は70歳代までなだらかに増加しています。では，なぜ同じ顕在記憶であるエピソード記憶には加齢による低下がみられ，意味記憶では低下がみられないのでしょうか。この理由としては，意味記憶が経験によって蓄積される知識そ

図 5-5　記憶機能の年代比較

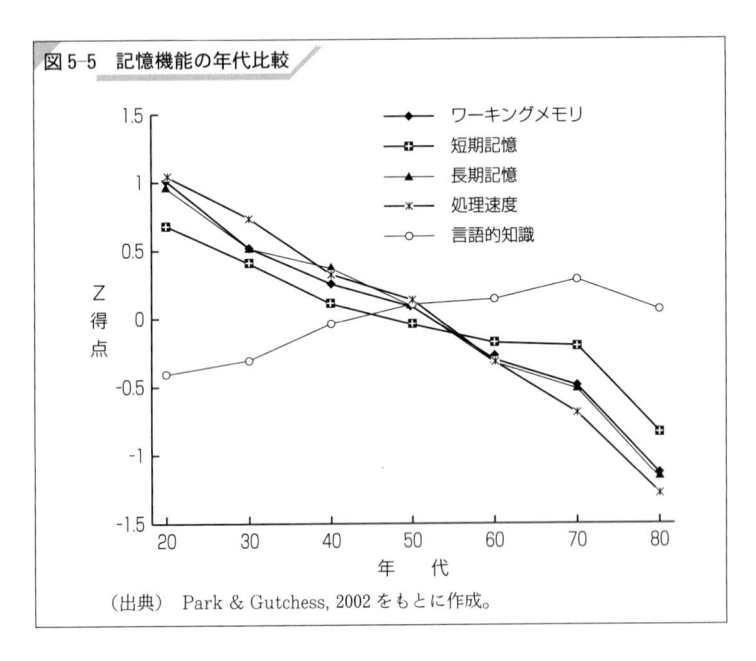

凡例：
- ◆ ワーキングメモリ
- ◻ 短期記憶
- ▲ 長期記憶
- × 処理速度
- ○ 言語的知識

縦軸：Z 得点
横軸：年代

（出典）Park & Gutchess, 2002 をもとに作成。

のものであるため，人生経験豊富な高齢者はそれだけ知識が多く，また人生を通して蓄積された知識は長い年月を経て強固に記憶として定着しているからだと考えられています。脳生理学的には，意味記憶やエピソード記憶の定着には，側頭葉内側の海馬とその周辺領域が重要な役割を担っています。この側頭葉内側部は加齢に伴う脳変異が顕著にみられ，そのため高齢者は新たな出来事を記憶したり，新たな知識を獲得したりすることが困難になります。しかしながら，意味記憶として構成された情報は海馬や側頭葉だけでなく大脳皮質全体に蓄えられ，脳全体のネットワークによって構成されているため，高齢者でも損なわれることなく保たれていると考えられます。

● **潜在記憶（プライミング・手続き記憶）**　　潜在記憶は大きく，**手続き記憶**，**プライミング**に分類されますが，どちらの記憶機能も高齢

者ではほとんど低下しません。手続き記憶は，自転車の乗り方，車の運転の仕方，パソコンのブラインドタッチなど運動技能学習の基盤となる記憶であり，その内容は言語化できず，情報を思い出していることを意識しないため潜在記憶に分類されます。たとえば，車を運転しているとき，「あそこのカーブを曲がるにはハンドルを30度右に曲げる」とか「ハンドルをきる前にブレーキを軽く踏む」とかというようにわざわざ言語化して運転することはありません。また，私たちはそのようなことを意識して思い出すことなく車を運転することができます。この手続き記憶は加齢の影響を受けにくいため，高齢者は買い物に行って車を駐車場のどこに止めたのかを忘れることはあっても，長年車を運転しているドライバーであれば車の運転の仕方を忘れることはありません。最近，高齢者の運転の危険性に関するニュースを度々マスコミが取り上げますが，高齢者の車の運転が危ないといわれるのは，車の運転そのものよりも，危険な物にとっさに反応できない，他の物に気をとられて車の運転が疎かになる，というような記憶以外の他の認知機能の低下が大きな理由です。

　もう1つの潜在記憶であるプライミングは，先行する刺激が後続の反応に影響することをいいます。たとえば，「き○く」の○の中になんでもいいので文字を入れて言葉を作ってみてください。「きそく」「きかく」「きたく」など何を入れても構わないのですが，この章を読まれている多くの人は「きおく」というように○の中に「お」を入れたのではないでしょうか。これは，ここまでの文章中にきおく（記憶）という言葉が頻繁にでてきていたため（先行刺激），「き○く」を見た時に無意識的・自動的に「お」が頭に思い浮かぶという潜在的な記憶の一種です。このプライミングも高齢者では低

下しないことが多くの研究で報告されています。

　潜在記憶である手続き記憶やプライミングが低下しない理由としては，これらの機能を担う脳部位（手続き記憶は大脳基底核や小脳，プライミングは帯状回など）が加齢の影響を受けにくいためだと考えられています。

● **感 覚 記 憶**　　聴覚や視覚といった受容器から入力された刺激をそのままの状態で蓄える機能を**感覚記憶**といいます。そして視覚的感覚記憶（アイコニックメモリ：今あなたが見ている光景を写真のように憶えていられる期間）は数百ミリ秒，聴覚的感覚記憶（エコイックメモリ：聞いた音をそのまま憶えていられる期間）は数秒程度しか保持することができません。若年者と高齢者を比較した研究では，視覚的感覚記憶（アイコニックメモリ）に関しても聴覚的感覚記憶（エコイックメモリ）に関しても加齢の影響がみられないことが報告されています。

4　記憶のプロセスに加齢が及ぼす影響

　ここまでは，記憶の保持時間と意識，無意識という区分で分類したそれぞれの記憶について説明しました。ここでは，ある情報を憶えてからその情報を思い出すまでの一連の情報処理に加齢が及ぼす影響について解説します。私たちは何かを憶える際，いくつかの段階を経てその情報を記憶します。たとえば，視覚や聴覚などから入力された感覚情報はわずかな時間しか保持できないため，そのままの状態で記憶されるのではなく，何らかの意味づけが行われます。入力された情報の意味づけの段階を心理学では**符号化**とよびます。

この意味づけされた情報は頭の中に蓄えられます（**貯蔵**）。そして私たちは必要に応じて貯蔵されたたくさんの情報の中から必要なものだけを探し出し（**検索**），情報を思い出しているのです。この記憶のプロセスである符号化・貯蔵・検索，それぞれの段階で加齢が及ぼす影響は異なります。

　符号化の段階では，複雑で憶える際に努力を必要とするような情報の場合に，高齢者で特に符号化処理が低下することが示されています。しかしながら，一度長期記憶として貯蔵されると，その情報を忘れる割合（忘却率）に，高齢者と若年者で差がないことから，貯蔵に関しては加齢の影響は小さいと考えられています。一方，情報の検索に関しては，加齢の影響を受けやすいことが知られています。特に，単語や物語をいくつか憶えてもらい，しばらくして思い出すというような，記憶した情報をそのまま再構成して思い出す能力（**再生**）の低下が顕著です。しかし，思い出す際に手がかりが与えられた場合や，単語や物語のリストが呈示され，その中から憶えたものを選択する能力（**再認**）は，若年者と同等の処理が可能であることも報告されています。

　記憶のプロセスに加齢が及ぼす影響を検討したこれらの結果は，高齢者が効率的に情報を記憶するための少なくとも2つの大きな示唆を与えてくれます。1つは，一度に複数の情報を与えるのではなく，1つひとつわかりやすく情報を提供することが高齢者の記憶を促進するということです。2つめは，高齢者は記憶しているのに思い出すことができないことが多くあるため，こういった検索のエラーを防ぐ手段として，思い出すための手がかりとなるメモや手帳を用いることが効果的だということです。

5 記憶の低下に影響する年齢以外の要因

ここでは、年齢以外に高齢者の記憶に影響する要因についてふれていきます。

高齢者の記憶によい影響を与える要因として、近年注目されているものに**運動**があります。これまでの研究から、運動を行うことが身体面だけでなく心理面においてもよい影響を及ぼすことが報告されています。コルコムとクレイマー（Colcombe & Kramer, 2003）は、1996年から2001年までに行われた運動トレーニングと認知機能に関する研究についてのメタ分析を実施した結果、運動トレーニングによって遂行機能、処理速度、抑制機能、空間処理機能が向上することを報告しています。また、コルコムら（Colcombe et al., 2004）はfMRIを用い、運動トレーニング前後で脳の活動量を比較した結果、前頭葉や頭頂葉の活動が運動トレーニング後に活発になっていることを発見しました。このことから彼らは、運動トレーニングによって血流量が増加する、あるいは、脳神経細胞のネットワークが強化されることで、結果的に認知機能の向上がみられると推測しています。さらに最近の研究から、運動トレーニングをすると加齢によって萎縮した脳の体積が増加することも報告されており（Colcombe et al., 2006）、加齢がもたらす認知機能低下の予防方法として運動トレーニングが期待されています。

また、運動とは逆に、高齢者の記憶に悪い影響を及ぼす要因として、ストレスの結果生じる抑うつがあります。第10章でもふれますが、うつ状態になると自分の記憶に対する評価が低くなるだけで

なく，周囲が認知症と勘違いするほど，記憶機能が低下する場合があります。

記憶に影響する抑うつ以外の要因としては，教育歴や性別があります。64歳から81歳の578人を対象とした研究では，年齢とともに遂行機能，言語的流暢性，処理速度は低下するものの，教育歴が高いほど，これらの認知課題の成績は優れており，女性は男性よりも言語的記憶課題の成績がよいことが報告されています（van Hooren et al., 2007）。

加齢による記憶機能の低下は誰でも一定にみられるわけではなく，そこには個人差があります。また記憶低下の原因である脳機能の低下にも個人差があります。このような個人差を生み出す年齢以外の要因を明らかにすることは，記憶機能の低下を予防する方法の解明にもつながるため，現在も多くの研究が行われています。

読書案内

シャクター，ダニエル・L.／春日井晶子訳（2002）『なぜ「あれ」が思い出せなくなるのか——記憶と脳の7つの謎』日本経済新聞社
  ●記憶研究の第一人者によって，デジャ＝ヴュや偽りの記憶といった例を挙げながら物忘れ，不注意，妨害といった記憶のエラーについて書かれています。高齢者の記憶だけでなく，記憶そのものに興味をもった方におすすめします。

池谷裕二（2001）『記憶力を強くする——最新脳科学が語る記憶のしくみと鍛え方』講談社ブルーバックス
  ●これも記憶についてわかりやすく解説した本で，効率的な記憶方法についても書かれています。初学者・高齢者だけでなく受験生，教師の方にもおすすめします。

第6章 英知を磨く

知的発達

　「知的な能力は20歳代がピークで，それを過ぎると衰える」──こんな風に考えている人は実は多いのではないでしょうか。しかし，知能と加齢の関係を解明する研究が進められていく中で，次第に，加齢による知能の低下は一般的にイメージされるほど早い時期に始まるのではなく，一律でもなく，低下するスピードも速くないことが明らかになってきました。さらに近年では，児童期，青年期とは異なる成人期，高齢期特有の知の在り方に関心が向けられ，成人期以降，さまざまな経験を積み重ねることによって培われ，豊かになる能力（知恵など）も研究されています。

　本章では，知能，知恵，創造性を取り上げ，高齢期の知の多様性について学びます。

1 成人期の知能

> 知能とは

知能にはいろいろな定義がありますが，より一般的な表現をすると，知能とは学習したり抽象的な思考をしたりすることに関わる能力です（Schaie & Willis, 2002）。新しい知識を獲得したり，論理的に思考したり，知識や経験を活用したりすることに関わる知的な能力のことを**知能**とよびます。

> 知能の構造

知能の構造については大別するとこれまで3つのモデルが提案されてきました。まずは**一般因子モデル**です。これはあらゆる知的活動に共通して作用する一般知能因子（g因子）を想定する考え方です。一般因子のもとに，複数の特殊因子があるというモデルで説明されます。スピアマン（Spearman, 1904）の一般知能因子モデルはこれに分類されます。2つ目は**多因子モデル**です。これは一般知能因子を仮定せず，複数の因子によって知能を説明するモデルです。7つの因子を想定するサーストンの多因子モデル（Thurstone, 1938）や，後述する流動性知能と結晶性知能の2因子を想定するキャッテルとホーンのモデル（Cattell, 1963 ; Horn, 1968）などは多因子モデルの代表的なものです。3つめは**階層因子モデル**とよばれるものです。これは一般因子モデルと多因子モデルを統合し，知的能力の階層性を想定しています。

> 流動性知能と結晶性知能

成人期から高齢期の知能とエイジングの関係を理解しようとするとき，流動性知能と結晶性知能は有益な視点を提供してきまし

た。**流動性知能**とは、推論に代表される情報処理能力で、いわゆる頭の回転の速さや思考の柔軟さに相当します。新しいことを学習したり、新しい環境に適応したりすることに関わる能力です。神経学的・生理学的な機能との関わりが強いと考えられている能力で、脳の変化の影響を受けやすいとされています。

一方、**結晶性知能**は言葉の意味理解や運用能力、一般常識などに代表される能力で、学校で学習したり日常生活の経験を通じて学んだりしたことを活かす能力です。結晶性知能は単に学校教育だけでなく、広い意味での学習を通じて個人が社会によって**文化化**（acculturation）された結果を反映していると考えられています。

横断法による知能の古典的加齢パターン

知能は成人期以降、どのように加齢変化するのでしょうか。初期の横断法（同時期に異なる年齢群の能力を測定し、年齢群ごとに平均値を算出して、その差異を加齢変化とみなす方法）を用いた知能研究からは、20歳代あるいは30歳代前半に知能のピークがあり、それ以降、知能が低下することを示唆する結果が多数報告されました（図6-1参照）。この結果は、個々人の知能は成人期以降、徐々に、しかし確実に低下すると解釈されました。

その後すぐに横断法の研究から、もう1つ別の知見が明らかになりました。ウェクスラー式成人知能検査（WAIS）を用いた研究から、知能の加齢変化は一律ではなく、動作性検査の得点（流動性知能と関連）と比較して、言語性検査の得点（結晶性知能と関連）は成人期に維持されやすく安定していることがわかりました（Wechsler, 1958）。横断法によって示された成人期以降低下するという加齢曲線とともに、知能の側面によって加齢曲線が異なることを「**古典的加齢パターン**」とよびます（Botwinick, 1977）。そしてキャッテルと

第6章　英知を磨く　107

図6-1 知能の年齢差（横断法）

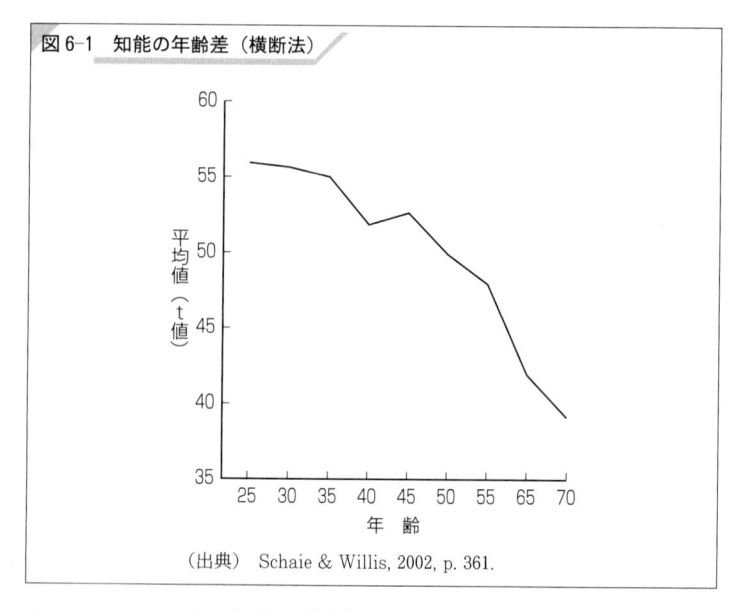

（出典） Schaie & Willis, 2002, p. 361.

ホーンはこのような知能の横断法による結果と当時の脳生理学の理論を結びつけ，成人の知能に関して流動性知能は成人期から低下をはじめる一方で，結晶性知能は高齢期に至るまでかなり安定しているとする流動性知能と結晶性知能に関する理論を提案しました。

縦断法による知能の加齢変化

横断法は発達研究ではよく採用される方法の1つです。しかし横断法によるデータが表すものはあくまで年齢群による差異です。この差異は加齢効果が反映している可能性もありますが，各年齢群の生まれ育った社会や文化の影響を受け，それを反映している可能性もあります。これを**コホート効果**とよびます。知能検査の一部の得点は教育や文化の影響を受けやすいともいわれており，教育水準などが高い若い年齢群のほうが，高齢の年齢群よりも高得点をとりやすいことが指摘されています。

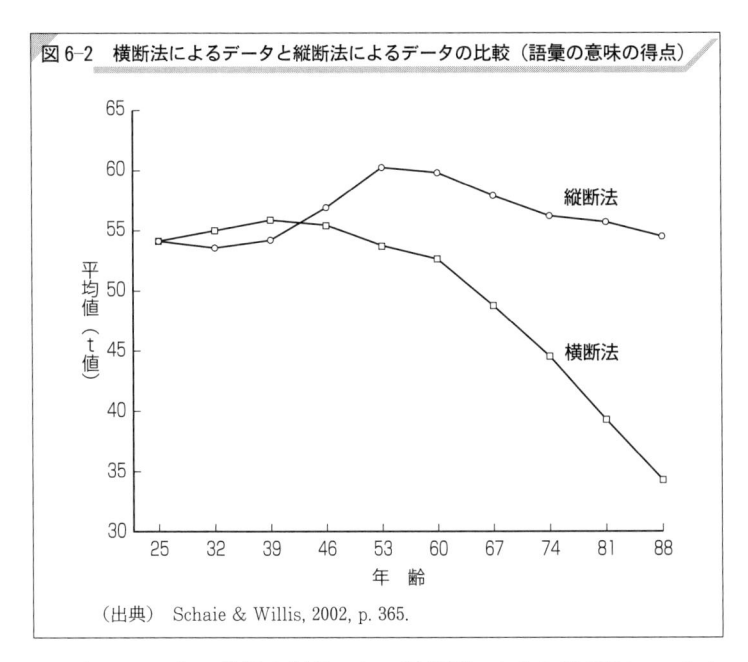

図 6-2 横断法によるデータと縦断法によるデータの比較（語彙の意味の得点）

（出典） Schaie & Willis, 2002, p. 365.

　それでは，ある集団を対象にして長期間にわたり時系列データを取る方法（縦断法）で加齢変化を測定するとどうでしょうか。図6-2は横断法によるデータと縦断法によるデータを比較したものです。これをみると横断法と縦断法で加齢曲線が大きく異なることがわかります。

　しかし，縦断法にも問題点があります。長期間にわたり調査に協力してもらう必要があることから，当初の調査協力者が途中でドロップアウトしたり，亡くなられたりすることもあり，最後まで調査に参加できる人は身体的にも知的にも能力が高い人たちである可能性が高まります。そうすると高齢になっても得点が安定していたり，上昇したりすることがあります。これを脱落効果（あるいは生き残り効果）とよびます。また繰り返し同じテストをすることにより，よ

い得点をとりやすくなる可能性もあります。これは練習効果（あるいは再検査効果）といわれています。実際に単独の独立したデータと縦断法によるデータを同じ年齢で比較すると，縦断データのほうが得点が高くなります。縦断法によるデータは横断法とは逆に，加齢効果を過大に評価するバイアスが生じやすくなります。

> **知能の加齢変化の多様性**

それでは本来の知能の加齢変化はどのようなものなのでしょうか。シャイエらは**シアトル縦断研究**において，横断法と縦断法を組み合わせ，それぞれのバイアスを補正して加齢変化を推定する方法（系列法）を使用して，加齢変化を推定しています（図6-3参照）。シアトル縦断研究とはシャイエが1958年に始めた研究です。シアトル縦断研究は約50年にわたり実施され（2005年に第8回調査を実施），サーストンの知能検査（PMA：Primary Mental Abilities）を用いて（第5回調査からは知能検査の課題を増やし，知能の潜在変数の得点からも分析），知能とエイジングの研究が行われてきました。

縦断的な加齢変化を推定すると，全体的に，横断法による結果よりもずっと加齢曲線のカーブは緩やかになります。しかも知能のほとんどの側面において，緩やかな低下がはじまるのは60歳代前半頃からで，はっきりとした低下が示されるのは80歳代を過ぎた頃であることが示されています。唯一，数的能力（流動性知能に対応する能力の1つ）に関しては50歳代から低下がみられますが，言語能力（結晶性知能に対応する能力）は60歳代にピークがきて，その後の低下も80歳代前半頃まではより緩やかであることが示されています（Schaie, 2013）。シャイエたちの研究結果は，加齢による知能の低下は一般的にイメージされるほど早い時期に始まるのではなく，一律でもなく，低下するスピードも必ずしも速くないことを示して

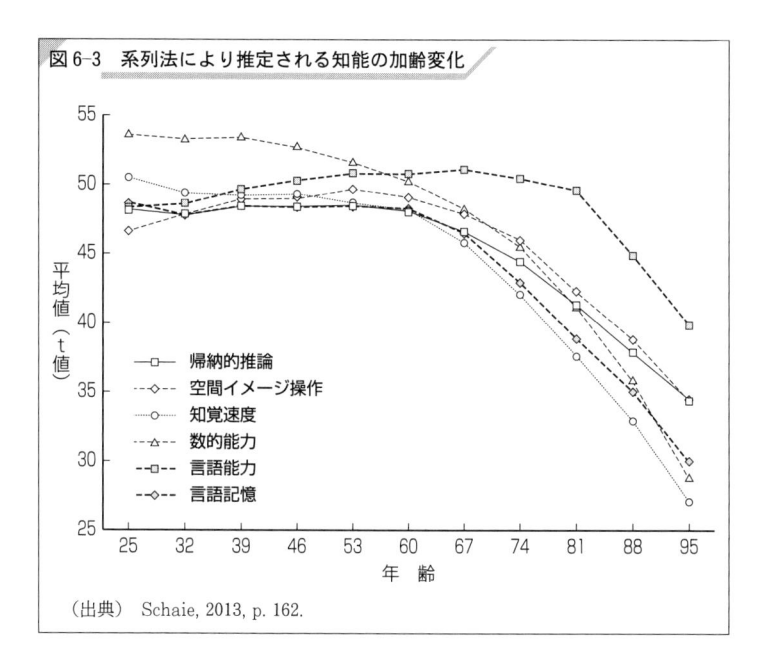

図6-3 系列法により推定される知能の加齢変化

凡例:
- 帰納的推論
- 空間イメージ操作
- 知覚速度
- 数的能力
- 言語能力
- 言語記憶

(出典) Schaie, 2013, p. 162.

います。

知能の低下が生活に与える影響

しかしやはり高齢期になると知能は低下していきます。知能が低下を始めると、日常生活では具体的にどのような影響があるのでしょうか。高齢期になると流動性知能は結晶性知能よりも加齢による低下がみられますが、これはどのような意味をもつのでしょうか。

成人期以降の知能の低下は認知症と結びつけられることがありますが、それは正しくはありません。流動性知能の低下は日常生活では「若い頃と比べると新しいことを学習したり、新しい環境に適応したりするのに時間がかかる」程度に体験されるものだと考えられています。たとえば「パソコンやスマートフォンなど新しい便利な

第6章 英知を磨く 111

ものを使いたいけれど,すぐに使いこなすのは難しいな」「外国語を学び始めたけれど,若い時のようにスムーズにはいかないな」といった実感になるようです。しかし,新しいことを学ぶことができなくなるわけではなく,時間はかかっても新しいことを学ぶ力は十分にあることをデータは示しています。

また60歳代になると,仕事を続けてきた人は引退を迎え,子育てしてきた人は子どもが独立していくようになり,それ以前と比べてゆったりとした生活になっていきます。そうした生活の変化は新しいことに次々に対処するときに必要な流動性知能よりも,むしろこれまでの経験を活かす結晶性知能を必要とするのではないか,つまり流動性知能の低下は実生活には大きな影響を与えないのではないかと,長年,知的能力の発達研究に携わってきた研究者たちは考えています。そして流動性知能が低下しても,結晶性知能によってそれを補うことができる(補償できる)可能性を指摘しています。

知能の可塑性

成人期から高齢期にかけて知能が低下をはじめたとき,知能のトレーニングをするなどの教育的な介入は効果があるのでしょうか。これまでの介入研究からは,高齢者の知能にも**可塑性**があり,知能が低下しても訓練により回復することがあることが報告されています。たとえばウィリスら(Willis & Schaie, 1986)はシアトル縦断研究の期間中に,流動性知能に関わる能力の得点が低下した者と得点が安定していた者に対して,流動性知能に対応する課題(帰納推論,空間イメージ操作)を用いた訓練を実施しました。その結果,帰納推論の課題では,低下した者の60%に得点の改善が認められ,空間イメージ操作でも,低下した者の55%に改善が見られました。安定していた者にも訓練の効果がみられ,訓練をすることによって帰納推論では54%,

空間イメージ操作でも39%の者に得点の向上がみられました。

　知能に対するこのような訓練の効果は比較的長く続くことも報告されています。しかし一方で、訓練の効果はより高齢になると認められなくなるという報告もあります。つまり、80歳代、90歳代とより高齢になると可塑性は小さくなり、訓練によって低下を防ぐことが難しくなることがこれまでの介入研究からは示されています。

フリン効果

　知能検査の得点は20世紀初頭以降、少しずつ着実に上昇しています。同じ年齢で比較すると、生まれた年代の若い人たちのほうが得点が高いのです。これはその現象を発見した研究者フリンの名を取り**フリン効果**とよばれています。この現象の興味深いところは、結晶性知能に対応する知能検査の得点が上昇しているのではなく、流動性知能に対応する知能検査の得点が上昇している点です。つまり文化とは関係しないと考えられている抽象的思考能力が上昇しているのです。この原因については子どもの栄養状態の向上や教育の普及、核家族化、教育を受けた母親が子どもに及ぼす影響などさまざまな要因が指摘されていますが、何よりも現代社会が抽象的な思考を必要とするようになり、それがフリン効果をもたらす根本的な要因になっているのではないかと多くの研究者たちは考えています。必ずしも現実社会への問題解決能力が高まっているとはいえません。しかし現代社会に生きる人たちが新しい技術を作り、その技術を使うことでさらに抽象的な思考をするという点で知性を伸ばす、という現象が起きているのかもしれません。

知能の加齢変化の個人差を生むもの

　集団の平均値を使用して、知能の加齢変化をみていくと、上述したような加齢変化が認められます。しかし、個々人に目を向け

た時,すべての人が同じような標準的な変化をするわけではありません。シアトル縦断研究をみると,74歳から81歳の7年間に知能検査の得点が下がる人がいる一方で,6割以上の人が7年前と変わらない能力を維持しています(Schaie & Willis, 2002)。

このような個人差を生む要因にはさまざまなものがあります。知能を低下させるリスクとしては脳や神経系の加齢変化,心臓血管系の病気などが挙げられます。また引退や大切な人との死別などがきっかけとなり長期に孤独状態が続くと知能が低下することも報告されています。一方,社会経済的地位が高いことによってもたらされる好ましい環境要因(教育水準の高さ,よい栄養状態など)や,柔軟性のあるパーソナリティ特性,知覚速度の速さの維持などは知能の維持に良い影響をもたらすことが知られています(Schaie, 2013)。

介入研究の結果やフリン効果,そして知能の個人差を生む要因に関する研究の結果は,高齢期にみられる知能の低下は暦年齢によって普遍的,一方向的に生じるものではないことを示唆しています。もちろん訓練や特定のライフスタイルなどによって,知能の低下を完全に回避できるということではありません。しかし,「それまでの長い経験,それに裏打ちされた知識や有能感があり,ある程度健康で,家族や友人など社会的ネットワークがあれば,高齢期になっても知的機能を十分保有して,有能さを発揮させる」(高橋・波多野,1990)可能性があることを私たちに示しています。

2 知　　恵

知能に関するさまざまな研究から,高齢期に入っても,特に若い

高齢期には知能は十分に維持されていることがわかってきました。さらにここ数十年，それまでの児童期，青年期とは違い，豊かな人生経験があるからこそ培われる成人期特有の能力に関心が向けられるようになっています。その1つが**知恵**（wisdom）です。一方，元気に創造的な活動をする高齢者を目にする機会も増えていますが，高齢期の**創造性**に関する研究も進められています。知恵や創造性は成人期以降，高齢期を通じてどのように実を結んでいくのでしょうか。

知恵とは

私たちは知恵という言葉に対してさまざまなイメージをもちます。たとえば「**学習知**」，これは教育などによって育成される学問上の知のことで知恵の要素の1つです。また学校教育にとどまらず，広く人生経験によって培われる「**経験知**」的な要素もあります。これは結晶性知能や社会的知能（日常生活における問題解決能力）などとも関連する要素です。そして「**優れた理解力**」「**優れた判断力**」に関わる要素も含まれます。学習知，経験知，優れた理解力・判断力といった要素は認知機能に深く関わっています（より正確にいえば，優れた判断力には感情の働きも不可欠です）。しかし，知恵に含まれる要素は認知機能と関わる要素だけではありません。他者や外的世界に対する関心，理解，関わり方など「**他者への関心**」といった要素もあります。これは広く感情やパーソナリティ，対人関係に関わる部分です。そして自己の内面をみつめたり，限界を悟るというような「**内省的態度**」の要素も含まれます。知恵には認知，感情，内省といった要素があり，知恵はそれぞれの能力を豊かに発達させ，かつ統合させていく中で，形成されていくのではないかと考えられています。そして知恵を身につけることによって，人は人生の岐路に立つような難

しい決断を迫られた時に賢明な判断をしたり、人にアドバイスをしたり、自分の人生を受けいれたりすることができるのです。

知恵の測定法

このような豊かな要素をもつ知恵を実証的に測定するにはいろいろな工夫が必要です。ここでは知恵の測定法の中で代表的なものを1つ紹介します。

ドイツのマックスプランク研究所では、バルテスを中心に「知恵と関係する知識」を測定する方法を開発しました (Smith & Baltes, 1990)。彼らは成人期・高齢期の知能研究、認知機能研究、パーソナリティ研究、熟達化研究の成果、前項で紹介した知恵の多義的な要素などをふまえながら、知恵とは「基本的で実践的な生活場面での熟達した知識と判断」(Smith & Baltes, 1990) であると定義し、さらにいえば「優れた知性と感情の調和」(Baltes & Staudinger, 2000) が知恵であるとしました。そして、人生の岐路に立った時、どのようにその問題を乗り越えるかアドバイスする場面（人生計画場面）や、昔の友人との再会をきっかけに人生を回顧する場面（人生回顧場面）に直面した時などに、その人の知恵が反映された判断や行動が観察されると考えました。そこで、彼らは架空の人生問題（人生計画、人生回顧などに関する問題）を提示し、自由に回答させ、その回答内容を5つの基準から測定する方法を考案しました。5つの基準とは、①人間の本質やライフコースについての豊富な知識があること（宣言的知識）、②人生問題に対処するための方法について豊富な知識があること（手続き的知識）、③問題の背景にある文脈を理解すること（文脈理解）、④価値観が相対的なものであることを理解すること（価値相対性の理解）、そして⑤人生の不確実性を理解すること（不確実性の理解）です。この5つの基準でそれぞれ高い点数をとると「知恵がある」と判定されます。この方法は日本語版（高

山ら，2000）もあり，日本での知恵研究に使用されています。

> 知恵の加齢変化

一般に，知恵は年齢とともに深まるイメージがあります。しかし一方で，だれもが皆，歳をとると知恵を身につけられるのか，疑問を感じる人もいるでしょう。

実証研究はどのような結果を示しているでしょうか。「知恵に関わる知識」を測定し，知恵と年齢を検討した研究はこれまで複数報告されています。ある研究（Staudinger, 1989）では，知恵に関わる知識の5つの基準のうち，不確実性の理解において有意な年齢差が認められ，高齢者のほうが得点が高いことが示されました。しかし，その他の研究からは，青年，成人，高齢者の間に有意な年齢差は認められませんでした（たとえばBaltes & Staudinger, 2000；髙山，2002）。つまり，加齢とともに知恵の能力が低下することを示す結果はありませんが，上昇を示唆する結果もなかったのです。

知恵と関係性がある認知機能は加齢とともに低下を示す報告が多いこと（第4, 5章参照）を考えると，高齢期になっても知恵の得点が安定していることは注目に値する結果ともいえます。しかし，年齢差がないという結果は加齢とともに知恵の得点が上昇することを予想していた研究者にとってはやや期待はずれでした。しかし，実はこの結果は成人期・高齢期の知恵についてきわめて重要な示唆を与えてくれます。つまり，知恵を身につけるには年齢を重ね，経験を積むことは必要ですが，単純に年齢を重ねたり経験を積んだりするだけでは十分でないことを示唆しています。

> 知的能力とパーソナリティと知恵との関わり

知恵が単純に年齢を重ねるだけでは得られないとしたら，知恵を深め，高めるには何が作用しているのでしょうか。個人の特性

第6章 英知を磨く

という観点からみると,知的な能力として,知能や**社会的知能**(日常生活場面での問題解決能力)が関係することが明らかになっています。また,いくつかの**パーソナリティ特性**も知恵と関係します。パーソナリティとの関係については,主に5因子モデルの5つのパーソナリティ特性(第7章,表7-1参照)との関係について実証的に研究されていますが,「経験への開放性」と知恵との関連性は複数の研究から報告されています(たとえばStaudinger et al., 1997)。開放性が高いということは,多様な価値観にふれたり,新しい社会や文化に接したりする機会が多いことを意味します。こうした体験を通じて,さまざまな知識を吸収し,洞察力を磨く機会に恵まれ,知恵のある行動や判断ができるようになるのかもしれません。一方,開放性とともに外向性や調和性といった対人関係に関わるパーソナリティ特性が知恵と関係していることを示す研究もあります(髙山,2002)。経験への開放性,外向性,調和性といったパーソナリティ特性と知恵に関係性がみられることは,他者とどう関わり,社会とどう向き合うか,という経験が知恵の形成につながっている可能性を示しています。

| 経験と知恵との関わり |

知恵を身につけるうえで経験の蓄積が不可欠であることは,多くの研究者が指摘しています。一方,これまでの実証研究は経験を積むだけでは必ずしも知恵を培うことにはつながらないことも示唆しています。では知恵を獲得していくにはどのような体験が必要なのでしょうか。

初期の知恵研究は専門家としての訓練や実践経験が知恵の獲得につながることを示唆しています(たとえばStaudinger et al., 1992)。また,最近の研究では,特定のライフイベントではなく,さまざまな困難なライフイベントに直面した時の対処行動と知恵との関係に

ついて検討が進められています。ブラックとグルック（Bluck & Glück, 2004）は，辛く苦しい体験から何かしらのポジティヴな要素を導き出し，そこから教訓や学びを得て，その経験を一般化させるような体験が，知恵のある行動や判断を獲得するのに関与していることを見出しました。また，別の研究では，知恵の得点が高い人たちは，辛いライフイベントに直面したとき，回避的な対処行動はあまりとらず，情報収集して，主体的かつ具体的に問題解決をするための対処行動をとる傾向があることが報告されています。さらにポジティヴに問題を捉え，そこから何かを学ぼうとする認知的な対処行動をとる傾向があることも見出されました（Takayama et al., 2007）。また，知恵の得点が高い人は葛藤場面での方略として，特定の立場からのみ行動するというような方略はとらず，妥協点を探ったり，他者と議論しながら解決策を探ったりするなど，他者との協力の中で解決する方略をとる傾向がありました（Kunzmann & Baltes, 2003）。経験をするだけでなく，広い視野でその体験を捉え，そこから何かを学び，次の体験に活かそうとすることが知恵を形成することに役立つことがみえてきます。

感情と知恵との関わり

知恵と感情の関係性についてはあまり実証的な検討が進んでいません。しかし，クンツマンとバルテス（Kunzmann & Baltes, 2005）は興味深い2段階の感情過程の仮説を提案しています。この仮説によると，知恵のある人は，他者の深刻な問題に対峙すると，①現象の意味を深く理解するため一時的に強い感情を示す（共感仮説）一方で，②情報を処理していく過程で，知恵が機能するため，強い感情反応を効果的に抑制するようになります（制御仮説）。感情過程が知恵に対してどのように作用するか，また認知過程と感情過程がどのように相互作用し

て，知恵を発達させていくかを明らかにすることはこれからの研究課題の1つです。

知恵はいつから形成されるのか

「知恵に関する知識」の観点からすると，すでに10代後半から20代前半にかけて，年齢とともに得点が上がることを示唆する結果がでています（Pasupathi et al., 2001）。これは思春期，青年期の頃にすでに知恵の形成がはじまり，その萌芽がみられることを示唆しています。しかし，知恵のすべての要素が青年期に獲得されはじめていると考えるのはやや早計かもしれません。先述したようにブラックとグルック（Bluck & Glück, 2004）は，知恵の獲得には，困難に突き落とされるような辛く苦しい体験から何らかの教訓や学びを得て，その経験をより大きな人生の文脈へ一般化させるような体験が結びついていると考え，さらに青年と成人の共通点と相違点に着目して，辛い体験に関するナラティヴ（語り）を分析しました。分析の結果，青年と成人で想起されたライフイベントの数には差がなく，両者とも知恵のある行動の結果として，ネガティヴな結果をよりポジティヴに捉え直すという変化がみられる点では共通していました。しかし，青年と成人では，第1に，ある経験から学んだ教訓を他の文脈に一般化させる点，第2に，経験をより大きな文脈で捉える点で異なっていました。成人は青年よりも経験を一般化させ，より大きな人生の文脈の中で経験の役割を理解していたのです。このような相違が生じたのは，青年は実生活の中で，まだこうした経験が乏しいことや，人生に対する一貫した視点を獲得していないためではないかと考えられています。

知恵の発達の多次元性

知恵には多様な要素があります。学習知の要素は人生の比較的早い段階から形成され

るかもしれませんが,その他の経験知,優れた理解力・判断力といった,より高度な認知機能に関わる要素,そして他者への関心や内省的態度などは成人期以降に一段と発達していくのかもしれません。いずれにしても,どのように知恵が生涯発達していくかについては,まだわからないことが残されています。これを明らかにしていくことは,人間の心理的発達を理解することにも役立っていくでしょう。

3 創 造 性

創造性とは新しい何かを生み出す力です。これは成人期・高齢期特有の能力ではありませんが,創造性が生涯を通じてどのように変化,発達するのか,また高齢期に創造性を発揮することが高齢期の生活にどのような効果をもたらすか,ということは高齢期の臨床的・実践的視点からも興味深いテーマです。

> 創造性の加齢変化

新しい何かを創るということは若さあふれる進取性のイメージと重なるためか,高齢期になると減退すると考えられることが多いようです。しかもそれはしばしば逆V字型のような変化として表現されます。しかし,創造性の加齢変化を実証的に検討していくと,興味深い現象がみえてきます。その1つは,すべての領域の創造性が逆V字のように変化するのではなく,活動領域によって加齢変化の曲線が異なることです。そして成人期,高齢期の創造性の加齢変化には知能や知恵と同様に個人差があることです。

活動領域・分野の違いについては,たとえば数学の分野では人生の早い時期にピークを迎え,それを越えると急速に減退する傾向が

あることが知られています。しかし哲学や歴史など人文科学領域では，30歳代以降60歳代頃まで創造性は緩やかに上昇を続け，高齢期に入ってからも創造性はあまり衰えないようです。

　成人期以降の創造性の加齢変化のもう1つの特徴は個人差が大きいことです。上述したように創造性の加齢変化は領域によって異なりますが，いずれの領域でも高齢期に入ると，ある程度は低下を示す傾向があります。しかし80歳代，90歳代に入ってもなお，精力的に創造的活動をする人たちもいます。たとえば画家のパブロ・ピカソや小倉遊亀はその代表的な人物といえるでしょう。

　サイモントン（Simonton, 1991）は創造性の発達曲線モデルを提案していますが，そこでは創造性の加齢曲線はその活動をはじめた年齢（開始年齢）と，各個人の創造性の潜在能力の2つの要因によって決定されると仮定しています。つまり活動をはじめる時期が遅ければ，ピークになる時期も相対的に遅くなり，また潜在能力の程度によって，創造的活動が頂点に達する時の高さの程度が変わります。小倉遊亀は105歳で没するまで新しい画法に挑戦しながら，みずみずしい絵を描き続けたことで知られていますが，彼女が絵を本格的に描き始めたのは40歳代に入ってからです。サイモントンのモデルからみると，彼女は開始年齢が遅かったけれど，潜在能力が高かったため，最晩年まで高い創造性を発揮したといえるでしょう。

高齢期の創造性：白鳥の歌現象

　ところで，晩年にこれまでとは趣を異にする作品が生み出されることがあります。クラシック音楽の作曲家の晩年の作品の分析を通じ，短いけれど旋律が明快で深みのある作品が晩年期に生み出される傾向があることが見出されています。このような現象を白鳥は最期に美しい声で鳴くという伝説になぞらえて「**白鳥の歌現象**」

とよびます（Simonton, 1989）。白鳥の歌現象は高齢期の創造性と知恵の結晶ではないかと考えられています（Simonton,1990）。

高齢期と創造性　パブロ・ピカソや小倉遊亀を例に出しましたが，多くの一般の者にとっても創造性は高齢期の生活にさまざまな効果をもたらします。絵を描いたり，俳句や短歌を作ったりするなど創造的な活動は人生の生きがいや張りあいを与えます。また，創造的な活動をすることによって，人生を受容する感覚が高まるとともに，死の不安が低減することも報告されています（Erikson et al., 1989）。知恵のある人生を送ること，そして創造性を豊かに発揮していくことは，充実した高齢期を過ごすことに大切な役割を果たしています。

読書案内

鈴木忠（2008）『生涯発達のダイナミクス──知の多様性　生きかたの可塑性』東京大学出版会
　●本書では知能，認知機能から熟達化，知恵など人の多様な知性を取り上げながら，人間の知的発達のダイナミクスが論じられています。知的能力の加齢変化にとどまらず，「発達とは何か」を理解するための良書です。

高橋惠子・湯川良三・安藤寿康・秋山弘子編（2012）『発達科学入門3　青年期～後期高齢期』東京大学出版会
　●東京大学出版会『発達科学入門』全3巻のうちの1冊。発達科学について学ぶ，心理学系と近接領域（教育学，福祉学，医学など）の学生，研究者のための入門書です。本書では青年期から高齢期までが扱われ，高齢期の認知だけでなく，ソーシャルネットワークや百歳長寿者の身体的・心理的機能の特徴，認知症とうつなどがわかりやすく解説されています。

第7章 その人らしさとエイジング

パーソナリティ

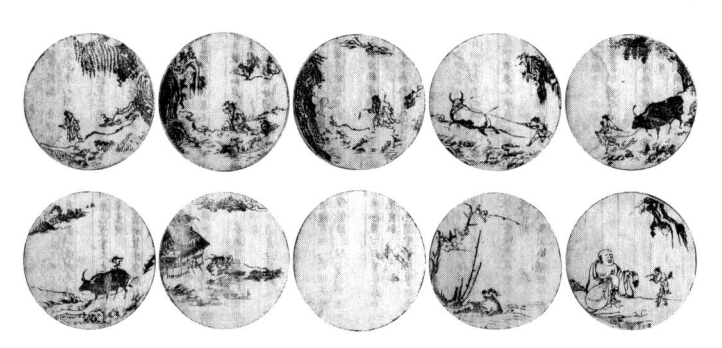

十牛図（元来は禅門の修行者のための基礎的手引きである。牛〔真の自己〕を見失った牧人〔真の自己を求める自己〕が再び牛を見つけだし、牛との一体を実現していく過程を描いた10枚の絵と詩を通じて、自己が真の自己になる自覚的な過程が描かれている〔上田・柳田, 1992〕。東洋の人格的成熟のイメージのひとつとされている。）
（出典） 京都大学人文科学研究所所蔵「住鼎州梁山廓庵和尚十牛圖 一卷 坿 入衆日用一卷」

　人は歳をとるとがんこになったり、ひがみっぽくなったりする——こんな風に考えている人は意外と多いのではないでしょうか。またそれゆえ高齢者に対して負のイメージをもっている人もいるかもしれません。でも本当にそうでしょうか。高齢期になって、以前より頑なになったようみえる人がいる一方で、若い頃よりも人柄がまるくなり、温かい雰囲気をもつようになる人もいます。他方、若い頃とまったく変わらずにその人らしさを保ち続けている人もいます。

　本章では、高齢期のパーソナリティや、年齢を重ねることによるパーソナリティの変化と安定性について考えていきます。また、パーソナリティの研究をより広く考えると重要な研究テーマである、高齢期の感情やウェルビーイングについても取り上げます。

1 パーソナリティ

パーソナリティとは，ひと言でいえばその人らしさの総称といえます。歴史的には，研究者の関心領域や立場により，大別すると2つの異なる定義がありました。オルポートは「パーソナリティとは，人が自分をとりまく環境にどのように適応していくかを決定する力動的な機構」(Allport, 1937) という視点からパーソナリティを定義しています。すなわち，能動的に環境と関わる自己を強調しています。一方，自分自身ではなく，他者の目からどうみられているかで定義しようとする考え方もあります。この2つは前者をIとしての自己，後者を me としての自己として，論争が起こったこともありますが，今ではどちらもパーソナリティを理解し，研究していくうえで有効な視点と考えられています。たとえば，前者は臨床場面や教育場面で個人を理解するときに有効です。一方，対人関係などの場面で自己を捉えるときには後者の視点が役立ちます。

パービン (Pervin, 1996) はこれまでの議論をふまえて，パーソナリティとは人の考え方（認知），感じ方（情動・感情），行動の仕方（行動）の複合したメカニズムであると提案しています。あるモノをみてどう感じ，どう考え，どう行動するかはまさにその人らしさを映し出します。そしてパービンは，パーソナリティはこの構造と過程からなり，遺伝要因と環境・経験要因を反映するとしています。さらにパーソナリティは過去の経験から影響を受けるだけでなく，現在の自分，そして将来どうなりたいと志向するか，その志向性からも影響を受けるとしています。この定義を注意深く読まれた方は

すでに気づかれているかもしれませんが，この定義にはパーソナリティには，その人らしさとして保ち続ける部分もあれば，変化する部分もあることを内包しています。

2 パーソナリティの変化と安定性

パーソナリティの変化・成長を捉えた理論：エリクソンの発達理論

ユング，エリクソン，ペック，レビンソン，グールド，バリアントといった研究者たちはパーソナリティがダイナミックに変化していくことを仮定していました。中でも特によく引用され，研究されているものの1つが**エリクソンの心理社会的発達モデル**です（図7-1および第2章参照）。

エリクソン（Erikson & Erikson, 1997 ; Erikson et al., 1989）は人生に誕生から高齢期までの8つの**発達段階**を想定しています（E. H. エリクソンと妻のJ. M. エリクソンは晩年，第8段階の次の段階である第9段階も仮定するようになりました。これについては第11章で詳しく紹介しています）。そして段階ごとに最も顕著となる心理的葛藤（肯定的感情と否定的感情の葛藤。これを**発達課題**とよびます）があり，それを克服していく中で，人は人間的な強さ（徳）を獲得していくとしています。

高齢期にあたる第8段階の発達課題は「統合と絶望」です。若い頃と比較すると，相対的に生きた時間が長く，残された時間が短くなってくる発達段階になると，人はこれまでの人生をどう受けいれるか，そして誰もが避けることのできない死をどう受けいれていくか，生と死の受容という発達課題に直面します。これまでの人生で

図 7-1 エリクソンの心理社会的発達モデル

高齢期							統合 対 絶望 **知恵**
成年期						世代性 対 停滞 **世話**	
成年前期					親密性 対 孤独 **愛**		
青年期				アイデンティティ 対 拡散 **忠誠**			
学童期			勤勉性 対 劣等感 **有能**				
幼児期		自主性 対 罪悪感 **目的意識**					
幼児期初期	自律性 対 恥・疑惑 **意志**						
乳児期	基本的信頼 対 基本的不信 **希望**						

(注) 心理的葛藤とそこから獲得される人間的な力を示す。
(出典) Erikson & Erikson, 1997 をもとに作成。

楽しかったことやよかったことも,不本意だったことや辛かったことも含めて,自分の人生を受けいれ,そして将来の死も受けいれていく,つまり統合感をもつ一方で,自分のこれまでの人生やこれからの死を受けいれ難く感じる絶望感も体験します。そして次第にこの葛藤を克服していく中で,知恵という力を得ていきます。エリクソン(Erikson & Erikson, 1997)は**知恵**とは「死そのものに向き合う中での,生そのものに対する聡明かつ超然とした関心」であると述べています。これは「心と体の統合が崩壊に脅かされながら,何ら

かの秩序と意味を維持する過程」であり，**統合性**つまりものごと全体を1つにまとめる傾向ともいえるでしょう。

エリクソンの理論は彼の個人的な体験とともに，多くの臨床的な経験が礎になっています。ユング，ペック，レビンソン，グールド，バリアントなどもまた，臨床的な経験やインタビューなど，質的な研究法による研究から，人が人生を過ごしていく中でパーソナリティを豊かに変化，成長させていく姿を捉えています。

| 特性からみたパーソナリティの加齢変化 |

一方，パーソナリティを特性の視点から捉え，客観的なデータをもとにしてパーソナリティの変化と安定性（変わらずに一定していること）について検討を進めていった研究者たちもいます。コスタとマックレイはその草分け的な研究者です。

特性とは，観察可能な行動や思考などのパターンから帰納される構成概念です。「おだやか」「活発」「楽観的」など，自己や他者のパーソナリティを表現するときに，日常的に使われることばで表現されます。このような特性において，基礎的な特性として5つの因子があるとするのが，いわゆる**5因子モデル**（big five model あるいは five-factor model）です。5因子（神経症傾向，外向性，経験への開放性，調和性，誠実性）の各パーソナリティ特性については表7-1を参照してください。

コスタとマックレイは5因子モデルに基づいたパーソナリティテストであるNEO性格検査（NEO-PI, NEO-PI-R, NEO-PI-3）を開発するとともに，パーソナリティ特性とエイジングに関する研究を行い，パーソナリティ特性は成人期以降は相対的に安定しており，加齢とともに変化はあっても小さいことを示す結果を報告しました（たとえばCosta & McCrae, 1988）。

表7-1 5因子の各パーソナリティ特性の特徴

パーソナリティ特性	特徴[1]
神経症傾向[2]	不安を感じやすい、敵意を抱きやすい、抑うつ傾向がある、自意識が強い、衝動性が高い、傷つきやすい
外向性	情愛が深く人懐っこい、人付き合いを好む、支配的、活動的、刺激を求める、ポジティヴな感情（喜び、幸せなど）が高い
経験への開放性	空想好き、芸術や美を愛する、感受性が強い、新奇なものを好む、知的好奇心が強い、多様な価値観を受容する
調和性	他者を信頼する、誠実で聡明、利他的、許容力がある、慎み深く謙虚、他者に対する共感的な態度がある
誠実性	有能感がある、几帳面、良心に従って行動する、向上心がある、仕事や課題を最後までやり遂げる、慎重で注意深い

(注) 1) NEO性格検査（NEO-PI-R）における、パーソナリティ特性ごとの下位尺度を中心にまとめています。
2) 神経症傾向は、その得点の低さの特徴である「心的安定性（感情の安定性）」の視点から扱われることがあります。
(出典) Costa & McCrae, 1992をもとに作成。

　「客観的なデータによる検証から、成人期以降、パーソナリティが年齢によって大きく変わることはない（基本的に安定している）」という彼らの主張は、これまでの成人期以降のパーソナリティの変化・成長を仮定する発達理論とは異なるものでした。これを契機にパーソナリティは加齢とともに変化するのか、それとも安定しているのか、という変化と安定の議論は大きな論争へと発展し、多くの実証研究が行われました。

集団内の相対的位置の安定性

　数十年にわたるパーソナリティの変化と安定性に関する実証研究の蓄積と議論の中で、いくつか重要な点が明確になってきました。そのうちの1つは、分析方法によって、変化と安定性の結果が異な

るということです。

　特性から捉えたパーソナリティとエイジング研究では，従来，集団の平均値（mean-level）や，テスト－再テスト間の相関係数のような集団内における個々人の相対的な位置関係に関わるデータ（rank-order）を用いて分析されてきました。前者は時間の経過とともに，ある集団のパーソナリティ特性の平均値が上昇したり，下降したりするような変化があるかどうかという視点からパーソナリティの変化と安定性を捉えます。一方，後者は時間の経過とともに，あるパーソナリティ特性において，（得点の高い人は数年後に測定しても得点が高く，低い人は数年後も低いというような）同じ順序性が維持されているかどうか，という視点からパーソナリティの安定性と変化を捉えます。

　コスタとマックレイの研究以降，多くの研究者がこの2つのどちらか，あるいは両方の手法を使ってパーソナリティの変化と安定性について検討してきました。そして，集団内の相対的な位置関係に関わるデータを用いた研究からは，概して，パーソナリティは安定していることを示唆する結果が多く報告されました（たとえば，Roberts & DelVecchio, 2000）。すなわち，ある仲間集団の中で外向性が高い傾向にあった人は数年後，数十年後もその傾向があり，外向性が低めであった人はその後も低めであるというような点で，パーソナリティの安定性が示されました。

> 特性によって異なる加齢変化

　一方，集団の平均値を用いて，加齢変化を検討している研究からは，パーソナリティ特性は生涯を通じて変化し，かつ特性によって変化の傾向に違いがあることが報告されています。たとえば，ロバーツらの研究（Roberts et al., 2006）では，メタ分析の手法を用

いて，平均値を使った92の縦断研究のデータを分析し，生涯を通じたパーソナリティ特性（5因子モデルの5特性，ただし「外向性」については「社会的優越性」「社会的バイタリティ」の2つに分けているので計6つの特性。また，「神経症傾向」については，その得点の低さを「感情の安定性」〔心的安定性〕として捉えた）の変化パターンを検証しました。それによると，調和性は中年期から高齢期にかけて上昇していました。また社会的優越性，誠実性，そして感情の安定性も加齢とともに上昇し，特に20歳から40歳にかけて顕著に上昇する傾向があることが認められました。一方，社会的バイタリティと経験への開放性は青年期には上昇しますが，どちらも高齢期には低下することが示されました（図7-2参照）。

このように，集団でパーソナリティの加齢変化を捉えると，集団内での相対的な位置関係は安定性を示しつつ，集団全体としては，パーソナリティ特性ごとに異なる加齢変化をしていることが次第に明らかになってきました。

個人内変化の個人差：加齢変化の多様性

最近の実証研究からはもう1つ重要なことが明らかにされています。それはパーソナリティの加齢変化における，「**個人内変化の個人差**」です。前述したような集団の平均値や集団内の相対的な位置関係に関わるデータを用いて分析することは当時の統計的手法の限界でもありましたが，おのずと個人差をはじめ，重要な差異を見過ごしてしまう危険性をはらんでいました。近年，新しい統計手法の開発とともに，「個人内変化の個人差」に着目した分析がされるようになり，個人内変化の仕方には多様性があることが示されています（たとえばSmall et al., 2003）。これは時間とともにパーソナリティが変化する人もいれば，安定している人もいること，そして

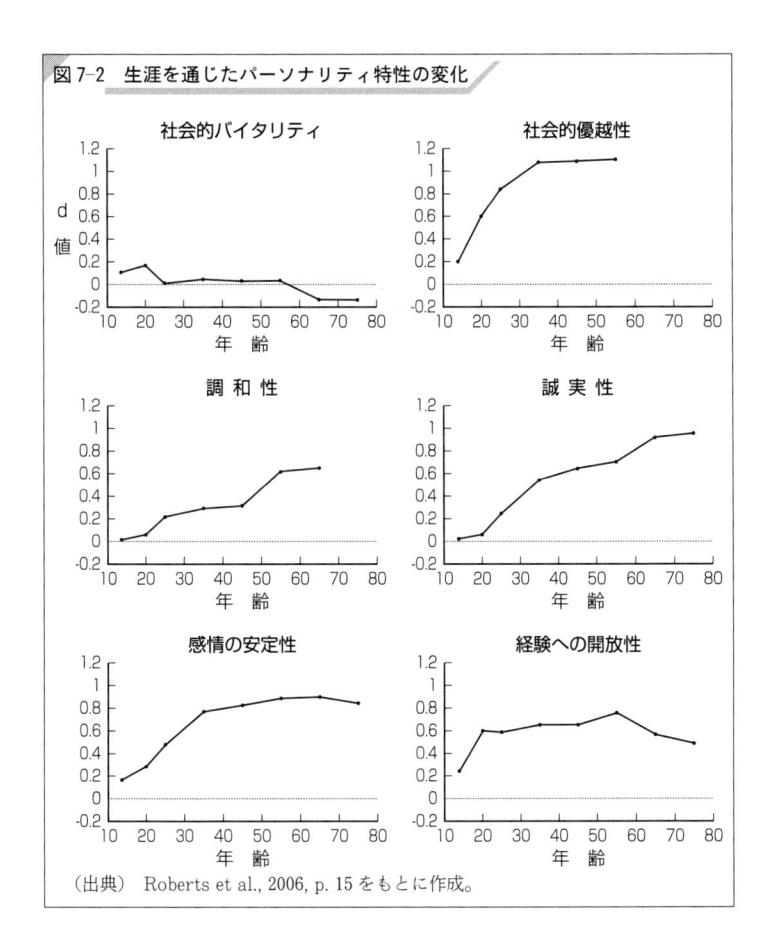

図7-2 生涯を通じたパーソナリティ特性の変化

社会的バイタリティ／社会的優越性／調和性／誠実性／感情の安定性／経験への開放性

（出典） Roberts et al., 2006, p. 15 をもとに作成。

変化の方向性やパターンが多様であることを意味しています。パーソナリティ特性が安定しているか，変化しているかという問題は，現在，パーソナリティ特性の変化が個人差変数とみなすべきかどうかという新しい問題へと移行しています。

第7章　その人らしさとエイジング　133

> 個人内変化の個人差をもたらす要因

では個人内の変化の相違はなぜ生じるのでしょうか。私たちは経験上，ある出来事の体験を通じて自分が変わったと感じることがあります。また，自分を変えたいと思い，さまざまな行動をしていく中で，次第に変わってきたと感じることもあります。その一方で，「三つ子の魂百まで」ということわざがあるように，「幼い頃から変わらないな」と実感することもあります。このような変化の個人差はどこからくるのでしょうか。

実証的な研究はまだ多くはありませんが，ライフイベントとパーソナリティの変化に関して興味深い研究報告がされてきています。たとえば，結婚というライフイベントはパーソナリティの変化に影響を与えます。ネイヤーたちの研究（Neyer & Asendorpf, 2001）によると，結婚することによって誠実性が上昇し，神経症傾向は低下（心理的な安定性が上昇）することが示されました。これは家庭をもつことで精神的な安定感を得るとともに，自分の仕事や家庭に責任感をもつようになることが反映しているのではないかと考えられています。また，高齢期になって配偶者と死別することにより，神経症傾向が高まることはよく指摘されますが，死別後，新たな出会いに恵まれ再婚した人は，上昇していた神経症傾向が急速に低下することが報告されています（Mroczek & Spiro, 2003）。

> 6焦点モデル

パーソナリティの研究には，特性的アプローチ，社会−認知的アプローチ，心理力動的アプローチなど，さまざまなアプローチがあります。またパーソナリティと発達の研究からはパーソナリティの安定と変化の双方が報告されています。

フッカーとマクアダムス（Hooker & McAdams, 2003）はパーソナ

リティ研究のこれまでの成果を統合的に捉え直し、パーソナリティとエイジングを総合的に理解するために、特性的アプローチと社会－認知的アプローチを組み合わせた**6焦点モデル**（six-foci model）という新しいパーソナリティモデルを提案しています。6焦点モデルは、パーソナリティ研究のこれまでの成果を統合的に捉え直し、かつパーソナリティとエイジング（変化と安定性）を理解するのに有効なモデルの1つになるのではと期待されています。以下に少し詳しくご紹介しましょう。

6焦点モデルでは、パーソナリティ研究の主要な6つの領域に焦点を当て、構造（比較的安定していると考えられるパーソナリティの構造をなす部分）と過程（比較的変動することが想定され、パーソナリティの一貫性と変化に注目する部分）という視点からまとめています。構造には3つのレベル（特性、個人的な行動に関する構成概念、ライフストーリー）があり、それぞれの構造に対応する過程（状態、自己制御、自己の語り）が仮定されています。

構造の第1のレベルは「特性」です。特性は時や場所を越えて、行動の一貫性を説明するものです。前述した5因子モデルはまさにこれに当てはまります。

「特性」に対応する過程は「状態」です。これは情動や気分、疲労感、不安など、一時的、短期間で変化するようなものが含まれます。これは個人の内面で生じるものです。

構造の第2のレベルは「個人的な行動に関する構成概念」です。目標、発達課題、モチベーションなどがこれに当たります。過去ではなく未来に向けて、どう生きていくかという方向性を示すものです。そして、これはいつ、どこで、どのような社会的役割をもって生きているかで変化するので、人生段階を通じて大きな変化を示す

可能性があります。

「個人的な行動に関する構成概念」に対応する「過程」は「**自己制御**」です。これは自己効力感，結果期待，自己統制感などが該当します。自己制御は個人が自己一貫性の感覚を維持するのに役立ちます。同時に一貫性を維持させるために，変化が必要不可欠であるかもしれないことも内包しています。たとえば，自分が有能感を感じられる領域で，技術が維持・向上することは自己効力感，自己統制感をさらに増進させたり，維持したりするのに関連しますが，もしその領域で技術が衰えてきたときには，自分が有能感，自己統制感を感じ続けられるように，自分自身の目標を変化させる必要があるかもしれません。このように自己制御には安定と変化の両面があります。

構造の第3のレベルは**ライフストーリー**です。先述したエリクソンの第8段階の発達課題（統合対絶望）はこれに対応します。ライフストーリーは人生を通じて個々人の内面で内在化し，展開していきます。ライフストーリーを描くことで，自分の人生の意味を理解し，人生の核心的な部分に対する理解を深めます。またライフストーリーはこのようにその人自身の心理的・内面的な問題を反映していると同時に，社会歴史的な出来事の影響も受けています。

ライフストーリーに対応する過程のレベルは「自己の語り」です。これには想起，回想などが該当します。自伝的記憶（第5章参照）もこの1つです。想起や回想で何がどのように語られるかは，聴き手や話をする場の状況によって変化します。

3 パーソナリティと寿命と健康

　さて，少し話題を変えましょう。これまでパーソナリティと発達に焦点を当ててきましたが，パーソナリティと寿命には関係があるのでしょうか。たとえば長生きする人たちが共通にもっている，特有なパーソナリティ特性というようなものはあるのでしょうか。これまでの研究結果をみてみると，パーソナリティは死亡率を予測するとき，主要な要因の1つになることが示されています。特に死亡率との関わりで頻繁に報告されているパーソナリティ特性は神経症傾向，外向性，そして誠実性です。神経症傾向は高いほうが死亡率が高く，一方，外向性と誠実性は低いほうが死亡率が高くなっています。またレヴィら（Levy et al., 2002）によると，ポジティヴな人生観をもつことは長寿と関連します。

　それではなぜ，パーソナリティは寿命に関係するのでしょうか。研究者たちは1つの仮説として，あるパーソナリティの特徴をもつ人たちがとりやすい行動があり，それがその人の寿命や健康に影響を与えるのではないかと考えています。たとえば，誠実性の高い人のほうが死亡率が低いことは健康行動との関わりで考えることができます。誠実性が高い人はバランスのとれた食事を摂ったり，運動を習慣的に行なっていたり，いわゆる健康行動をしっかりとしている可能性があります（Friedman et al., 1993）。

　では，外向性はどうでしょうか。外向性が高い人は自己評価が高く，楽観的に物事を捉える傾向があることが知られています。また何か失敗したときに，その原因を自分自身に振り向けるよりも，む

しろ外的要因に向ける傾向があり (Marshall et al., 1994)，そういったことがストレスの低さをもたらし，健康や死亡率の低さにつながっていることが予想されます。

一方，神経症傾向については，神経症傾向が高くなるとストレスを感じやすくなり，そうした過敏さが心身の健康に影響しているのかもしれません。日々の感情の変動が大きいことが死亡率を高めているという報告もあります (Eizenman et al., 1997)。

このようにみてくると健康に配慮した行動をすること，不安やストレスを抱え込みすぎないようにすること，ポジティヴな志向性をもつことなどが健康や寿命と関連し，それを促しやすいパーソナリティ特性があることが考えられます。またもしそうだとすると，個人の意識的な努力や，他者による介入によって不安を和らげたり神経症傾向を低減したりすることができると，健康や死亡のリスクを低減させることができるかもしれません。

4 感情とエイジング

「どう感じるか」という要素はパーソナリティと密接な関わりのある要素です。ところで研究では「感じること」は，**感情** (affection) や情動 (emotion) という用語が使われています。感情は最も包括的な用語で，主観的な意識体験を表します。それに対し，情動は一過性で強い感情を表すことに使われることが多い用語です。ここでは，より包括的な用語である感情という用語を用いてお話していきたいと思います。

かつては高齢期になると豊かな感情は薄れ，表情などで感情を表

現することも少なくなるのではないかと考えられていました。しかし，実際の研究からは，感情の豊かさには高齢者と若い世代で差異のないことがわかってきました。また，表情などで感情を表出することにも年齢による差はないことが示されています（Levenson et al., 1991 ; Tsai et al., 2000 など）。さらに興味深いことに，ここ数日の感情を思い起こさせる調査では高齢者は若い年代の人と比べて，ネガティヴな感情が低い一方，ポジティヴな感情は高い，もしくは若い世代と同程度であることがわかりました（Carstensen et al., 2000, Mroczek & Kolarz, 1998 など）。また別の研究からは，高齢者のほうが若い人たちよりも，自分の情動をコントロールする情動統制がよいことが報告されています（Gross et al., 1997）。このような結果をみると，「枯れる」というイメージとは異なり，高齢者も若い世代と同様に豊かな感情を体験していることがわかります。

5 高齢期のウェルビーイング

　ポジティヴな感情やハピネス，生活満足度，人生満足度など，肯定的な感情や肯定的な認知評価は**ウェルビーイング**（第1, 3章参照）という用語で総称されます。加齢とともに身体機能や認知機能の低下，社会関係の縮小などがみられても，満足度などのウェルビーイングは比較的安定していることが知られています。これは「エイジングのパラドクス」とよばれ，多くの研究者がそのメカニズムを明らかにするために研究を進めています。

　そのような中で，カーステンセンは**社会情動的選択性理論**（Carstensen, 1995）を用いて，エイジングのパラドクスの説明を試

みています。この理論は動機づけに基づいてエイジングのパラドクスを説明しようとしています。すなわち，人生にはまだ無限の時間があると認識しているときは，人は情報を集め，自分の世界を広げ，社会関係を求めることへの動機づけが高まります。しかし，人生に残された時間が限られていると認識すると，情報や金銭的なものへの執着が低下し，逆に情動的な満足を求めるような動機づけが高まります。そして既存の社会関係を深め，豊かな人生を味わおうとするようになります。このような加齢による動機づけの変化によって，高齢期にもウェルビーイングは安定している傾向があるのではないか，とカーステンセンは考えています。

たとえ身体機能や認知機能の低下，社会関係の変化を体験しても，それに打ちひしがれているだけではなく，良いことや変わらぬことへ意識を向ける。そしてそれをありがたく，幸せに感じることを通して，人は心理的に適応しているのかもしれません。言い換えれば，生涯を通じて人は主体的で能動的に適応しているともいえるでしょう。

読書案内

エリクソン, E.H.・エリクソン, J.M.・キヴニック, H.Q.／朝長正徳・朝長梨枝子訳（1997）『老年期――生き生きしたかかわりあい』新装版, みすず書房
　●死の恐怖や身体機能・認知機能の低下，体調の不調に直面しながらも，ライフサイクルの完結へ向かって人間が自己の統合をめざして成長をつづける姿が，丹念な面接によって得られた高齢者の率直な言葉を基に描かれています。高齢期のパーソナリティの成熟を理解するのに役立つ一書です。

上田閑照・柳田聖山（1992）『十牛図』ちくま学芸文庫

●この書は，章扉で紹介した禅門の基礎的テクストである十牛図を手引きにして，自己とはいったい何なのかを問い，真の自己へと自己実現していく過程を探っています。実証研究とは異なる視点から，そして西洋的な発想とは異なる視点から，パーソナリティの成熟を考える際に参考になる一書です。

第8章 　家族とのつながり

家族のサポート

　家族をとりまく状況は変化し，家族の世代間関係がいまあらためて注目されています。たとえば，長寿化に伴い，親子がともに生きる時間がこれまでになく長くなっています。その一方でここ数十年の間に，伝統的な家族観や世帯構成が変容し，多様性が増しています。また，ある程度の経済力があり，身体的にも元気な若い祖父母世代は子ども世代にとって頼りになる存在にもなっています。

　本章では，まずはこの数十年間に家族観や高齢者のいる世帯構成がどのように変化してきたかを国際比較の視点も交えながらみていきます。次に高齢期の家族関係の中で，サポートシステムとしての家族について考えます。そして，家族内の世代間関係を捉える理論的枠組みを紹介しつつ，高齢期の家族関係について，成人した子どもとのつながり，高齢期の夫婦のつながり，きょうだいのつながりの視点から捉えていきます。

1 変わる家族

三世代世帯から夫婦世帯,単身世帯へ

ここ数十年間,日本の高齢者の家族と世帯は大きく変化しています。いまから約30年前の1980年,65歳以上の高齢者のいる世帯は全世帯の24.0%でしたが,2011年現在,その割合は全世帯の41.6%まで増加し,今後,さらに高齢者のいる世帯は増加していくことが予想されています(内閣府,2013)。

また,高齢者のいる世帯の世帯構造も変化しています。1980年には高齢者がいる世帯のうち,最も多かったのは三世代世帯(50.1%)でした。しかし,その割合は年々減少し,2010年には16.2%まで低下しています。一方,増加しているのは,夫婦のみの世帯と高齢者の単身世帯,そして親と未婚の子のみの世帯です。夫婦のみの世帯は最近30年間(1980年から2010年)に16.2%から29.9%,高齢者の単身世帯は10.7%から24.2%まで増加し,夫婦のみの世帯と単身世帯を合わせると高齢者のいる世帯全体の半数(54.0%)を超える状況になりました。

65歳以上の一人暮らし高齢者は今後さらに増加し,2035年には男性約261万人,女性約501万人となり,高齢者人口のうち一人暮らしの高齢者は男性16.3%,女性23.4%に達すると予測されています(内閣府,2013)。

三世代世帯のいま

三世代世帯はその割合が減少しているとともに,在り方も変化しています。明治以降,第2次世界大戦まで,日本には家族制度(家制度)があり,跡継ぎ

による同居と老親の扶養が制度として義務づけられていました。この家制度の同居には，①長男が②結婚したときから③親の家に④当然のこととして同居し，⑤家事，食事，家計も共同であるという特徴がありました（直井，1993）。戦後，この家制度は廃止されましたが，同居と老親の扶養に対する態度はすぐには変化せず，影響はすぐには消えることはありませんでした。

しかし，半世紀以上の時が経ち，三世代世帯を形成していても，上述したような条件を必ずしも満たさない場合がでてきています。たとえば長男との同居について，1990年代半ばになると大都市部では息子がいても娘と同居する選択的傾向がみられるようになっています。また，子ども世帯と同居する場合も，子どもが結婚したときから親の家にすぐに同居するのではなく，介護が必要になったり，高齢の親が配偶者を喪失したりした場合に同居するという，晩年型同居も増えてきています（岡村ら，1995）。さらに，家事，食事，家計のすべてを共にするという点に関して，近年は既婚の子どもと同居している高齢者で子どもや孫と空間，家計，家事をすべて共同にしている割合は半数程度に減少しており，その傾向は大都市ではより明確になっています（西村ら，2001）。

変わる家族観と変わらぬ家族への期待

ここ数十年間に，成人した子どもや孫との付き合い方に関する日本の高齢者の意識も変化しています。

内閣府による調査報告（「高齢者の生活と意識に関する国際比較調査（第7回）」〔内閣府，2011b〕）では，高齢期における子どもや孫との付き合い方について，調査を開始した1980年には「いつも一緒に生活できるのがよい」を支持する者が全体の6割（59.4%）に及んでいましたが，調査の回を重ねるごとに減少し，2010年には3割

程度(33.1%)にまで低下しています。一方,「時々会うのがよい」を支持する比率は調査を重ねるごとに上昇し,1980年から2010年の30年間に,30.1%から46.8%へ増加しました。同様の変化は同じアジアに位置する韓国でも報告されています。一方,もともと子どもと同居する傾向が低い欧米(アメリカ,ドイツ,スウェーデン)では,初回調査(1980年)から一貫して,「時々会うのがよい」が多数派で安定しています。

興味深いことに,高齢者の世帯類型と,高齢期における子どもや孫との付き合い方に関する価値観には明確な関連性があることが報告されています。内閣府(2011b)の同調査によると,三世代世帯の8割は子どもや孫との付き合い方について「いつも一緒に生活できるのがよい」を支持している一方で,単身世帯,夫婦世帯では20%に達せず(17.9%;17.3%),「時々会うのがよい」を支持する比率が高くなります(41.1%;59.5%)。これは,各自の家族観ゆえに現在の世帯構成を選択した可能性がある一方,現在の世帯構成を正当化して納得するために,世帯構成と合致した家族観を抱くようになっている可能性もあり,おそらくその両面の影響があるのではないかと調査報告書では推測しています。

このように付き合い方に関する価値観は変化している一方で,高齢者の「心の支えとなっている人」についてみると,依然,日本では配偶者・パートナー(65.3%)とともに,子ども(57.4%)を挙げる人が中心になっています。この傾向は欧米でもみられますが,違いは,欧米では「親しい友人・知人」を挙げる割合も相対的に高いことです。概して,日本では「心の支え」が配偶者・パートナーと子どもに集約されるのに対して,アメリカでは孫やきょうだい,その他の親族,親しい友人・知人など多様な存在が挙げられるところ

に特徴があります。

別居している子どもとのつながり

日本の親子関係の特徴の1つとして,従来から高齢者が成人した子どもと同居すると,別居している子どもとの交流が相対的に低下することが指摘されています（湯沢,1972）。他方,欧米では高齢期に子どもと同居する比率は日本と比較すると低い傾向にありますが,その一方で,別居している子どもたち（別居子）との交流は日本より頻繁にされています。

国際比較調査（内閣府,2011b）によると,アメリカ（「同居している子どもがいない」割合が84.8%）,スウェーデン（同97.6%）などでは子どもとの同居率がきわめて低い一方で,別居子のいる高齢者の8割以上は「週に1回以上」（「ほとんど毎日」または「週に1回以上」）別居している子どもと会ったり,電話などで連絡をとったりしています（アメリカ81.4%,スウェーデン80.2%）。一方,日本では週1回以上別居子と交流がある高齢者はほぼ半数（52%）にとどまります。しかし,今後,日本でも成人した子ども世帯との同居が減少していく中で,「別居子との交流が少ない」といわれた傾向は変化していくかもしれません。

2 サポートシステムとしての家族

子世代へのサポートの提供

高齢期に入った親と成人した子どもとの間でのサポートの授受を考えるとき,概して,子から親へのサポートの提供をイメージすることが多いのではないでしょうか。しかし,高齢期の親が成人し

た子や孫を援助する関係もあります。最近では，孫の世話を積極的にする男性高齢者が増加し，マスコミなどに注目され報道されていますが，たとえば，親が成人した子どもに経済的に支援したり，孫の世話や病人の世話，家事の手伝いをするなど，手段的なサポートを提供することは，日本だけでなく，北米，ヨーロッパの研究からも報告されています（たとえば河合・下仲，1992；Kohli, 2004；Lowenstein & Daatland, 2006）。また，親から子へアドバイスをしたり，励ましたりするなどの情緒的サポートを提供することもあります（たとえばFingerman, 2000；サポートの分類については*Column⑧*参照）。

また，一緒におしゃべりをしたり，遊びにいったり，共通の趣味を楽しんだりすることを通じて，親密な喜びを生み出す相互交流のことを**コンパニオンシップ**とよびますが（Rook, 1987；第9章を参照），成人した子どもとショッピングや旅行を楽しむなど親子間でもコンパニオンシップを形成することもあります。

最近の高齢者は以前の高齢者よりも子どもをサポートする傾向があることも指摘されています。このように親が子へサポートを提供するのは，子どもがサポートを必要としている場合だけでなく，親がいずれ子どもに頼る可能性があることを見越して「投資」している場合や，子どもの成功が自分の子育ての成功を反映していると認識する（これは「**拡張した自己**」とよばれている）場合などにみられることが指摘されています（Fingerman et al., 2009）。

親子間でのサポートの授受の時間的変化

親子間でのサポートの授受は時間の経過とともにどのように変化していくのでしょうか。

縦断的に検証された研究はまだ多くありませんが，シルバーシュタインら（Silverstein et al., 2002）は，親子間での長期間にわたるサ

ポートの**互恵性**（与えられたサポートに対して返報しようとする傾向）を検討しています。子どもが青年期・若い成人期に親から受けた情緒的な親密さ（愛情），共に活動する時間（時間），経済的援助（金）を測定し，その後，縦断的に測定しました。そして中年期に入った子どもが高齢の親に提供しているサポートとの関係を調べ，互恵性のメカニズムを将来への「投資」「保険」「利他性」の3つのメカニズムから検証しました。その結果，親と共に活動する時間が長かった子どものほうが，親へより多くのサポートを提供し，青年期に経済援助を親から受けていた子どもたちは，親が歳をとるにつれてサポートを提供する割合が高まりました。また青年期に親と強い情緒的な親密さがあった子どもほど，高齢期に入った母親の健康状態がよくない場合（身体機能の障害がある場合），母親をサポートしていたことが報告されています。また，親からサポートを受けていない子どもたちも，親が高齢になると親へサポートを提供するようになることが示されました。

　彼らはこの結果を受けて，活動時間を共有することが親への直接的返報を生みだしていることは「投資」的戦略の特徴であり，若い頃の経済的支援がその後の返報を生みだしていることは「保険」的戦略の特徴であること，そして若い頃に体験した親との情緒的なつながりがあった者が，その後，健康状態がよくない母親に対してより多くのサポートを提供していることは，子どもの親に対する道徳心に基づいたものではないかと指摘しています。そして子どもの時に受けたサポートの有無にかかわらず，親が高齢になると成人した子どもがサポートを提供するようになるのは，高齢の親のニーズに応えようとする子どもの「利他性」，さらには「子どもとしての責務」のためではないかと述べています。

このように子どもの親への援助に対する動機づけは若いころの家族との体験に根差し,かつ長期間の互恵性を保障する潜在的な社会的契約(「子どもとしての責務」や「利他性」)によって導かれており,こうした長い時間を経て援助と返報が行われることが,友人関係など他の社会関係とは異なる,家族内の世代関係にみられる互恵性の特徴であると指摘しています。

高齢期のソーシャルサポート:サポートの受領

高齢期にサポートが必要となった時,高齢者は誰にそれを求めるのでしょうか。
日本の高齢者は,情緒的サポート,手段的サポートともに,その提供者として同居家族(配偶者や子どもなど)を選好する傾向が強く,次いで別居子が選ばれることを報告しています。

他方,親族や近隣・友人に対しては,ある程度の情緒的サポートは期待しますが,負担の軽い日常の用事以外の手段的サポートは期待していないことが報告されています(Koyano et al., 1994)。また女性の場合は配偶者がいても,子どもをサポート源にする人も多くみられますが,男性の場合は配偶者に集中する傾向がみられます(小林ら,2005)。

配偶者や子どもは高齢者にさまざまなサポートを提供していることから「百貨店型」(前田,1999)のサポート源とよばれたりもします。また,特に手段的サポートに関しては近隣・友人などは配偶者・子ども(とくに同居子)との補完関係が示されにくい実態が報告されています(*Column⑥*参照)。

しかし,本章の最初に示したように,今後,一人暮らしになる高齢者は増加していくことが予測されています。一人暮らしの高齢者が配偶者や子どもがいなくても,必要なサポートを受けられる体制

Column⑥ 階層的補完モデルと課題特定モデル

　理論的には，サポート源については**階層的補完モデル**（hierarchical compensatory model；Cantor, 1979）と**課題特定モデル**（task-specific model；Litwak & Szelenyi, 1969）が提案されています。

　階層的補完モデルでは，高齢者のサポート源には階層的な序列があり，課題の内容にかかわらず，階層順位の高い他者（多くの場合は配偶者や子ども）からのサポートを求め，それが十分得られないときには，階層順位の低い他者（たとえば，その他の親族，友人・近隣の人など）が代替として，補完的な役割を果たすとしています。一方，課題特定モデルでは，課題の内容により，誰からサポートを得るかを選択するとしています。

　これらの理論は元来，相対立するモデルとして提案されたものですが，これまで，どちらの理論を支持する結果も報告されている一方で，どちらか1つの理論ですべてのサポートに関わる社会関係を説明することは難しいことも明らかになってきました。たとえば，配偶者と配偶者以外の同居家族の間では階層的な補完関係が認められますが，大事なことを頼むなど負担がかかること（手段的サポート）に関しては，別居子や親族，友人や近隣の人との間では補完関係は認められにくいことも示されています。負担がかかるものに関しては配偶者や子どもが選ばれますが，趣味や余暇活動などの日常的な接触や関心の共有には友人が選ばれる傾向があるなど，課題特定モデルで説明できる部分もあるといえるのです（たとえば古谷野ら，1998）。

を高齢者と地域双方がどう構築していくかということは，今後さらに重要な課題の1つになっていくでしょう（一人暮らしになることで生じる可能性のある問題については，第9章も参照）。

3 高齢期の家族関係

成人した子どもとのつながり

親子関係は、概してポジティヴな関係で人生の満足感を感じたり、サポートを得たりする際の重要な資源であるといわれてきています。しかし、親子関係は複数の紐帯のネットワークとして捉えられ、ポジティヴな関係や結果だけではなく、イライラ感や葛藤などを伴うネガティヴな関係があることにも注意が向けられるべきでしょう。成人した子どもと親との関係に関しては、現在、3つの主要な視点があります。1つめは連帯感（solidarity）、2つめは葛藤（conflict）、そして3つめはアンビヴァレンス（ambivalence）です。

● **世代間連帯感**　高齢期の家族関係を理解するための枠組みとして、1970年代以降、頻繁に使用されてきたのは**世代間連帯**（intergenerational solidarity）です（Luescher & Pillemer, 1998）。長年、連帯感の理論研究と実証研究を進めているベングトソンと共同研究者たちは世代間連帯を以下の6つの側面から捉えています：①構造（家族の成員間の交流を促進／抑制する地理的距離のような諸要因）、②つながり（交流頻度や家族で一緒に行う活動）、③感情（家族の成員間の情緒的な親密性、受容、愛情など肯定的な感情）、④コンセンサス（価値観、思想、ライフスタイルなどの一致）、⑤機能（経済支援、手段的サポートの交換）、⑥規範（家族に対する義務感の強さ）です（Bengtson et al., 2002）。

実際、親子関係の研究から、大半の親子、とくに成人した娘とその母親は互いに頻繁に電話をかけたり、家を訪れたりすることが報

告されています（たとえば，Fingerman, 2000）。横断法（第6章参照）によるデータからは，親子間の親密な感情や肯定的なよい関係は，親子が共に年齢を重ねるにつれて上がっていくことが示唆されています（Rossi & Rossi, 1990）。また，こうした親子関係について，成人した子どもよりも親のほうがより肯定的に評価する傾向があります（Giarrusso et al., 2004）。

連帯感的視点は高齢期の家族関係を捉えるために，これまで最も頻繁に使用されてきた枠組みですが，しばしば家族関係をポジティヴな側面しか捉えていないと批判もされてきました。しかし，ベングトソンらはこのような批判に対して，世代間連帯感理論に葛藤の視点を取り入れたり，連帯感のネガティヴな影響に着目したりしながら，実証研究と理論の改訂を続けています。

● **葛　藤**　高齢期の家族関係を捉えるもう1つの重要な視点は**葛藤**です。葛藤研究は1990年代後半頃から注目されるようになり，葛藤や緊張関係などネガティヴな親子関係に焦点を当てています。フィンガーマン（Fingerman, 2003）は親子間の緊張感（軽いイライラ感から葛藤まで）は親子双方の**ライフステージ**から生じるニーズの対立によって派生すると考え，「**発達的対立仮説**」（developmental schism hypothesis）を提案しています。この理論によると，親子関係の対立の根底には，自立（あるいは自助）への認識と，その時々での親子関係の重要度に対する認識の相違があり，これによって多様な緊張が生まれたり，親子において緊張感に対する認識の相違（たとえば，親子の両者の関係に一方は高い緊張感を感じているが，もう一方はあまりそれを認識していないなど）が生じたりします。多様な緊張感には，大別して関係緊張と個人緊張の2つが想定されています。関係緊張は，親子がいかに相互作用し，情緒的な親密さ，凝集性，

あるいはその欠如の問題を抱えているかといったことに関わります。たとえば、親は成人した子どもよりも、より頻繁に会うことを望んだり、子どもたちが望まないアドバイスを与えたりするかもしれません。このように、関係緊張には交流頻度への不満、求めていない助言、性格の不一致、過去の親子関係の問題などが含まれます。そのような関係緊張がネガティヴな感情を生みだします。一方、個人緊張は親子のどちらかの行動、たとえば仕事、教育、経済状態、家事、ライフスタイル、健康状態などと関係します。

　実証研究からは、大半の親子は少なくとも多少の緊張感を互いに感じ（Fingerman, 2003）、父親、母親ともに、子どもが親に対して抱くよりも強い緊張感を子どもに感じていることが報告されています（Birditt et al., 2009a）。バーディットらは、これは親のほうが子どもに対して「こうあってほしい」という明確な願望をもち、それが現実になることによって自分たちの子育てが「成功した」と感じることができる一方で、充たされないとネガティヴな感情が高まるからではないかと指摘しています。また、縦断データからは、親が子どもに抱くネガティヴな感情は加齢とともに低下していくことが報告されています（Birditt et al., 2009b）。

● **アンビヴァレンス**　近年、高齢期の親子関係の複雑さを理解する有効な視点として、**アンビヴァレンス**の視点が注目されています。アンビヴァレンスは伝統的に社会学と心理学の領域で研究されてきました。リュッシャーとピルマー（Luescher & Pillemer, 1998）は高齢期の家族の世代間アンビヴァレンスを理解するには、これまで社会学で取り上げられてきた、①社会構造レベルでの矛盾（社会的な地位、役割、規範などからもたらされる矛盾した期待）と、心理学で注目されてきた、②認知、感情、動機における心理（主観）レベルで

の矛盾の2つの側面を共に捉えることの重要性を指摘し，世代間アンビヴァレンスという概念を提案しています。そして世代間アンビヴァレンスを派生させる高齢期の親子関係の3つの形態を提示しています。

1つめは依存と自立のアンビヴァレンスで，これは親あるいは子どもからの援助に対する期待と，親子関係からの自由を奪う圧力との間に存在します。

2つめは世代間関係に関する相対する規範から生じるアンビヴァレンスです。たとえば，相手との利得と損失は双方同等であるべきという対人関係の「互恵」規範と，身近な家族には相手が必要とするものは何でも「見返りを求めず」に与えるということを暗に意味する「連帯」規範という，互いに矛盾する規範からアンビヴァレンスが派生します。これは介護者が体験する矛盾を説明するのに有効です。

そして3つめは「世代間連帯」が引き起こすアンビヴァレンスです。

家族のさまざまな「連帯」（たとえば，同居，強い相互依存，頻繁な往来など）は，同時に関係性に対する強い不満や，依存されることへの苦闘，深刻な葛藤など「連帯」と対極にあるものを生起させる可能性があります。彼らは高齢者へ虐待が派生する1つのメカニズムとして，「クモの巣のように絡めとられた親子間の相互依存関係」というある種の「連帯」からくるアンビヴァレンスによって引き起こされることがあると指摘しています。このような枠組みを導入することで，彼らは親と成人した子どもの間に横たわる解決困難な矛盾を明らかしようとしているのです。

一方，コニディスとマクマレン（Connidis & McMullin, 2002）も

高齢期の家族関係を理解するには，社会構造と個人の行動の双方に注目することの重要性を指摘しています。彼らは社会学的アンビヴァレンスを「個々人の社会関係の中に出現する，社会的に構造化された矛盾（他者との相互作用の中で個人が体験している，構造的につくりだされた矛盾）」と再定義し，社会構造と個人の行動とを関連づけて，家族の中の世代間関係の多様性を記述することを提案しています。

このように，これまで心理学や社会学の多くの研究者から取り上げられてきたアンビヴァレンスの概念を整理し，拡張させ，高齢期の親子関係（世代間関係）の複雑さをより的確に捉えようという研究が進められてきています。世代間でのアンビヴァレンスの研究を実証的に進めていくには，適切な測定法の開発なども必要になってきますが，高齢期の家族のダイナミズムを捉える有効な枠組みとして，いま，注目されています。

親子関係とウェルビーイング

子どもとのつながりは，高齢者のウェルビーイングにとってさまざまな意味をもちます。ポジティヴな感情もネガティヴな感情も，アンビヴァレンスな感情も醸成される親子関係では，単純に交流頻度が上がれば，必ずウェルビーイングがあがるというわけではありません。

成人した子どもとの関係で，温かい情緒的な交流があると高齢者のウェルビーイングが高められ，その影響は友人との情緒的な交流よりも大きいことはメタ分析からも示されています（Pinquart & Sörensen, 2000）。

一方，ネガティヴな感情や，アンビヴァレンスな感情を伴う親子関係があると，高齢者の抑うつ傾向が高まったり，人生満足度が低減したりするなど，ウェルビーイングを引き下げる効果があること

Column⑦ 家族関係を包括的に捉える

　高齢期の家族関係とウェルビーイングとの関連を検討する実証研究では、これまで比較的シンプルな分析（たとえば、複数の子どものうち一人を特定して、その子どもとの関係を分析するなど）が多くみられました。しかし近年、統計手法の進展などもあり、より複雑で、さまざまな関係を包括的に捉えた分析結果が報告されるようになってきています。

　ワード（Ward, 2008）は高齢の夫婦と子どもたちとの関係と、幸福感との関連性を詳細かつ包括的に検討しています。ワードの研究からは、交流の頻度やサポートの交換の程度よりも、親子関係の質（良好でポジティヴな関係と捉えているか、あまりよくなくネガティヴな関係と捉えているか）のほうが幸福感と関係が強いことが示されました。さらに、ポジティヴな関係よりもネガティヴな関係のほうが幸福感に与える影響が強く、特に一人でも関係がよくない子どもがいると（全員であればより強く）、幸福感を下げる傾向が示されました。また、母親は父親と比較して、（複数いる場合には）どの子どもに対しても、交流頻度や支援の交換をより多く報告し、関係も良好であると報告する傾向がある一方で、子どもとのネガティヴな関係が幸福感に与える影響は父親、母親との間に相違はなく、父親、母親双方の幸福感を低下させる働きをしていました。

　子どもは最も身近で、大切な存在であるがゆえに、時には心配のもとになり、ときには大きな幸福をもたらす存在にもなる、それは子どもが成人しても変わりなく、生涯継続するのかもしれません。

が報告されています。またその効果はポジティヴな関係の効果よりも大きいことを指摘する研究もあります。

　さらにネガティヴな関係よりもアンビヴァレンスな関係のほうが、ウェルビーイングをより低下させる作用があることを報告する研究もあります（Uchino et al., 2004）。この結果については、アンビヴァレンスな関係はネガティヴな関係やポジティヴな関係よりも予測さ

れにくいため，ストレスが誘発されやすいのではないか，あるいは，アンビヴァレンスな関係があると，サポートが最も必要とされるときに，サポートが速やかに提供されにくくなるのではないかと考えられています。

> 配偶者とのつながり

これまで高齢期の家族研究では，主に高齢者と成人した子どもとの関係に焦点が当てられてきました。そのため配偶者との関係に着目した研究は必ずしも多くありません。本項では，高齢期の配偶者とのつながりに関して，比較的多くの研究が行われている婚姻状態（既婚，未婚，離婚，死別）とウェルビーイングの関係について取り上げます。

● 配偶者の有無とウェルビーイング　家族とウェルビーイングとの関係については，成人した子どもとのウェルビーイングとの関係とともに，配偶者の有無とウェルビーイングとの関係にも焦点が当てられてきました（George, 2010）。先行研究からは概して，婚姻状態が高齢者のウェルビーイングに関連することが報告されています。ディーナーら（Diener et al., 2000）は45カ国，5万9000人以上の成人を対象にした調査データをもとに，配偶者がいることは高齢期のウェルビーイングを高めることを報告しています。また，ピンカートとゾレンゼン（Pinquart & Sörensen, 2000）はメタ分析を通じて，配偶者がいる高齢者のほうが，配偶者のいない高齢者よりもウェルビーイングが高いことを示しています。もちろん一人暮らしの高齢者がみな，ウェルビーイングが低いわけではありません。しかし平均値で比較するとこのような差が報告されています。

● 死別・離婚後の適応　また，死別と離婚は人生のさまざまな出来事の中で最もストレスフルな体験です（Holmes & Rahe, 1967）。図8-1では，死別，離婚前後の人生満足度の変化を示しています。

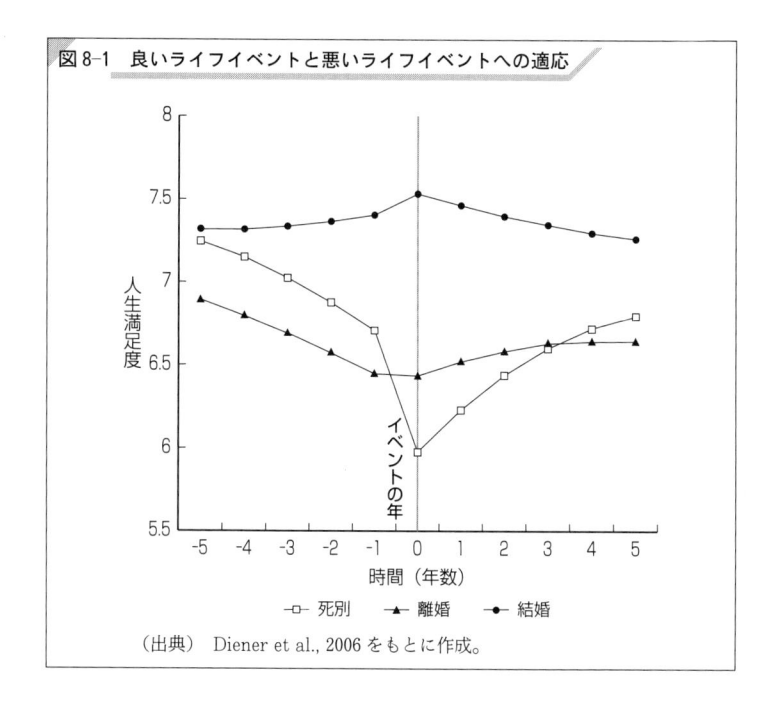

図8-1 良いライフイベントと悪いライフイベントへの適応

（縦軸：人生満足度、横軸：時間（年数）、イベントの年を0とする）
凡例： -□- 死別　-▲- 離婚　-●- 結婚

（出典）Diener et al., 2006 をもとに作成。

　ある研究では，配偶者と死別すると，直後にウェルビーイングが急激に低下することが示されました。その後，徐々に回復していきますが，死別以前の状態に戻るには数年の時間が必要でした（Lucas et al., 2003）。離婚の場合も，離婚する数年前からウェルビーイングが低下していきます。離婚後，緩やかに回復していきますが，やはり離婚前の状態に戻るには数年の時間を必要としました（Lucas, 2005）。死別や離婚の直後に体験されるウェルビーイングの落ち込みは，その後の個人の努力や周囲のサポートによって回復させることができます。しかし，それには，ここで示したように比較的長い時間が必要です。

きょうだいとのつながり

寿命の伸長とともに,親子の関係同様,きょうだいの関係も長くなります。また今後,一人暮らしの高齢者が増加する傾向があることも考慮すると,高齢期の**きょうだい関係**は,これまでよりいっそう重要になってくるかもしれません。たとえば,近年,高齢期になって,あらためてきょうだいとの関係に意識が向かい,きょうだいで旅行へいったり,おしゃべりを楽しんだりする姿を見聞きするようになってきました。今後,きょうだいとの関係においても高齢期に一緒におしゃべりをしたり,遊びにいったり,共通の趣味を楽しんだりすることを通じて,親密な喜びを生み出すコンパニオンシップが築かれることが多くなっていくかもしれません。一方,もう1つ別の可能性として,きょうだい関係が今後,相互の介護関係に転化するかもしれません(直井,2010)。長寿化,高齢者世帯構成の変化などから,今後,高齢期のきょうだい関係の在り方にも変化が生じる可能性があります。

*

本章では,高齢期の家族についてみてきました。ここまでみてきたように,高齢者個人にとって,配偶者(あるいはパートナー),子ども,きょうだいは大切な存在であり,それぞれが異なった重要性をもって存在していることがうかがえます。一方,本章では介護は取り上げませんが,介護は家族にとってたいへん大きな問題です。家族介護,**老老介護**(高齢になった子どもがより高齢の親を介護する,高齢者が配偶者を介護する),男性介護者の増加,介護と関わる虐待などさまざまな課題があります。家族の介護については第13章で取り上げていますので,そちらを参照ください。

📖 読書案内

直井道子（2001）『幸福に老いるために——家族と福祉のサポート』勁草書房
- 著者は老年社会学研究の第一人者。この書は，日本の高齢者をめぐる家族関係や福祉のサポート，そして安心して高齢期を迎えるための施策の在り方について，精緻な調査データに基づいて書かれています。

第**9**章 *他者との関わり合い*

社会のサポート

　高齢期を健康で，幸福感を感じながら過ごしたいという願いは多くの人がもっている願いではないでしょうか。高齢社会が本格化し，多くの人たちが長い人生を過ごすことができるようになった現代社会において，この思いはひときわ強くなっているかもしれません。社会関係は高齢期の幸福感や健康に影響を与える重要な要因の1つとして，これまで多くの研究者たちによって検討されてきました。

　本章では，高齢期の社会関係の特徴や高齢期の社会関係と幸福感や健康との関わりについて考えていきましょう。

高齢社会が本格化している今,**サクセスフルエイジング**という言葉はときに魅惑的な輝きを放ちます。サクセスフルエイジングはエイジングに抗うこと（anti-aging）ではなく,よく生きること（aging well）であり,ここには健康で健やかに長い人生を過ごせることと,**幸福感**や充足感を感じて日々を過ごせることの2つの側面があります（Baltes & Baltes, 1990 ; Rowe & Kahn, 1987）。そして,社会関係はこのサクセスフルエイジングに広く,深く関わります。長年,高齢者研究では,高齢期の社会関係の特徴とともに,高齢者の社会関係が健康や幸福感にどのように影響を与えるかに関心がもたれ,研究されてきました。

1 社会関係の捉え方

　社会関係を考えるとき,社会関係のさまざまな側面を理解しておくことは重要です。なぜなら社会関係には多様な要素があり,各要素が高齢者の幸福感や健康に与える影響も,加齢による変化の仕方もそれぞれ異なるからです。

　　　　　　　　　　　　社会関係を構造,あるいは量的な側面から
ソーシャルネットワー　　客観的な指標をもとに捉える概念として
ク　　　　　　　　　　「**ソーシャルネットワーク**」があります。たとえば,交流のある人（基本的には親しい人）の人数,交流のある人の年齢,性別,その人との役割関係,知り合った年数,住居場所の近さ（居住近接性）,交流頻度（会う頻度,電話やメールのやりとりの頻度など）といった指標から,その人のソーシャルネットワークを捉

えることができます。しかし，そこには関係の内容や質的な側面についての情報は含まれません（Antonucci, 2001）。

ソーシャルサポート　社会関係の質や内容を捉える指標には「**ソーシャルサポート**」があります。どのようなサポートなのか，誰からのサポートなのか，実際にもらったサポートか，それとも必要になったときに，サポートが得られるという確信か，自分がサポートを受けるのか，それともサポートを提供するのか，ソーシャルサポートもさまざまな角度から捉えられます（ソーシャルサポートの詳しい分類については *Column* ⑧を参照）。

ソーシャルインテグレーション　社会関係の概念を拡張して，社会参加や社会的役割を含める概念としては「**ソーシャルインテグレーション**」があります。ソーシャルインテグレーションには社会活動などに実際に参加していること（行動面）とともに，そこで感じる社会的役割への同一視や公共性の感覚（認知面）が含まれます（Brissette et al., 2000）。

さらにソーシャルインテグレーションは，個人レベルと環境レベルの双方の文脈から捉えることができます。個人レベルでは，地域での役割を通じた社会構造との関わり（たとえば，ボランティアや教会での活動への参加など）から捉えることができ，環境レベルでは，地域住民とのつながりや，地域を改善したり保全したりするための地域での取り組み，また地域を基盤とした相互交流の継続的にみられるパターンなどから捉えることができます（George, 2010）。

こうした知識をもとに，高齢期の社会関係の変化の特徴や，社会関係と幸福感，健康との関わりについてみていきましょう。

Column⑧ ソーシャルサポートのいろいろ

ソーシャルサポートにはさまざまな分類があります。

どのようなソーシャルサポートか,その内容に焦点を当てると,ソーシャルサポートは「**手段的サポート**」「**情緒的サポート**」「**承認サポート**」「**情報サポート**」などに分類できます。手段的サポートは仕事を手伝う,看病する,お金を貸すなど,実際の具体的な支援が含まれます。情緒的サポートには愛情や共感,思いやり,励ましなど相手を情緒的に支える行為が含まれます。また承認サポートには価値観や行動を肯定するようなフィードバックが,そして情報サポートには問題解決のためのアドバイスや情報が含まれます。

一方,誰から与えられたソーシャルサポートか,そのサポート源から分類する方法もあります。その場合,ソーシャルサポートを与えるのが家族や親族(配偶者,子ども,孫,きょうだいなど)からのサポートか,友人や知人(隣人,知り合いなど)など非親族からのサポートかなど,サポートを提供する相手によって分類されます。

さらにソーシャルサポートは,具体的に何か問題が生じたとき,実際に受け取ったサポートなのか,それとも必要になった際に,サポートを受け取ることができるという,ある種の信頼感なのか,といった観点から分類されることもあります。前者は「**受領したサポート**」,後者は「**知覚されたサポート**」とよばれます。問題が生じたときに受領したサポートだけでなく,何かあったときは「支えてもらえる」という知覚されたサポートも幸福感や健康に影響を与えます。一方,サポートは受けるだけではなく,他者に与えることもあります。これは「**提供されたサポート**」とよばれます。

2 高齢期の社会関係

●加齢による変化

歳をとるにつれ,社会関係はどう変化するのでしょうか。たとえ

ば、高齢期になると配偶者や友人等との死別により、社会関係は小さくなっていくだけなのでしょうか。誰かにサポートを提供することはなくなるのでしょうか。

社会関係は縮小するか増大するか

理論的には、1960年代に**離脱理論**（表3-2参照）が提案され（Cuming & Henry, 1961）、高齢期に社会関係が縮小していくことが説明されました。

また、カーステンセン（Carstensen, 1995）は**社会情動的選択性理論**（第7章5節も参照）から、加齢による社会関係の変化について説明しています。この理論によると、時間展望が狭まり、人生に残された時間を意識するようになると、人はさまざまな情報を獲得したいという動機づけから、情動の満足感を得て人生の意味を感じることに主眼をおく動機づけへと変化するようになります。そのため人間関係も幅広い人間関係から意図的にネットワークを縮小し、満足感やポジティヴな感情を充足させることができる人間関係を選択するようになるのではないかと仮定しています。

この理論では、高齢期に人間関係のネットワークは縮小することを予想していますが、それは単なる消極的な現象ではなく、むしろ高齢者自身がより質の高い、良好な関係のみを維持するためにとった積極的な行為の結果でもあると捉えています。また、すべての社会関係の側面が一律に年齢とともに変化することは仮定しておらず、たとえば高齢者は自身のソーシャルネットワークの周辺にいた人たちとのつながりや、その人たちからのサポートを失う代わりに、より親密な近しい関係にある人たちとのつながりをいっそう深め、その人たちからより多くのサポートを得ることがあるというように、社会関係の側面によっては減少とともに増大もあることを想定して

います。

社会関係の側面によって異なる加齢変化

実証研究からは，ソーシャルネットワークとソーシャルサポートの加齢による変化はどのように示されているでしょうか。横断法による年齢差の検討，縦断法による加齢曲線の検討（横断法と縦断法については第6章参照），そして最近では，社会関係の変化における，一人ひとりの変化の相違（個人内変化の個人差）の検討もされています。このような研究から，高齢期の社会関係はすべての側面が加齢とともに一律に縮小するのではなく，社会関係の側面によって変化の方向性（増加，低下，安定）が異なること，また集団で捉えると一定の傾向が示される場合でも，個々人の変化に着目すると変動の仕方に多様性があること（個人差）があることがわかってきました。

● **ソーシャルネットワークの変化**　ソーシャルネットワークの加齢変化に関しては，大きな傾向として，子どもや配偶者との関係はあまり変化が示されませんが，きょうだいとの関係はやや安定性に欠け，変化する傾向があります。一方，友人などの非親族との関係は変化しやすく，ネットワークの規模の縮小や交流頻度の減少が起こりやすいことが報告されています（たとえばShaw et al., 2007）。また，ネットワークの成員との交流頻度に関しては，通常は加齢とともに頻度が低減していく傾向が認められます。しかし，病気など何か重要な出来事が発生すると，交流頻度は高まります（Antonucci, 2001）。

● **ソーシャルサポートの変化**　ソーシャルサポートはどうでしょうか。ソーシャルサポートに関しては，概して，高齢になるほど手段的サポートの受領は増加し，自分が他者へ提供するサポートは低

下する傾向が示されています（たとえば，Baltes & Mayer, 1999）。これは高齢期になり，健康状態の変化や身体機能の低下などによって，手段的サポートを受け取る必要性が増すとともに，若い頃のようには他者へサポートを提供しにくくなることを反映していると考えられます。

　一方，情緒的サポートや知覚されたサポートについては，比較的安定して，変動が少ない傾向にあることが報告されています（たとえば，Shaw et al., 2007 ; Takayama et al., 2009）。

● **社会関係の変化における個人差**　しかし，上述したように，集団で捉えると一定の傾向が示される場合でも，個々人の変化に着目すると，社会関係の変化は一人ひとり異なります。この個人差は何を示唆しているのでしょうか。子どもの独立，配偶者や友人等との死別，また自分や家族の身体機能，認知機能，健康状態などの変化によって，社会関係は変化したり（たとえば，ソーシャルネットワークが縮小するなど），変化を迫られたり（たとえば，これまで必要なかった手段的サポートを必要とするなど）します。そして高齢者はその変化に適応するために，これまでの社会関係を変容させたり，新しい社会関係を築いたりします。子どもの独立や近親者との死別などのライフイベントといつ遭遇するかはライフコースの時期（成人期，高齢期など）とある程度関係しますが，実際に，それがいつ，どのように現れるかは人によって異なります。そうした違いが社会関係の変化における個人差として現れるのです。

3 社会関係と幸福感

　人は時には対人関係でイライラさせられたり，不快になったりすることもありますが，他者との温かい交流を通じて幸福感を感じたり，健康でいられたりします。それは高齢期においても同じです。本節では高齢期の社会関係が幸福感へ与える影響について，まずは大局的に見ていきます。そして次に，社会関係のうち，友人関係，ソーシャルサポートの種類，サポートの提供など，幸福感との関わりにおいて特徴的な傾向をもつ社会関係を取り上げながら，より詳細に**社会関係と幸福感**との関わりについてみていきましょう。

社会関係と幸福感

　まずはじめに，社会関係と幸福感との関係を大局的にみてみましょう。概して，社会関係の量的側面であるソーシャルネットワーク（ネットワークの大きさや交流頻度）は大きいほど幸福感を高める傾向があります。またそれ以上に，社会関係の質的な側面であるソーシャルサポートは高齢期の幸福感を高めることが多くの研究から報告されています。他者とのつながり（ネットワーク）が存在することもさることながら，関係の質が幸福感により影響することは，私たちの日常の人間関係を顧みても納得できるでしょう。しかし，社会関係と幸福感の関わりを詳細にみていくと，さらに多様な関係性がみえてきます。

高齢期の友人関係と幸福感

　第8章でも取り上げていますが，高齢期の幸福感は家族との関係とともに語られることが多く，実際，高齢者にとっての家族（配偶者や成人した子どもなど）は幸福感を高める源の1つです。特に

成人した子どもとの情緒的な関わりは，友人とのそれよりも高齢者の幸福感を高める働きがあります。しかし，交流頻度という視点からみると，友人と交流する頻度の多さは，成人した子どもとのそれよりも高齢者の幸福感を高めます（詳しくは Pinquart & Sörensen, 2000 のメタ分析を参照）。さらに，友人との交流は孤独感を低下させる効果もあり，その効果は家族との交流の効果よりも大きいことが示されています（詳しくは Pinquart & Sörensen, 2001 のメタ分析を参照）。交流頻度という視点から社会関係を捉えると，友人との交流は成人した子どもとの交流よりも，高齢者のウェルビーイングを高める傾向があるのです。

　友人との関わりが高齢期の幸福感を高めるのはなぜでしょうか。友人関係と比較して，家族の関係には構造的に決められている側面があり，かつ文化的規範などから義務的要素が生じやすくなります（Bengtson et al., 1985）。一方，友人関係はより自発的な関係で，互いに友人と認めて成り立つ関係であるため，友人がいるということで自分が肯定されている感覚がもたらされ，高齢者の幸福感や自尊心を高める作用があるのではないかと考えられています。また，友人は子どもや孫と異なり，同世代であることが多いため，共通した価値観や人生経験，ライフスタイルを共有しやすい傾向があり，それが高齢者の満足感を高めている可能性もあります（Pinquart & Sörensen, 2000）。さらに，あまり心地よくない関係の友人とは次第に疎遠になり，高齢期には比較的良好な関係にある友人が存在しやすいことも考えられます。いずれにしても，これまでの実証研究から，成人した子どもとの関係だけでなく，友人との関係が高齢者の生活の質を向上させるうえで重要な役割を担っていることがわかります。

> **受領したサポートと知覚したサポート**

先ほどソーシャルサポートが高いと幸福感が高まると述べましたが，実際に受領したサポートと知覚されたサポートでは，幸福感に対して異なる関係性が示されています。受領したサポートについては，受領したサポートによって幸福感が高まる場合と，逆に幸福感を低下させる場合があります。なぜこのようなことが起こるのでしょうか。1つの可能性として，実際に必要性が生じ，受領したサポートであっても，サポートの与えられ方によっては，自分の能力の低下を強く感じさせられたり，自尊心を傷つけられたりする場合があることが考えられます。そのような場合，たとえ必要なサポートを受領する場合でも，幸福感に負の影響を与えてしまいます。このことは，高齢者にサポートを提供するとき，相手の自尊心を傷つけないように，私たちは十分に注意して接する必要があることを示しています。また，互恵性（与えられた援助に対して返報しようとする傾向）の観点から考えると，返すことができない状況でサポートを受け取ることで，幸福感や自尊心が低下することも考えられます。

一方，知覚されたサポートと幸福感の関係については，一貫して正の関連性が報告されています（Antonucci, 2001）。知覚されたサポートとは，いざという時，手段的サポートや情緒的サポートを受けることができるという認識であり，信頼感です。健康や身体機能，認知機能の低下に対する潜在的な不安がある高齢期に，「いざというときは頼れる」という信頼感は何にも増して安心感やこころの安定を与えるものになります。知覚されたサポートと幸福感の関係は，高齢者の支援を考える際，高齢者本人が信頼感や安心感を得られるような信頼関係をつくることへの配慮の大切さを示しています。

> **与えることがもたらす幸福感**

さて、これまでソーシャルサポートに言及するときは、高齢者が他者からサポートを「受け取る」ことを前提にみてきました。しかし、人はサポートを受け取るだけでなく、誰か困っている人がいたら、助けてあげたり励ましてあげたりする、つまりサポートを「提供する」こともあります。サポートの提供に関する研究は、受け取るサポートの研究に比べると多くはありませんが、高齢期において、サポートの提供はサポートを受け取ること以上に幸福感を高める働きがあることがいくつかの研究から報告されています（たとえば、Thomas, 2010）。

高齢期には、相対的には受け取るサポートが増え、提供するサポートが減少する傾向があります（本章第2項参照）。とくに80歳代、90歳代になると、その傾向がいっそう、高まることが予想されます。実際に、70歳から100歳以上の高齢者を対象にしたベルリン加齢研究（Berlin Aging Study：BASE）では、85歳以上の高齢者は周りの人を手助けすることよりも、手助けしてもらう機会のほうが増えていました。しかし、一方で、85歳以上になってもなお、周囲の人たちをサポートしている高齢者がある一定の割合でいることを報告しています（Baltes & Mayer, 1999）。また、東京都内に在住する85歳以上を対象に行われた幸福感の調査では、高齢者の幸福感はソーシャルサポートを受け取るだけでなく、サポートを提供することとも関係していて、自分も周囲の人たちへサポートを提供していると回答した高齢者のほうが幸福感が高いことを報告しています（Takayama & Smith, 2011）。これらの研究は、高齢者はサポートを受けるだけの受身の存在ではなく、サポートを提供する存在でもあり、実際にサポートを提供することが高齢者自身の幸福感につな

がっていることを示しています。歳を重ねるにつれて，人は周りの人たちに助けてもらう機会が増えていきますが，その一方で，高齢期においても，自分も周りの人たちの支えになっているという体験は幸福感や自尊心を保つことに重要な役割を果たしているのです。

コンパニオンシップと幸福感

人は他者との関係を通じて，誰かに理解されたい，受けいれられたい，同じ時間や空間を共に楽しみたい，このような欲求をもっています。この機能を果たすのが**コンパニオンシップ**です。ソーシャルサポートは，基本的に個人の問題を解決するために，他者から得られる支援に重点があるのに対して，コンパニオンシップは親密な喜びを生み出すための相互交流といえます（Rook, 1987）。一緒におしゃべりをしたり，遊びに行ったり，共通の趣味を楽しんだりする，このような交流を通じて，人はさまざまなポジティヴな感情を感じたり，寂しさなどネガティヴな感情を低減させたりすることができます。内閣府（2009）の調査（「高齢者の地域社会への参加に関する意識調査」）によると，高齢者全体ではおよそ8割の人が生きがいを感じていましたが，友人がいない人に限ると約4割，近隣との付き合いがない人では約6割にとどまっていました。他者との交流は生きがいといった高齢者の内面にも影響をもたらしていることがわかります。

4 社会関係と健康

> **ストレスをやわらげる社会関係の効果**

社会関係は幸福感だけでなく，**ストレス**や**身体的健康**にも影響を与えます。社会関係がストレス状況に対してどのように影響するかについては次の2つのモデルが考えられています。1つは，直接効果（ストレスの程度に関係なく，ストレス低減に効果がある），もう1つは緩衝効果（大きなストレスに直面してもストレスの影響が大きくならないようにする効果があるが，ストレスがない，あるいは小さい人には効果がない）です。

信頼できる他者が適切な支援をしてくれるという認識，すなわち知覚したサポートにはストレスに対して緩衝効果があることが報告されています（Cohen & Janicki-Deverts, 2009）。他者が必要な資源を提供してくれるという信頼感は，その人の知覚された**コーピング（対処）能力**を高め，状況の評価を変え，ライフイベントなどのストレッサーが健康へ与える影響を低減させることが考えられます。また，サポートが手中にあるという感覚は，それだけでライフイベントに対する心理的，身体的ストレス反応を低下させる効果があることが考えられます。

> **ソーシャルインテグレーションの直接効果**

一方，**ソーシャルインテグレーション**は健康に直接効果をもたらすことが示唆されています（Cohen & Janicki-Deverts, 2009）。たとえば，ソーシャルインテグレーションが高い者（この研究では，結婚し，家族や友人と親密な関係をもち，社会活動や宗教活動に参加して

いる者）は，ソーシャルインテグレーションが低く孤立している傾向にある者と比較して生存率が高かったことが報告されています（Berkman & Syme, 1979）。このほかにも心臓発作後の生存率の高さや，がんの再発率の低さ，うつや不安の低さ，加齢による認知機能の低下しにくさなどにもソーシャルインテグレーションは関係があることが報告されています（展望論文ではCohen et al., 2000）。

　ソーシャルインテグレーションが健康へ直接効果をもつ理由については，長年，社会関係と健康に関する研究に関わってきたコーエン（Cohen, 2004）が，社会的役割への責任意識や仲間からの影響によって，健康的な行動をとる傾向が高まることを指摘しています。また役割期待に応えることで，アイデンティティの感覚や人生の意義，目的意識が高められたり，さらに他者との交流を通じて，ポジティヴな感情を高め，ネガティヴな感情を抑制するような情動調整が促進されたりすることも関係しているのではないかと述べています。コーエンたちの研究は一般成人を対象にしたものも多く，必ずしも高齢者のみを対象にしているわけではありません。しかし，高齢者の社会関係と健康を考えるにあたり多くの示唆を与えてくれます。

ネガティヴな関係

　これまでポジティヴな対人関係が幸福感や健康に与える影響をみてきました。しかし，対人関係にはイライラしたり，不快な思いを伴ったりするようなネガティヴな関係も存在します。ポジティヴな関係は健康や幸福感によい影響を与えますが，ネガティヴな関係は幸福感や健康へ負の影響をもたらします。ネガティヴな関係によって，うつ症状などの精神的健康へのリスクが高まったり（Ingersoll-Dayton et al., 1997），風邪をひきやすくなる（Cohen et al., 1998），心臓病に罹患しやすく

なるなど身体的健康へのリスクが高まったりすることが報告されています（Krause, 2005）。また，ポジティヴな関係が幸福感や心身の健康によい影響を与える大きさよりも，むしろネガティヴな関係が幸福感や心身の健康へ悪い影響を与えるインパクトのほうが大きいことがしばしば指摘されています（たとえば，Okun & Keith, 1998）。

このように，高齢期の社会関係は高齢者の幸福感や健康にさまざまな影響を与えます。そして，これまでの研究結果は，高齢期においても社会や他者との関わりをもつことが健やかな高齢期を過ごすための重要な要素の1つであることを示しています。

それでは実際に現在の日本の高齢者はどのように他者との関わりをもっているのでしょうか。本章の最後に，日本の高齢者の友人や近隣の人との関わりや，コミュニティでの社会活動への参加についてみてみましょう。

5 高齢者の社会参加

現在，日本では高齢者の**社会参加**が年々増加しています。政府は1988年度からほぼ5年ごとに「高齢者の地域社会への参加に関する意識調査」を実施しています。2008年度に実施された調査（内閣府，2009）では，なんらかの活動へ参加している高齢者は全体の約6割（59.2%）に達し，20年前（36.4%）と比較すると22.8ポイントも増加していました。参加者が多い活動内容をみると「健康・スポーツ」（30.5%），「地域行事」（24.4%），「趣味」（20.2%），「生活環境改善」（10.6%），「教育・文化」（9.3%）と続きます。都市の規模別（大都市，中都市，小都市，町村）でみると，規模が大きいほど「趣

味」が多くなり，小さいほど「地域行事」への参加が多く，また男女別にみると，男性は「健康・スポーツ」「地域行事」，女性は「趣味」活動への参加が多くなります。

これらの活動を今後も続けたい（あるいは今後は参加したい）という人たちは，「生活に充実感をもちたい」「お互いに助け合うことが大切」「健康や体力に自信をつけたい」「地域社会に貢献したい」「新しい友人を得たい」といったさまざまな動機から活動を続けて（あるいは参加を希望して）います。そして，実際に活動を続けてみると，約6割の人たちは「新しい友人」ができ，およそ半数の人が「生活に充実感がもてるようになった」と感じていました。また約4割が「健康や体力に自信」がつき，約3割の人が「地域社会に貢献できた」と感じていました。このようになんらかの自主的な活動へ参加することを通じて充実感を感じたり，自信がついたり，新しい友人関係が生まれたりしています。

その一方で，近隣の人たちとの関わりは希薄になっている傾向があります。60歳以上の高齢者に近隣の人たちとの交流についてみると，「親しく付き合っている」は43.0％で，これは20年前と比較すると21.4ポイントも下がっています。一方，「あいさつする程度」は51.2％で，これは20年前より20.5ポイントも上昇しています。

また，日常的に他者との交流がなく，家族や地域とのつながりがない「**社会的孤立**」の状態で生活を送る人たちや，そうなるリスクにさらされている人たちも少なからず存在します。2010年版高齢社会白書（内閣府，2010）では，日常会話の頻度，困ったときに頼れる他者の有無，近所や友人との付き合いの程度を家族や地域社会との交流の指標として，どれくらいの高齢者が孤立状態にあるかを

報告しています。それによると、総体的には家族や友人・近隣との交流が図られていますが、属性別にみると、男性の一人暮らしでは「日ごろの会話が少ない者」が5人に2人以上、「困ったときに頼れる人がいない」が約4人に1人、「近隣との付き合いがほとんどない」が5人に1人以上と社会から孤立している者が多くなっていました。また、未婚者、離別者、健康状態がよくない者、暮らし向きが苦しい者についても孤立している人の割合が高まる傾向にあります。このような社会的孤立の状態が続くと、生きがいや幸福感が低下したり、時には社会関係があれば防げたかもしれない高齢者をターゲットにした消費者契約のトラブルに巻き込まれたり、高齢者による犯罪、孤独死につながるリスクが高まったりすることもあると、白書は警告しています。

*

　本章では、高齢期の社会関係の特徴とともに、社会関係と幸福感、健康との関わりを中心にみてきました。他者とのつながりは幸福感や健康と深く関わります。良質な社会関係が存在すると、人は健康で充実感を感じながら生活することができます。一方、そのつながりが極端に少なくなると、幸福感や生きがいが低下したり、さまざまな社会的な問題に派生したりする可能性も高まります。今後、ますます本格化する高齢社会において、私たちは地域や他者とのつながりを感じながら、互いに支え合い、安心して老いていくことができる社会をあらためて意識して形成していく必要があるのです。

📖 **読書案内**

権藤恭之編（2008）『高齢者心理学』朝倉書店
● 本書は学部生，大学院生に向けて書かれた老年心理学の体系的なテキストです。第9章では「高齢期の社会関係」を取り上げ，高齢期の社会関係の特徴や社会関係の加齢変化，そして社会関係がウェルビーイングに与える影響などがコンパクトにわかりやすく解説されています。

第10章 高齢期のこころの病気

気分・意識の障害と認知症

　「老い」は避けることができない現象です。第4章や第5章で述べたように，脳の老化は，記憶などの認知機能の低下を引き起こし，85歳を過ぎると，約40％の人が認知症になるといわれています。また，高齢期は，このような健康の喪失に加えて，配偶者や友人を亡くすことによる人間関係の喪失，退職による社会的地位の喪失，といった喪失体験を経験する時期でもあります。高齢でも，活き活きと生活している方がいる一方で，老いやそれに伴う環境の変化に適応できず，こころに問題を抱える高齢者も増加しています。
　本章では，高齢期にみられるこころの問題についてふれていきます。

1 高齢者のこころの問題

高齢者の気分の障害

気分障害とは，気分や感情の障害で，一定期間以上気分が落ち込み，何をする意欲もわかないといった**うつ病**，それとは逆に気持ちが高揚し多弁，多動などがみられる**躁病**，気分の落ち込みと高揚を周期的に繰り返す**躁うつ病**が含まれます。気分障害の中でも特にうつ病は，その発症率が高いことから，近年では社会的問題にもなっています。

図10-1は10万人あたりの気分障害受療率を年代別に示したものです（厚生労働省，2011）。気分障害の受療率は，男性よりも女性のほうが全体的に高い傾向にあります。女性では，20歳から40歳まで受療率が増加し，その後安定しますが，55歳から再度急激に上昇し，80歳でピークとなります。一方男性は，働き盛りの40歳から55歳で気分障害受療率はピークを迎え次第に減少しますが，退職後，70歳から75歳でわずかに上昇します。この図から，男性も女性も世代別では高齢期に気分障害の受療率が高い傾向にありますが，特に女性にその特徴が顕著であることが見て取れます。同調査によれば，気分障害を呈した65歳以上の高齢者は全国に34万7000人いると推計されています。

高齢期のうつ病の特徴

うつ病により気分が落ち込むと，家に引きこもりがちになり，その結果，社会生活に支障をきたします。また，身体的な病気の治療に対する意欲の低下やADL（日常生活動作；第1章参照）の低下，ひいては希死念慮や自殺にもつながるため，早い段階での治療や支援が必要となります。

図10-1 気分障害の年代別受療率

(出典) 厚生労働省，2011。

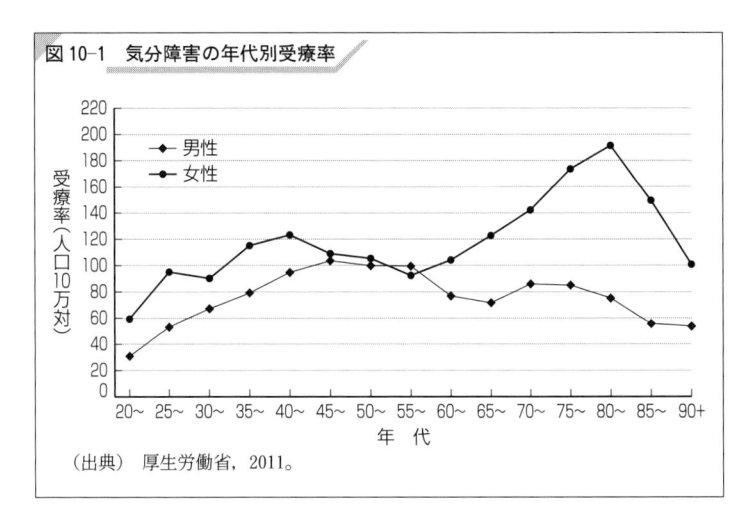

　うつ病の大きな特徴として，**睡眠障害**を挙げることができます。睡眠障害はうつ症状の結果として生じるだけでなく，睡眠障害がうつ病の原因ともなります。そのため，入眠障害や中途・早期覚醒を訴える場合は注意が必要です。

　若年者とは異なる高齢者のうつ症状の特徴は，「落ち込んでいる」「憂うつだ」といった抑うつ気分を訴えるよりも，頭痛，腹痛，腰痛，口乾といった身体症状を訴えることが多いという点です。そのため，適切な診療科を受診することができず，効果が得られない誤った治療を受ける場合もあります。また，高齢期のうつ病は，抑うつ気分を伴わず，認知症のように記憶や集中力の低下として現れることがあります。品川ら（2007）は，認知症ではない1156人の高齢者の53％の人が，物忘れが多いと感じる主観的物忘れを有していたものの，主観的物忘れと実際の記憶成績は関連しておらず，むしろ抑うつの程度が高い人ほど，主観的物忘れを多く報告したと述べています。抑うつ気分よりも，記憶や集中力の低下を訴えるうつ

表 10-1 仮性認知症とアルツハイマー病の鑑別基準

	仮性認知症	アルツハイマー病
病　識	症状や問題を誇張する	症状や問題を過小評価する 病気を否定する
抑うつ症状	症状が多い メランコリー型の特徴 不安 焦燥	症状が少ない 無気力
既往歴	気分障害の既往歴	精神障害の既往歴はない
家族歴	しばしば気分障害	しばしばアルツハイマー病
頭部 MRI	脳室拡大と皮質萎縮ははっきりしない	両側の側頭葉内側萎縮，脳室拡大を認める

（出典）吉益，2003 をもとに作成。

状態は，**仮性認知症**とよばれます。表 10-1 は，仮性認知症とアルツハイマー病の鑑別基準です（吉益，2003）。仮性認知症は，認知症で行われる治療では改善が見込めず，多くの場合，うつ病として治療することで症状が改善します。

このように高齢期のうつ症状は，症状が複雑で身体機能や認知機能の低下も引き起こします。そのため，適切な支援のためには，周囲が高齢期のうつ症状の特徴を十分に理解する必要があります。藤澤・大野（2006）は，うつ病の高齢者が医療機関を受診するのはわずかであるため，周囲がそれに気づく必要性と，医療機関や地域の相談窓口における心理教育の重要性を指摘しています。その中で来談者と信頼関係を築くための配慮として，①時間的・場所的にゆとりのある状況で話を聞く，②プライバシーに十分配慮する，③相手の辛い気持ちに共感できるよう，一定の時間は傾聴に重点をおく，④無用に励まさず，相手のペースで話を進める，⑤相手がいろいろ

な話ができるような open-ended な形で質問する，⑥具体的な問題点を明確にして解決方法を一緒に考える，などを挙げています。

高齢者の意識の障害

● **せん妄**　せん妄とは，可逆的な知覚や認知の障害，意識の混濁（意識がもうろうとする）といった症状を示す症候群のことをいいます。たとえば知覚の症状としては，壁のしみが虫に見えたりする錯覚や，存在しないものが見える幻視，認知の障害としては記憶機能の低下や時間や場所の見当識障害，意識混濁では夢と現実の区別がつかない，といった症状が出現します。

せん妄の直接的な原因としては，脳疾患や身体疾患，手術や薬物が挙げられますが，実際には1つの原因で生じるものではなく，さまざまな要因が複雑に影響して生じると考えられています。たとえば，ストレスや不安といった心理的要因，転居，入院による環境の変化，睡眠障害などがせん妄の発現を促進したり症状を増強させたりします（千葉ら，2007）。せん妄の原因となるこれらの要因は高齢期に増加するため，せん妄の発症リスクは若年者と比較して4倍以上になります（清水，2007）。

せん妄には，本人の自覚症状が乏しく，せん妄時のことを聞いても思い出すことができないという特徴があります。そのため，適切な治療を受けるには，周囲の人がその症状に気づかなければなりません。表10-2は，せん妄の発症に先行して認められる症状についてまとめたものです。

せん妄の治療・改善には，前述した心理・環境の要因を取り除くことが必要となります。なかでも夜間の睡眠障害や昼夜逆転による睡眠リズムの障害は身体症状の悪化や心理的なストレスにつながりやすく，改善のための対策が特に必要です。具体的には，薬物療法

> **表 10-2　せん妄の徴候**
>
> 1. 睡眠障害（不眠，日中の眠気，昼夜逆転，鮮明な夢，悪夢など）
> 2. 表情変化（眠そうな，あるいは攻撃的な表情など）
> 3. 思考のまとまりの悪さ（談話内容がまとまらない）
> 4. 注意の障害
> 5. 記銘力低下
> 6. 理解力低下
> 7. 病識欠如など
>
> （出典）　谷向ら，2008をもとに作成。

に加えて，夜間の睡眠が妨げられないよう音に気をつける，睡眠－覚醒リズムを改善するために室内の照度の調整や窓の設置を行う，といった環境調整が効果的だといわれています。また，不安や孤独感といった心理的なストレスを軽減するために，安心できる家族がそばにいることや，不安な気持ちを理解しようと努めるといったことが重要とされています（稲葉ら，2006）。

● **幻覚・妄想**　存在しない物や人が見えたり（幻視），鳴っていない音が聞こえたり（幻聴）する**幻覚**，周囲からみると非合理な内容にもかかわらず，訂正しようとしてもできない思い込みをもつ**妄想**といった心理的な問題が生じるリスクも高齢期では高まります。

　幻覚・妄想は，健常者でも睡眠不足や感覚遮断（周囲からの刺激が極端に少ない場合）によって生じます。このことから，高齢期にみられる幻覚・妄想の原因の基盤として，加齢に伴う脳機能や感覚機能の低下（第4章参照）が考えられます（入谷，2004）。この機能低下に加えて，せん妄と同様に心理的要因や器質的要因，環境要因が大きく関与しているため，高齢期の幻覚・妄想の症状は多岐にわたります。たとえば，レビー小体型認知症（後述）では「幻視」が，アルツハイマー病では，お金などを誰かにとられたと思い込む「物とら

れ妄想」，精神疾患が背景にある妄想では皮膚に寄生虫が這っていると思い込む「皮膚寄生虫妄想」などが生じます。

　幻覚や妄想は薬物療法による対処が一般的ですが，社会的孤立が発症率に影響するという報告もあることから（仁王・渡邊，2007），孤独を避ける環境調整や高齢期のストレスに対する心理的なサポートが必要になります。

2 認知症について

　高齢期特有の病気でまず頭に思い浮かぶものの1つに**認知症**があるのではないでしょうか。第4章でも述べたように，年齢を重ねると誰でも認知機能は低下します。ただし，認知症でみられる認知機能の低下は，加齢による認知機能の低下とは質的に異なります。たとえば，「昨日の晩ご飯に何を食べたのかを思い出せない」といった物忘れは健常な高齢者でもみられますが，認知症の記憶障害では「晩ご飯を食べたこと自体を思い出せない」と訴えます。テレビに出演している芸能人の名前が思い出せない，といった経験は誰でもあると思いますが，記憶障害では親友や子どもの顔を見て，それが誰だかわからないということが起こります。

　直近の調査報告（朝田，2013）は，現在，認知症患者が約462万人，これに加えて，認知症予備軍（後述のMCIを参照）が400万人いると推計しています。この数値は，65歳以上の4人に1人が認知症とその予備軍であることを意味しています。

認知症の定義と診断　認知症になると何が変化するのでしょうか。川畑（2005）は，認知症が疑われる行動の

第10章　高齢期のこころの病気　　187

変化として，①たんすを開けたり閉めたりするといった「無目的な行動」，②同じものを何度も買ってくる，野菜や箸を冷凍庫に入れるといった「不適切な行動」，③出かける時間のかなり前から「何時にでかけるのか」と何回も家族に聞いたりするような「出来事や予定に対する不安症状」，④物の紛失や置き忘れを家族や人の責任にしたり，人を疑ったりする，⑤料理の味や内容が変わる，といった変化を挙げています。

医学的な認知症の診断には，世界保健機関（WHO）の定めたICD（International Classification of Diseases）-10や，米国精神医学会が定めたDSM（Diagnostic and Statistical Manual of Mental Disorders）の診断基準が用いられます。ICD-10の定義を要約すると，認知症とは，「意識障害がないにもかかわらず，脳疾患により記憶，思考力，計算，言語といった多数の認知機能の低下を示し，その症状が慢性あるいは進行性である」とされています。

一方，DSMでは，認知症の定義および診断基準について2013年5月に改訂（DSM-5）があり，認知症（dementia）が「**神経認知障害**」（neurocognitive disorder：NCD）という名称に変更されました。名称変更の背景には，dementiaという用語が，高齢者においてのみ使用されており，差別的なニュアンスを含んでいたことがあります。また，神経認知障害という用語を使用することで，脳の病気が原因で生じる認知機能の障害であるということを明示するという意図もあります。神経認知障害は，症状の重さによって，大神経認知障害（major neurocognitive disorder：Major NCD）と軽度神経認知障害（Mild NCD）に区別されます。これまでの認知症は，大神経認知障害に分類され，従来の「アルツハイマー病」であれば，「アルツハイマー病による大神経認知障害」という診断名となります

(軽度神経認知障害は後述)。神経認知の障害の具体的な内容としては，注意，実行機能，学習と記憶，言語，知覚 - 運動，社会的認知の障害が挙げられており，この中の1つあるいは複数の機能が低下し，自立した日常生活が送れない場合に，神経認知障害と診断されます。特に，表情から感情を読み取る能力（**感情認知**）や他者の心的状態を理解，推測する能力（**心の理論**）を含む社会的認知は，DSM-5 で新たに加えられた認知機能です。社会的認知の障害は，たとえば，天候や社会的に不適切だと考えられる服装をしたり，明らかに他人が興味を示さない会話や社会的規範から逸脱した宗教的，政治的，あるいは性的な会話をしたりしてしまう，という形で観察されます。このような，DSM の改訂は今後の認知症の診断やケアに大きな影響を与えると考えられます。しかし，神経認知障害という用語は，現段階で広く使用されていないため，本章では，以降も認知症という用語を使用します。

認知症の診断は，問診や神経学的診断，神経心理学的診断の結果を統合して行われます。神経学的診断としては脳の萎縮や梗塞を CT (computerized tomography) や MRI (magnetic resonance imaging) で，脳血流の異常を SPECT (single photon emission computed Tomography) とよばれる脳画像装置を用い検査します。神経心理学的な検査としては，図 10-2 の Mini-Mental State Examination (MMSE；Folstein et al., 1975) や図 10-3 の改訂長谷川式簡易知能評価スケール (HDS-R) といったスクリーニング検査がよく使用されます。

HDS-R は日本では特に頻繁に用いられますが，世界的には MMSE が使用されています。MMSE と HDS-R はどちらも 30 点満点で内容も似ていますが，MMSE は動作性の検査（問い 8・9・10・11）を含むのに対して，HDS-R はそれを含んでいません。そ

図10-2 Mini-Mental State Examination (MMSE)

		検査日：平成　年　月　日　曜日		
		検査者：		

氏名　　　　　　　　　男・女　生年月日：昭・大・明　年　月　日生　歳

	質問内容	回答	得点
1（5点）	今年は何年ですか． いまの季節は何ですか． 今日は何曜日ですか． 今日は何月何日ですか．	年 曜日 月 日	
2（5点）	ここはなに県ですか． ここはなに市ですか． ここはなに病院ですか． ここは何階ですか． ここはなに地方ですか．（例：関東地方）	県 市 階	
3（3点）	物品名3個（相互に無関係） 検者は物の名前を1秒間に1個ずつ言う．その後，被検者に繰り返させる． 正答1個につき1点を与える．3個すべて言うまで繰り返す（6回まで）． 何回繰り返したかを記せ＿＿回		
4（5点）	100から順に7を引く（5回まで），あるいは「フジノヤマ」を逆唱させる．		
5（3点）	3で提示した物品名を再度復唱させる．		
6（2点）	（時計を見せながら）これは何ですか． （鉛筆を見せながら）これは何ですか．		
7（1点）	次の文章を繰り返す． 「みんなで，力を合わせて綱を引きます」		
8（3点）	（3段階の命令） 「右手にこの紙を持ってください」 「それを半分に折りたたんでください」 「机の上に置いてください」		
9（1点）	（次の文章を読んで，その指示に従ってください） 「眼を閉じなさい」		
10（1点）	（何か文章を書いてください）		
11（1点）	（次の図形を書いてください）		
		得点合計	

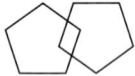

（出典）　北村，1991，36頁（元資料：Folstein et al., 1975）

第Ⅱ部　老いのこころのメカニズム

図10-3 改訂長谷川式簡易知能評価スケール（HDS-R）

(検査日：　　年　月　日)　　　　　　　　　　　　(検査者：　　　　　　　)

氏名：		生年月日：　年　月　日	年齢：　歳
性別：男／女	教育年数(年数で記入)：　年	検査場所	
DIAG：		(備考)	

1	お歳はいくつですか？(2年までの誤差は正解)		0　1
2	今日は何年の何月何日ですか？何曜日ですか？ (年月日、曜日が成果でそれぞれ1点ずつ)		0　1 0　1 0　1 0　1
3	私たちがいまいるところはどこですか？ (自発的にでれば2点、5秒おいて、家ですか？病院ですか？施設ですか？のなかから正しい選択をすれば1点)		0　1　2
4	これから言う3つの言葉をいってみてください あとでまた聞きますのでよく覚えておいてください (以下の系列のいずれか1つで、採用した系列に〇印をつけておく) 1: a) 桜 b) 猫 c) 電車　2: a) 梅 b) 犬 c) 自動車		0　1 0　1 0　1
5	100から7を順番に引いてください(100-7は？93. それからまた7を引くと？と質問する。最初の答えが不正解の場合、打ち切る)	(93) (86)	0　1 0　1
6	私がこれから言う数字を逆から言ってください。(6-8-2, 3-5-2-9 を逆に言ってもらう、3桁逆唱に失敗したら、打ち切る)	2-8-6 9-2-5-3	0　1 0　1
7	さきほど覚えてもらった言葉をもう一度言ってみてください (自発的に回答があれば各2点、もし回答がない場合、以下のヒントを与え正解であれば1点)　a) 植物 b) 動物 c) 乗り物		a : 0　1　2 b : 0　1　2 c : 0　1　2
8	これから5つの物品をみせます．それを隠しますのでなにがあったか言ってください (時計、鍵、タバコ、ペン、硬貨など必ず相互に無関係なもの)		0　1　2 3　4　5
9	知っている野菜の名前をできるだけ多く言ってください。(答えた野菜の名前を右欄に記入する。途中まで詰まり、約10秒間待ってもてない場合にはそこで打ち切る) 0〜5=0点、6=1点、7=2点、8=3点、9=4点、10=5点		0　1　2 3　4　5
		合計得点	

(出典)　加藤，1991，16頁（原著論文：加藤ら，1991）

のため，体に麻痺などがある場合には，MMSEでは点数が必然的に低くなります。MMSEでは23点以下，HDS-Rでは20点以下で認知症の疑いがあるとみなされます。しかしながら，これらの検査の実施の際には点数だけでなく，どの項目ができ，どの項目ができなかったのかに注意することが重要です。たとえば総得点が高かったとしても，時間と場所の見当識（MMSEの問い1・2, HDS-Rの問い2・3）や，短期間の保持後の記憶再生（MMSEの問い5, HDS-Rの問い7）が答えられない場合，その背景には記憶障害が考えられるため，アルツハイマー病などの認知症が疑われます。

認知症の重症度の診断には，表10-3のCDR（Clinical Dementia Rating：臨床認知症評価法；本間, 1991）やFunctional Assessment Staging（FAST；Reisberg, 1988）が使用されます。重症度の診断は，単に認知機能の障害の程度だけでなく，**BPSD**（behavioral and psychological symptoms of dementia：**認知症の行動・心理症状**）とよばれる日常生活や社会生活での行動・心理症状の問題も考慮されます。BPSDの行動症状には，攻撃，焦燥，徘徊，性的抑制欠如などが，心理症状には不安，抑うつ症状，妄想，幻覚などがあります（三好, 2004）。次節で述べますが，BPSDは認知症の種類によって出現する症状も異なります。BPSDの行動症状の評価にはDBD（Dementia Behavior Disturbance Scale；溝口ら, 1993），日本語版BEHAVE-AD（Behavioral Pathology in Alzheimer's Disease；朝田ら, 1999），CMAI（Cohen-Mansfield Agitation Inventory；Cohen-Mansfield, 1986; Cohen-Mansfield & Billig, 1986）が，心理症状の評価には，日本語版NPI（Neuropsychiatric Inventory；博野ら, 1997），DMAS（Dementia Mood Assessment Scale；Sunderland et al., 1988；溝口ら, 1993）がそれぞれ使用されています。

表10-3 臨床認知症評価法（CDR）

	健康 (CDR0)	認知症の疑い (CDR0.5)	軽度認知症 (CDR1)	中等度認知症 (CDR2)	重度認知症 (CDR3)
記憶	記憶障害なし、時に若干のもの忘れ	一貫した軽いもの忘れ、出来事を部分的に思い出す良性健忘	中等度記憶障害、とくに最近の出来事に対するものの日常活動に支障	重度記憶障害、高度に学習した記憶は保持、新しいものはすぐに忘れる	重度記憶障害、断片的記憶のみ残存
見当識	見当識障害なし	同左	時間に対しての障害あり、検査では場所、人の失見当なし。しかし時に地理的失見当あり	常時、時間の失見当、時に場所の失見当	人物への見当識のみ
判断力と問題解決	適切な判断力、問題解決	問題解決能力の障害が疑われる	複雑な問題解決に関する中等度の障害、社会的判断力は保持	重度の問題解決能力の障害、社会的判断力の障害	判断不能 問題解決不能
社会適応	仕事、買い物、ビジネス、金銭の取り扱い、ボランティアや社会的グループで、普通の自立した機能	左記の活動の軽度の障害もしくはその疑い	左記の活動のいくつかにかかわっていても、目立した機能は果たせない	家庭外（一般社会）では独立した機能は果たせない	同左
家庭状況および趣味・関心	家での生活や趣味、知的関心が保持されている	同左、もしくは若干の障害	軽度の家庭生活の障害、複雑な家事は障害、高度の趣味・関心の喪失	単純な家事のみ限定された関心	家庭内不適応
介護状況	セルフケア完全	同左	ときどき激励が必要	着衣、衛生管理など身の回りのことに介助が必要	日常生活に十分な介護を要するしばしば失禁

（出典）本間, 1991, p. 66。

> さまざまな認知症

認知症といっても、実際にはアルツハイマー病、脳血管性認知症など、その原因によっていくつかの種類に分類されます。またそれぞれの認知症で損なわれる脳部位も異なるため、出現する症状も異なります。

● **アルツハイマー病** アルツハイマー病は、脳全般にβアミロイド蛋白が蓄積し、脳神経細胞が変異あるいは脱落してしまうために起こると考えられています。脳変異は初期の段階から記憶の中枢である海馬を含む側頭葉内側部に起こり、物忘れといった記憶障害を引き起こします。ここでみられる記憶障害は、記憶能力全般が低下するのではなく、過去の出来事の記憶であるエピソード記憶が顕著に低下します（第5章参照）。脳変異は進行するに従って、側頭-頭頂葉、後頭葉、前頭葉に広がり、側頭-頭頂葉の変異によって言葉の障害である失語症や動作の障害である失行症、後頭葉の変異によって視覚認知の障害である視空間認知障害などの症状がみられるようになります。また、前頭葉の変異は病気であることを自覚する病識の低下や、自ら進んで何か行動を起こす自発性の低下（無気力）を引き起こします（田邉, 2000）。精神症状としては、抑うつや不安が強くなったり、ちょっとしたことですぐに興奮しやすくなったりすることがあります（易刺激性）。

● **脳血管性認知症** 脳血管性認知症とは、脳の血管が詰まる血管障害（脳梗塞）に関連して現れる認知症のことをいいます。血管障害は脳のさまざまな場所でみられ、その場所によって出現する認知機能の障害も違ってきます。しかし一般的には、認知症の初期から記憶能力の低下がみられます。その一方で、アルツハイマー病とは異なり、判断力や理解力、人格は比較的保たれ（**まだら認知症**）、進行しても認知症であるという認識（病識）が保たれることが多いの

が特徴です。心理症状としては無気力になり，抑うつを呈することが多く，また，妄想もみられます。

● **レビー小体型認知症**　レビー小体型認知症は，1995年にその概念が提唱された比較的新しい疾患ですが，欧米ではアルツハイマー病に次いで多く，アルツハイマー病，脳血管性認知症とともに三大認知症に挙げられています。この認知症は，大脳皮質にαシヌクレインとよばれるタンパク質から構成されるレビー小体が出現し，神経細胞の変異・脱落が起こる病気で，記憶障害を中心とした認知機能の障害が現れます。意識が清明な状態でも実在しないものが見える**幻視**が初期の段階から現れ，体がこわばったり，動作が緩慢になったりするといったパーキンソン症状がみられます（小阪，2004）。また，夢の内容に反応して寝言を言ったり，ベッドから転落したりするといったREM睡眠行動障害とよばれる症状が問題となる場合もあります。

● **前頭側頭型認知症（ピック病）**　ピック病は，前頭葉や側頭葉といった脳の中でも前部に顕著な萎縮を示すタイプの認知症です。アルツハイマー病ほか前記の疾患ほど罹患率は高くはないものの，代表的な認知症の1つに挙げられています。症状の特徴としては，早期から病識が乏しく，本能のおもむくまま「わが道を行く」行動（脱抑制）がみられ，衝動的になり暴力行為がみられることもあります。また，初期段階では，いつも同じものを食べる，何を尋ねても同じことを言う，といった常道行動が目立ち，進行すると自分からは何もしようとしない自発性の低下が生じます。味付けの濃い料理への嗜好の変化や，大食，きまった食品に固執する偏食といった食行動の異常もみられます（池田，2004）。記憶障害も出現しますが，アルツハイマー病とは異なり，エピソード記憶は保持される一方で，

意味記憶の障害が顕著です。たとえば,「利き手はどちらですか」と尋ねると「利き手って何ですか」と問い返したり (田邉, 2000),何かを指示されても, 言葉の意味がわからず行動が起こせなかったりする場合があります。

認知症の治療と予防

● **認知症の治療** 現在のところ, 認知症を完全に治す治療法はありません。しかし,薬物治療によって認知症の進行を遅らせることは可能であり, 認知症の初期段階であるほど治療効果が高いことが報告されています。つまり, 認知症を早期に発見し, 適切な治療を受けることで, 記憶障害といった認知機能の障害の進行を遅らせ, そこから派生するBPSD を予防することが可能であると考えられています。

認知症の早期発見のために注目されている概念として **MCI**(mild cognitive impairment:軽度認知障害)があります。MCI は, 健常高齢者と認知症患者の中間の状態を指し, 年齢や教育歴の水準から期待されるよりも大きな認知機能の低下, 特に記憶機能の低下を示すものの, 日常生活では目立った支障がみられない状態を意味します。MCI は表 10-3 の認知症の重症度評価法である CDR では 0.5 に相当します。MCI を呈する高齢者がアルツハイマー病になる率は 1 年ごとに約 12% 増加し, 4 年後にはそのうち約 50% が (Petersen et al., 1999), 6 年後には 80% (Petersen, 2004) がアルツハイマー病に進行することが報告されています。

MCI はもともと記憶機能の低下に着目したものでしたが, 認知症のすべてに記憶機能の低下がみられるわけではありません。したがって現在は, ①記憶機能の低下を主体とする Amnesic MCI, ②記憶機能を含む複数の認知機能の低下を示す Amnesic MCI Multiple Domain, ③記憶機能以外の注意や遂行機能といった単一の認

Column ⑨ 障害を認識することの重要性

　認知症，脳梗塞などの脳疾患による認知障害は，日常生活で大きな問題を引き起こします。しかし，日常生活の問題は認知障害に起因するものだけではありません。脳疾患に罹患すると，障害があるのにその障害を認識できないことや，障害の程度を過小評価することが頻繁にみられます（病識の低下）。この病識の低下もまた日常生活を送るうえで大きな問題となります。たとえば，記憶障害になったとしても，その障害に対する病識があれば，自分でできることとできないことを判断し，できないことは周囲に頼むことが可能です。また，一人ではできないことを無理にしようとすることもありません。逆に，病識がないと周りの家族はいつ何をするかわからないために，常に気を配る必要があります。このような状態は，家族にとって相当なストレスであるため，「なぜ同じことを何度注意してもわからないのか」と相手に辛く当たってしまいます。一方で，病識がない当事者は周囲がなぜ自分に対して辛く当たるのかがわからず困惑し，そのストレスによって気分が落ち込んだり，問題行動が助長されたりします。

　このような負のスパイラルを避けるために，当事者が適切な病識をもつにはどうすればいいのでしょうか。これは簡単なようで難しい問題です。周囲が「あなたには障害がある」と言い続けると，言われた方は自信を失い，気分も落ち込んでしまいます。できないことを責めるネガティヴ・フィードバックだけでは，なかなか問題は解決しません。言葉では問題行動を認識できない場合，その問題の場面をビデオに撮ってさりげなく見せ，問題を自覚してもらうという方法もあります。また，家族や医療従事者に指摘されてもまったく受けつけようとしないことも，同じ障害をもつ当事者から指摘されれば素直に受けいれる場合もあります。

　適切な病識をもつことができない場合でも，それが「障害の症状の1つ」であると周囲が理解することも重要です。この理解が，当事者に対する不必要にネガティヴなフィードバックを避けることにつながります。

知機能の低下を示す Non-Amnesic MCI Single Domain, ④記憶機能以外の複数の認知機能の低下を示す Non-Amnesic MCI Multiple Domain に分けて考えられています。たとえば, ①はアルツハイマー病に, ②はアルツハイマー病や脳血管性認知症に, ③は脳血管性認知症やレビー小体型認知症, ④はレビー小体型認知症やピック病に進行する可能性が高くなります。

いずれにしても MCI の段階で治療に移ることが, 認知症の予後に大きな影響を与えると考えられています。そのため, 2013年に改訂された DSM-5 では, MCI（軽度な認知障害）を症状として捉え, 軽度神経認知障害（mild neurocognitive disorder：Mild NCD）という診断名が新たに設けられました。しかしながら, MCI に診断名がつき, 治療の対象となることにはさまざまな意見があります。たとえば, 佐藤（2012）は, 認知症は「治療の対象である病気」であると同時に,「治らない病気」であるため, MCI（軽度認知障害）を治療の対象となる Mild NCD という障害として診断することは, 患者やその家族を救うものではなく, 不安を増大させるだけのものになる可能性を指摘し, 患者や家族に対する心のケアの重要性を説いています。

● **認知症の予防**　認知症の早期発見だけでなく, 認知症そのものを予防するための研究も進んでいます。キビペルトら（Kivipelto et al., 2006）は, 中高年の対象者1409人を追跡調査し, 20年後の認知症の発症率と, 年齢, 教育歴, 性別, 血圧, 肥満度指数（BMI）, コレステロール値, 身体活動, APOE（アポリポ蛋白）ε4の有無との関連を検討しました。その結果, これらの要因はすべて認知症の発症のリスクを高めていただけでなく, これらの要因を得点化し加算したスコアが最も低い群と比較してスコアが最も高い群では, 認

知症の発症率が約16％も高いという結果を報告しています。その他にも，運動不足，喫煙，偏食（コレステロール，脂肪の高摂取など）といった不適切な生活習慣とその結果起こる，高血圧，肥満，心疾患，糖尿病といった生活習慣病はすべての認知症の危険因子であることが指摘されています。また，認知症別でみると，ビタミンEの低摂取はアルツハイマー病と，過度な飲酒は脳血管性認知症との関連が報告されています。一方，認知症を予防する生活習慣としては，知的刺激を伴うレジャー，豊富な社会的交流，適度な運動，適度な飲酒，魚の摂取，ビタミンE，Cの摂取などが挙げられています（布村，2006）。認知症を予防する決定的な方法はありませんが，少なくとも生活習慣に気を配ることが，その発症のリスクを軽減するといえそうです。

読書案内

佐藤眞一（2012）『認知症「不可解な行動」には理由がある』ソフトバンク新書
　●「認知症の人は，なぜあのような行動をとるのか」「介護する人は，どのように行動すればよいのか」という認知症に関わる多くの人が抱く疑問について，さまざまな事例をふまえて，心理学の視点からわかりやすく解説しています。
日本老年精神医学会編（2004）『老年精神医学講座；総論』『老年精神医学講座；各論』ワールドプランニング
　●本章でもいくつか引用していますが，高齢期特有のこころの問題を医学的な視点から網羅した本です。医療や福祉の現場で高齢者を対象とした仕事につかれる方にお勧めします。中級。

第III部

老いて，生きる

第 11 章　超高齢期のこころ──それぞれの生き方，それぞれの人生
　第 12 章　死にゆくこころ──死生観と死のプロセス
　第 13 章　老いを共に生きるこころ──家族として，援助者として

第11章 超高齢期のこころ

それぞれの生き方，それぞれの人生

　日本を含む先進諸国では，75歳以上の後期高齢者や85歳を超える超高齢者が増加しています。さらには，人の寿命の限界に近いと考えられていた100歳を超える人もますます増加の一途をたどり，2050（平成62）年の日本では70万人に達するとも予想されています。このように，かつては想像の及ばなかった超高齢者や百寿者がきわめて多くなってきていますが，私たちはそのような人々のことをどれだけ知っているでしょうか。

　本章では，超高齢期を生きるということについて，近年の研究成果と理論を紹介するとともに，その心理的側面に迫ります。

1 現代社会の高齢化と超高齢化

　世界各国の**高齢化**が急速に進展しています。社会の高齢化の波は，もはや開発途上国も例外ではありません。キンセラとヴェルコフ（Kinsella & Velkoff, 2002）によれば，すでに1999年7月から2000年7月までの65歳以上人口の増加数の約77％にあたる61万5000人を開発途上国が占めていました。高齢化の問題は先進国に限った問題ではありません。ワンら（Wang et al., 2012）は，世界187カ国を対象として平均寿命の変遷を算出しています。世界中の男性の平均寿命は1970年には56.4歳でしたが，2010年は67.5歳と40年間で約11歳伸びました。女性は1970年時点では61.2歳でしたが，2010年には73.3歳と約12歳の伸びです。一部の先進諸国は，すでに男性で70歳代後半，女性では80歳を超える平均寿命になっていますが，187カ国の多くを占める開発途上国の平均寿命の伸びにも著しいものがあります。

　ところで，先進諸国では，75歳以上の後期高齢層（old old；前期高齢層は young old）の増加が注目されています。世界で最も高齢化が進んでいる国の1つである日本を例にとってみると，2000年の65歳以上人口は2201万人，75歳以上人口は900万人で，全人口に対する比率はそれぞれ17.4％，7.1％でしたが，国立社会保障・人口問題研究所（2013）の予測によると，2025年には65歳以上人口が3658万人（30.3％），75歳以上人口が2179万人（18.1％）となります。いずれも大きく増加するのですが，増加率は，65歳以上人口の66.2％に対して75歳以上人口は142.1％となり，後期高齢層

の増加が著しいと予想されています。

このような超高齢化の進展の中で，長寿科学の対象として研究が始められたのが100歳以上の高齢者たちです（英語ではcentenarian，本書では**百寿者**とよぶ）。

従来，百寿者はその数がとても少なかったため，種々の偶然が重なった特殊な人々だと考えられていました。また，彼らの出生日時に関する証拠があまり明確ではありませんでした。そのような理由から，これまで積極的に研究の対象とはされない傾向にありました。しかし，19世紀末以降，先進諸国が出生登録制度を充実させるようになったので，現在の85歳を超えるような超高齢者（oldest old）の年齢把握もかなり正確になりました。また，同時に百寿者の数も飛躍的に増加してきたこともあり，彼らを長寿のモデルと位置づけて，さまざまな側面に対する研究が始められるようになったのです。

日本は，高齢化が世界に類をみない速さで進んできていることに伴い，百寿者人口も急速に増加しています。1963（昭和38）年の第1回百寿者統計ではわが国の百歳以上の人々の数はわずか153人（男性20人，女性133人）でしたが，明治生まれが百寿者になり始めた1980年代以降，百寿者人口は急速に増加し，2013（平成25）年度中には5万4397人（男性6791人，女性4万7606人）に達し，第1回百寿者統計発表以来50年間で約356倍に増加しています。今後も百寿者は増加し続けて，2050（平成62）年には69万6000人に達すると予想されています（国立社会保障・人口問題研究所，2013）。

2 超高齢期を生きるということ

　このような人口学的指標をみると，特に先進諸国では，今後，超高齢者に関する問題がさまざまな点で急速に噴出すると予想できます。政策的な面では，引退後長期にわたって受け取ることになる年金の問題，そしてまた，身体的に虚弱な者や障害を有する者あるいは認知症を患う者の比率が高いために，それに対する医療・介護に対する費用の増大が特に大きな問題になるでしょう。増大する一人暮らし高齢者を社会がどう支えるかも重要な課題になるでしょう。

　こうした社会経済的な危惧とともに，超高齢者になることへの心理的不安を背景にして，特に生命科学分野の老年学においては，老化研究に2つの流れがあるように思われます。老化を遅らせる（delay-aging）研究と老化させない（anti-aging）研究です。前者は穏やかなアプローチ，後者は急進的なアプローチといえるかもしれません。寿命の伸びは，平均寿命など人口学的観点からみれば，乳幼児死亡率の低下など老化とは無関係な部分にも影響されますが，それによる平均寿命の伸びには限界があり，現代社会の高齢化については，老化現象それ自体が遅く現れる傾向にあります。栄養や運動，労働内容の変化などによる長期的な日常生活の効果によるところが大きいようです。この分野では，「**健康寿命**」（healthy life expectancy；たとえば，Crimmins et al., 1996）の延伸が注目されています。健康寿命とは，日常的な介護を必要とせずに心身ともに自立して過ごせる生存期間をいいます。WHO（2010）によれば，日本は健康寿命が世界で最も長い国の1つで，2007年時点において男性73歳

(世界第2位),女性78歳(世界第1位)でした。この年代で不健康に陥る要因としては,加齢に伴う身体的老化が大きく影響しています。したがって,健康寿命と実際の寿命の間隔をいかに短くするかが重要となります。この点でも日本は世界最高水準で,健康を失って過ごす平均年数は男性が6年,女性が8年であり,全生涯のうちのそれぞれ7.6%と9.3%で,これも世界で最も少ない国の1つです。つまり,日本は,平均寿命が長いばかりでなく,健康でいられる期間も世界一で,医療やケアを必要とする期間は世界最短の,文字通り健康長寿の国なのです。

一方で,最近,急速に進歩してきた領域が老化現象に抵抗する方法です。これも老化を遅らせることに関連はしていますが,より積極的な方法がとられます。この分野の特徴として,各身体器官,臓器,およびその機能別に研究と実践が行われているということが挙げられるでしょう。たとえば,皮膚の老化にはコラーゲンの注入,足・腰(筋・骨)に対してはマシンによる高負荷トレーニング,女性の閉経に対するホルモン補充療法,血管・内臓に対してはビタミンEなど抗酸化作用のある物質の投与などが行われ,さらに動物実験の段階ではありますが寿命遺伝子の活性化の研究なども行われています。

どちらのタイプの研究にも共通しているのは,「老化を拒否する」という態度です。百寿者に関する研究においても,「彼らは確かに心身が虚弱で,医療や介護の必要な者が多い。しかし,百寿者の約1/3は認知的にまったく問題がみられないし,多重に病気を抱えてはいるが自立を維持している者も多い」ということが強調されます(Jeune & Andersen-Ranberg, 2000)。健康でこそ長く生きることに意義があるのであって,たとえ長寿を得たとしても障害のある身では

それを不幸に思うのが多くの人々の心情なのでしょう。その意味でも「健康な長寿」は望まれこそせよ，否定されるものではないのかもしれません。

ところが，現実にはまだ「健康な長寿」は完全には達成されていません。すべての人が死の直前まで健康でいられるというわけではないのです。百寿者を含む多くの超高齢者は，心身の障害や虚弱のために医療や介護の庇護のもとにいます。稲垣ら（2002）によれば，約8割の百寿者は何らかのケアを必要としており，自立生活を送っている高齢者はわずか2割に過ぎません。長寿社会を達成してきた先進諸国の人々でも，自らの長命を真に望む人がはたしてどれほどいるのでしょうか。「病気で寝たきりになったり，認知症で家族のこともわからないようになるくらいだったら，長生きはしたくない」と思う若い世代は，かなりの数にのぼるのではないでしょうか。

3 超高齢期の課題

バルテスの人生第4期論

生涯発達心理学の提唱者である**バルテス**も共同研究者とともに**超高齢者**に関する論考を進めました（Baltes & Smith, 1999; Baltes & Smith, 2003）。彼らは，伝統的な西欧の考え方をもとに人生を4期に分けたラスレット（Laslett, 1987）にならい，人生第3期（third age）の後の人生最後の第4期（fourth age）を依存・衰退・死の年代と捉えました。

バルテスは，人生第4期の人々は人生第3期の人々に比べて心身の状態や生活そのものへの適応が困難であることを，彼らのベルリ

表 11-1 ベルリン加齢研究による人生第 4 期の特徴

行動観察によってみられた特徴

- 人生第 4 期では慢性的な生活緊張が蓄積する
  - ▶80% の人々が 3〜6 領域における喪失を経験する（合併症）
    たとえば，視覚，聴覚，筋力，生活機能（IADL と ADL），疾病，認知
- 心理的適応性が系統的に衰弱する
- 生活の肯定的側面（幸福感，対人接触など）を喪失する
- 死に先立つ 2 年間の諸機能は，85 歳から 100 歳にかけてより低下する
  - ▶認知機能の喪失
  - ▶アイデンティティの喪失（孤独感と心理的依存性が高まる）

社会的側面の特徴

- 超高齢者の多くは女性である
  - ▶大多数の女性は未亡人で一人暮らしである（施設に入居していない場合）
- 大多数は最近数年間に何度か入院経験がある
- 大多数は病院か高齢者施設で一人で死亡する

（出典）Baltes & Smith, 2003 をもとに作成，一部改変。

ン加齢研究（Berlin Aging Study：BASE；Baltes & Mayer, 1999）をはじめ，各種の客観的データを引用しながら論じています。人生第 4 期の人々は，身体的には，約 80% の人がさまざまな多重障害を抱えており，虚弱者の比率が増大し，認知症の有病率も激増します。心理機能としては，新たなことの学習などに関連する認知機能が著しく低下し，満足感の低下や孤独感の増加も認められ，さらには，配偶者との死別，病院への入院や施設への入居，そして多くが孤独な死を迎えるという社会的な諸問題の存在をも示唆しました。

バルテスらは，「したがって，人生第 4 期では明らかに人間としての尊厳が危機に直面する。なぜなら，健康とサクセスフル・エイジングに限界があるからだ」（Baltes & Smith, 2003）と述べています。そして，この長寿のジレンマをいかにして解決するかが超高齢者研究の課題だと主張するのです。

人類は，このような超高齢になるまで寿命を延ばしてきました。寿命は生物学的要因と文化的要因の相互作用によって延伸するのですが，人間の高齢化は，医療や福祉，栄養をはじめとするさまざまな技術や資金の投入によって実現されてきているため，明らかに文化的要因の効果が大きいと考えられています。しかし，先進諸国で50歳または60歳を無事に迎えられた人々のうちの50％が85歳前後に寿命を迎えているという超高齢化時代においては，そのような文化的な効果が産み出した長寿化が人間の尊厳を脅かすというジレンマを引き起こしている，と彼らはいいます。

エリクソンの第9段階

　すでに第1章や第3章で述べたように，望ましい高齢者像として，アメリカでは健康で自立的かつ社会貢献の可能なサクセスフル・エイジングの達成が提唱され，WHOは身体的自立を目標とするアクティヴ・エイジング運動を展開していますが，バルテスらが示したように，超高齢者の多くに対しては，もはやそのような高齢者像を期待することは難しいといわざるをえません。では，彼らが幸福な生活を送るためには何が必要なのでしょうか。

　日本では，他人に依存せずに「**自立**」していることが個人の最大の尊厳であるという考え方が欧米に比べて希薄なこともあり，高齢者の幸福な老いの根拠を必ずしも「自立」においてきたわけではありません。日本人の多くがイメージする幸福な老いは，家族や友人と共にある生活ではないでしょうか。日本の高齢者には，生きがい対象として家族や友人を挙げる人が多く，筆者ら（佐藤・東，1998）が行った生きがい研究においても他者に対する親和性の高い高齢者の生きがい感が高いということが明らかになっています。これらは欧米とは異なる幸福な老いの根拠となるように思われます。身体的

自立の困難な超高齢者の生き方にとって、親密な他者の存在が重要な鍵を握っているのです。

エリクソン夫妻も超高齢化時代に生きる80歳あるいは90歳を超える人々には、第8段階（統合対絶望、英知）の人々とは異なる新たなニーズと困難が出現すると考えるようになりました。そして、人生周期の中に新たに第9段階を加えたのです（Erikson & Erikson, 1997）。エリクソン夫妻もバルテスと同じように、身体能力の喪失による自立性の欠如がこの年代の人々に大きな試練を与えていると考えました。

第9段階の人々は、親しい人との死別などこれまでに多くの悲しみを体験してきており、自分自身の死がそう遠くはないということ以外にも、さまざまな悲しみと向かい合わなければなりません。そして、身体的自立の欠如とこのような多くの悲しみのために、第9段階の人々は過去を振り返る余裕すらなく、日々の苦しみに対峙するだけの生活になりかねないとエリクソン夫妻は危惧しているのです。

超高齢者に対するエリクソン夫妻のこのような捉え方は、バルテスと同様にきわめて否定的なものです。しかし、エリクソン夫妻は、それでも超高齢者がそれらに対処することは可能だと信じています。それを可能にするのが、人生の出発点ですでに獲得した他者に対する「基本的信頼感」です。そこに希望の源があり、その希望によって生きる理由をもつことができるのです。

人生第4期という超高齢期を生きることに対して、バルテスがあくまで個人の力による対処を構想していたのに対して、エリクソン夫妻は他者の存在を前提にしました。この点に違いがあり、このことがまた、バルテスのいう「超高齢期を生きることのジレンマ」を乗り越えるための示唆となっているように思います。

トーンスタムの老年的超越

高齢に至ると思考が内面化し，社会関係から自由になり，**自己概念**が変容してそれまでの自己を超越するようになる人々がいると**トーンスタム**（Tornstam, L.）は指摘しています。彼は，これを**老年的超越**（gero-transcendence）と名づけました。エリクソンの第9段階の危機を乗り越えた人々の得る「徳」も，トーンスタムの提唱するこの老年的超越だといいます（Tornstam, 2005）。

中嶌・小田（2001）によれば，トーンスタムの老年的超越は以下のようにまとめられます。

①社会と個人の関係：表面的人間関係から離れて孤独への欲求が高まり，富や地位や役割への執着がなくなり，善悪二元論のような一般的な社会的価値観を超越する方向に変化する。

②自己概念：自分にこだわる気持ちが薄れ，自己中心性が減少して利他的になり，過去の失敗にさえ自分の人生にとって意味があったと思えるように変化する。

③宇宙的意識：過去・現在・未来の区別の意味が薄れて渾然一体となるため，先祖とのつながりを強く感じたり，人類や宇宙との一体感が高まって生命の神秘や宇宙の意志を感じたりするようになり，生死の区別もその重要性は低減するため死への恐怖も払拭されるという意味で，宇宙的意識を獲得する。

老年的超越は，必ずしも年齢とは関係がないとはいえ，身体的能力の多くを喪失し，自立性を失いつつある超高齢期に最もこの老年的超越は訪れやすいと考えられています。しかし，一方で，社会の側の常識的判断から，老年的超越に至った人々を自分たちにとっての常識の世界によび戻そうとするために，不要な他者との関わりをもたされたり，死の恐怖に直面させられたりしてしまうことがある

ようです。つまり，老年的超越に対する無理解による常識的価値判断が，老年的超越を阻害してしまっているのが現実だというのです。老年的超越が要介護者や終末期にある人々，あるいは超高齢者に訪れているとしたら，老年的超越を理解することは周囲の若い世代の人々にとっても，きわめて重要な課題となるでしょう。

4 賢く生きる
●自己の成熟と長寿への適応

　心身の自立の危機に直面する高齢期を生きるには，人として成熟することが重要な要素となります。リフ（Ryff, 1989a; 1989b）は，高齢期への適応に必要なポジティヴな心理機能を示しました。彼女は，成熟した**パーソナリティ**の基準についての諸研究（表 11-2）を吟味し，それらに共通する6種類の要素を備えることが高齢期を賢く生きるために必要であると考えました。そして，それらはいずれも自己が成熟することによって達成される要素だったのです（Ryff, 1991）。

自己受容：自己に対する積極的態度

　精神的健康，自己実現，適切な機能，成熟といった概念の中心をなすのが**自己受容**（self-acceptance）です。過去の人生を受けいれることができるということは，心理的成熟にとって不可欠な要素です。それは自分自身に対して肯定的態度をもつということであり，ポジティヴな心理機能としても重要な要素となります。

　人生はすべてが順風満帆というわけにはいきません。山あり谷あり，それが人生です。しかし，そのすべてを受けいれ，自分自身に肯定的な態度をもつことは，高齢期という新たな出発にとって必要

第 11 章　超高齢期のこころ　　213

表11-2 成熟したパーソナリティに関連する概念

A. ポジティヴな心理機能の観点から
個性化 　……ユング（Jung, C. G., 1933）   成熟または自律性 　……オールポート（Allport, G. W., 1961）   自己実現 　……マズロー（Maslow, A., 1968）

B. 生涯発達心理学の観点から
基本的生活傾向 　……ビューラー（Bühler, C., 1935）   精神的健康の基準 　……ヤホダ（Jahoda, M., 1958）   心理・社会的段階モデル 　……エリクソン（Erikson, E. H., 1959）   加齢に伴うパーソナリティの変容 　……ニューガーテン（Neugarten, B. L., 1968）

（出典） Ryff, 1989a をもとに作成。

な条件となります。エリクソンのいう「**人生の統合**」にもつながります。

> 積極的な他者関係：他者との肯定的・積極的な関係の維持

積極的な他者関係（positive relationships with others）とは，愛する能力（精神的健康の要素），共感性と友好（自己実現の要素），他者との親密で温かい関係（成熟の要素），次世代に自己の経験と可能性を引き継ぐ世代継承性（創造性の要素）に関係しています。これらの達成には，配偶者や子どもの有無あるいは友人の多少といった量的なことにとらわれてはいけません。重要なのは対人関係の質を高めて，利害を越えた関係を維持できるだけの特性を備えることなのです。

筆者ら（佐藤・東, 1998）の調査でも，人付き合いの上手な人，積

極的に世話役を引き受けるタイプの人に強い生きがい感をもつ人の多いことがわかりました。人を好きになり，共感し，利害を越えて次世代を育てる（エリクソンの世代継承性）というような温かい関係を結べるということが，成熟したパーソナリティにとって重要な第2の条件です。

> 自律性：自己決定と自己コントロール感

自律性（autonomy）とは，自己決定，独立性，行動の制御，評価の内的統制（自分の能力や努力によるとする傾向），因習からの解放としての個性化に通底する特性で，日常生活を支配するさまざまな社会的規範からの自由を獲得するために不可欠の要素です。自律性を保つことによって，人は自己の内面を日常生活に反映させることができるのです。したがって，自律性は，「自分の人生を生きる」ということにとって主要な条件となるのです（自律性については第1，13章も参照）。

> 環境制御能力：環境を調整できるという有能感

心身の条件が変化する高齢期に適応するためには，環境を選択し，創造する**環境制御能力**（environmental mastery）が必要です。これが可能であることは，精神的に健康であることの特徴でもあります。適切かつ柔軟に環境の制御を行えるということは，高齢期の生活にとって重要な条件です。

　老人ホームでの生活，地域での独居生活など，高齢期には生活条件が一変する出来事に遭遇することがあります。このような困難な環境条件を自己の生き方に合致する方向に調整するための能力は，客観的・物理的条件として幸福な老いに直接的に影響します。

> **人生における目的：人生に目標があると感じていること**

精神的に健康であることによって，生きることには目的と意味があるという感情 (purpose in life) を得ることができます。ですから高齢期の生きがい喪失は，心理学的にきわめて大きな問題となるのです。

また，成熟の過程には自らの意志が反映するので，それに規定された方向性が伴います。言い換えれば，それが人生の目標となるのです。したがって，成熟したパーソナリティを備え，積極的に生きようとしている人は，人生に対して目標と意志と方向性を有しており，それらすべてが，人生とは意味深いものであるという感覚に寄与するのです。

> **人格的成長：成長への意志があること**

自己の潜在能力を発展させ，人として**成長**することつまり人格的成長 (personal growth) が，心理的機能を最適に維持するためには必要となります。たとえば，過去の経験や因習にとらわれることなく，新たな経験に対して開放されており，「高齢期の4つの喪失」（健康・経済・対人関係・生きがいの喪失）の危険性に代表されるような現実の困難に立ち向かい，挑戦していく態度が，成熟したパーソナリティを形成していくのです。

*

リフは，上記6次元各20項目ずつから成る尺度を作成し，その後改訂しました（改訂版各14項目，短縮版各9項目；Ryff & Keyes, 1995)。この尺度を従来のポジティヴな側面に関する研究，たとえばサブジェクティヴ・ウェルビーイング（主観的幸福感）を測定するPGCモラール・スケールなどの尺度に欠けていた部分を補うものと位置づけ，心理的ウェルビーイング (psychological well-being)

とよんでいます（第3章参照）。

5 よりよく生きる

●生きがいある人生

近年，「**生活の質**」（QOL；第1章参照）という概念で，さまざまに異なる条件下で暮らす人々の生活の質を考えるというアプローチが試みられています。WHOでも世界各国におけるQOLを調べるための尺度（WHOQOL-26）を開発し，その後，高齢者に特化した尺度（WHOQOL-OLD）等さまざまなQOL尺度の開発を進めています。

QOLという概念は，個人の客観的生活条件と主観的なウェルビーイングの状態の両方を検討したうえで，生活の質を向上させるための実践を行うことが前提になります。高齢者について考えてみると，生活条件を操作可能な老人ホームなどの施設居住に関連して幸福な老いを検討する場合には，QOL概念は特に有用となります。ところが，地域で暮らす一般の人々の幸福な老いの程度をQOLという観点から査定するには，問題とすべき要因が多様なばかりでなく，個々人によって関連する要因が異なってしまうため，研究に必要な条件の統制が困難になってしまいます。そのため，従来の幸福な老いの測定では，客観的状況の主観的な認知，すなわち**主観的幸福感**（subjective well-being：サブジェクティヴ・ウェルビーイング）を問題にしてきたのです。

一方，「**生きがい**」という言葉は日本独自といわれることがありますが，類似の概念や日常用語は多くの国々でもみられるようです（近藤，2007）。しかし，生きがいの意味や生きがい対象はきわめて

Column ⑩ 生きがいの多様性

「生きがい」という言葉は日本独自の言葉だといわれることがあります。約3500万人の会員数を誇る全米退職者協会の理事が日本を訪れたときに、「生きがい」という言葉をお土産にすると言ったそうですから、少なくとも英語には「生きがい」にピタリと当てはまる言葉はないようです。

そもそも「甲斐」という言葉には、昔、懸詞(かけことば)としてお金の役割をしていた「貝」に懸けて用いられることもあったといわれるように、大事なもの、価値あるものという意味があるようです。しかし、考えてみれば、大事なもの、価値あるものは人それぞれで、きわめて主観的なものなのではないでしょうか。

図に、企業の被雇用者およびその退職者1992人（35〜74歳）を対象に、筆者らの研究グループが行った調査のデータを示しました。生きがいの意味として当てはまる内容を複数回答で答えてもらったものです。最も選択率の高かったものでも50％に達しませんでした。つまり、生きがいの意味の捉え方は人それぞれに多様であるということがわかります。ですから、生きがいを測定しよう、その人のもつ生きがいの強さを調べてみようと考えるときに、まず、その人が何を生きがいと考えているかを知っておくことが必要になります。

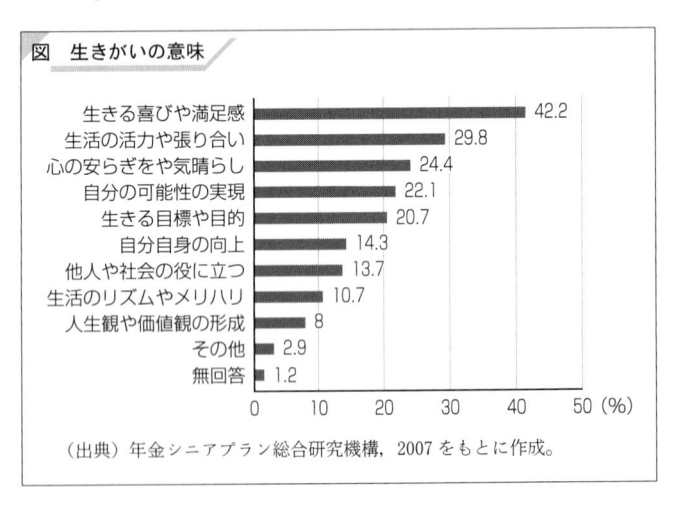

図　生きがいの意味

項目	％
生きる喜びや満足感	42.2
生活の活力や張り合い	29.8
心の安らぎをや気晴らし	24.4
自分の可能性の実現	22.1
生きる目標や目的	20.7
自分自身の向上	14.3
他人や社会の役に立つ	13.7
生活のリズムやメリハリ	10.7
人生観や価値観の形成	8
その他	2.9
無回答	1.2

（出典）年金シニアプラン総合研究機構、2007をもとに作成。

> 若者の生きがいは,これからどのような人生を歩もうとしているか,に関係しています。したがって,未知の事態に対して抱く生きがいです。それに対して,高齢者の生きがいは,これまで生きてきた人生が反映してきます。それだけに,若者の抱く生きがいよりも多様であるばかりでなく,本人にとっての生きる証にすらなるといえるでしょう。それだからこそ生きがいのある人にとって,それはきわめて強い心のよりどころになりうるし,生きがいのない人はこの世に生きていることすら辛くなることがあるのです。

個性的なものであり,多様性のあることが生きがいの特徴でもあります。このように個性的で多様な「生きがい」ではありますが,筆者ら(佐藤・東,1998)は大きく「自己実現的生きがい」と「対人関係的生きがい」に分けて検討しました(表11-3)。

「自己実現的生きがい」,すなわち,仕事,趣味,学習,ボランティアなど自己の価値観に基づく自我関与の高い対象を獲得することができれば,それらは非常に強い生きがい感をもたらしてくれます。しかし,この場合,目標が高みにある場合には,獲得そのものが困難な対象でもあるのです。ですから,自己実現的な生きがいを持つ高齢者は,予想ほどは多くはありません。特に,老後の趣味やボランティアは,人生の目標となるほどの高みにあるものを見出すことすら難しいのです。それを見つけ出したとしても,日々成し遂げることは,なお困難な課題となります。だからこそ,生きがいになりうるともいえるのかもしれません。

それに対して「対人関係的生きがい」は,他者との関係性のなかで生きがいを感じることを指し,家族や友人,志を同じくする仲間とともにあり,喜びを分かち合うということが生きがいとなります。一般的には「対人関係的生きがい」を自らの生きがいとする人が多

表 11-3 生きがいの分類

分　類	内　容
対象としての生きがい	趣味,学習,ボランティア,家族など
感情としての生きがい	達成感,有用感,満足感,幸福感など
プロセスとしての生きがい	行為の過程,没頭していることなど
自己実現的生きがい	仕事,趣味,学習,ボランティアなどの行為とプロセス
対人関係的生きがい	家族との生活,子どもの成長,社交など

（出典）佐藤,2007e。

いようです（佐藤,1996）。

　生きがいとは,このような「対象」を示す言葉であるとともに,予想される充実感や達成感などの「感情」を指す言葉でもあります。また,生きがいとは,自分が生き続けていくうえで価値があり,意味のある重要な対象を意味するだけでなく,その対象が存在することによって,自分が生きることに意味があると感じられることを指す言葉でもあります。そして,そのような状態に身をおいている「プロセス」そのものをも生きがいと捉えることができます。

　高齢の個人がどの程度,サクセスフル・エイジングの状態であるかを評価するための概念であるサブジェクティヴ・ウェルビーイングについては,さまざまな要因が検討されてきました。中でも特に重要な要因と考えられている満足感やモラールは,生きがいの一部である現在の生活への適応感を測定しているものと考えられます（第3章参照）。生きがいは,それに加えてポジティブな心理機能を含み,より広範かつ深遠な意味と内容を有する概念です。ですから,生きがいを獲得することは,人生をよりよく生きるためにはきわめて重要な要素と位置づけることができます。また,研究上も,高齢

者の幸福な老いを真に捉え，彼らにとっての QOL を真に理解するためにも，個人の生涯にわたる人生行路を射程において，全人格的な観点から生きがいに迫るアプローチが必要でしょう。

6 幸せに生きる
●ハッピー・エイジングの提唱

1974年は，バトラーが**プロダクティヴ・エイジング**を提唱する前年で，サクセスフル・エイジングの研究はすでに始まっていました。この年に発表された論文で，米・シカゴ大学の老年心理学者ニューガーテンは，高齢者を65歳から74歳の前期高齢者（young old）と75歳以上の後期高齢者（old old）に分けることを提唱しました（Neugarten, 1974）。翌年，これがニューヨークタイムズに取り上げられ，全米はもとより世界中に広まりました。インタビューでニューガーテンが主張したのは，今後，アメリカでは健康で活動的な前期高齢者が爆発的に増加するので，彼らを人的資源として注目すべきだということでした。

第1章や第3章で示してきたプロダクティヴ・エイジングとサクセスフル・エイジング，そして，それらの影響のもとにWHOが主張した**アクティヴ・エイジング**は，早い時期から始める老いへの準備が，よりよい高齢期をもたらすことを示していました。しかし，日本を筆頭とする長寿国でもある先進諸国においては，すでに問題の焦点は後期高齢者に移っています。

そのことを象徴的に示したのが，日本の「後期高齢者医療制度」問題でした。高齢者がそろって不快感を示した「後期高齢者」という言葉は，30年以上も前に，前期高齢者に注目するためにその対

概念としてつくられたものです。しかし，時が移り，後期高齢者は，前期高齢者との単なる対概念ではなくなりました。後期高齢者にこそ取り組むべき問題が山積しているのです。しかも，前期高齢者に関しては，ポジティヴ・エイジングが可能と楽観的に捉えられていたのに対して，後期高齢者の肯定的な側面を見つけ出すことはそう簡単ではありません。このことが，後期高齢者という言葉への強烈な拒否感と，アンチ・エイジングの背景にある人々の老いへの恐怖感を作り出しているのです。

日本では，百寿者人口が2012年に5万人を超え，90歳以上の高齢者は2012年には150万人を突破しています。他の先進諸国でもこうした超高齢者が非常に多くなっています。しかも，彼らの多くは心身に障害を抱え，介護を受ける割合がきわめて高いのです。このような人々にとってのポジティヴ・エイジングとは何か，を考えなければならない時期はすでに到来しているのです。エリクソン夫妻の第9段階における基本的信頼感の再獲得や，トーンスタムの老年的超越の理論はその試みといえます。

他者の支援が必要になった高齢者がよりよく生き続けていくために重要なことは，人生の終末を共に過ごす他者との信頼関係であり，自己の内面世界の充実であり，また，精神的な「自律性」の維持であるということを，これらの主張は教えてくれます。そのためには，毎日をできる限りポジティヴな気分でいられることが何よりも大切になります。ポジティヴ気分の維持，すなわち，「ハッピー・エイジング」(happy aging) は，よりよい超高齢期の条件でもあり，また結果でもあるからです（佐藤，2009）。そして，これは，他のポジティヴ・エイジングの理論とは異なり，他者評価ではなく自己評価に基づく考え方であることが重要です。老いの在り方は，すべて個

性的であり，また，すべて本人によって選択された結果です。そして，その在り方が，「老いて生きることの意味」を若い世代に示してくれるのです。

読書案内

エリクソン，E. H.・エリクソン，J. M./村瀬孝雄・近藤邦夫訳（2001）『ライフサイクル，その完結』増補版，みすず書房
● ライフサイクルにおける人生の危機と克服過程を生涯の研究テーマとした E. H. エリクソン晩年の著作。第3章は，妻ジョウンが夫エリックの想定していた超高齢期の第9段階について老年的超越にふれながら論じています。

アリソン，S./土屋晶子訳（2013）『寿命100歳以上の世界――20××年，仕事・家族・社会はこう変わる』阪急コミュニケーションズ
● 米・シリコンバレーのアナリストが，誰もが健康で100歳を迎えられる「長寿革命」の時代が来ることを想定して未来を予測した書。長寿革命の起きた未来に思いを馳せる契機となるでしょう。

第12章 *死にゆくこころ*

死生観と死のプロセス

　老年学と死生学は，ロシア人研究者メチニコフによって同時に提唱された研究分野です。老いと死は人生という時間の流れの，一方の端に連続して存在しています。死は生物学的な現象ですから，本章では，まず，人の死を近年の生物学的な研究成果を紹介しながら検討します。

　すべての多細胞生物には死がありますが，そのことを知っているのは人間だけです。そして，人間も生きている間にのみ死を意識します。死を意識しながら生きることは人間の宿命ともいえるでしょう。戦時中にある人々，重大な疾病に罹患した人々，そして老いを実感している人々とその周囲の人々にとって，死はきわめて切実なものでしょう。近代における死についての思想や死を取り巻く近年の種々の動向を探ることで，このことを考えてみたいと思います。

1 老年学と死生学

　thanatology（**死生学**）は gerontology（老年学）と同時に誕生しました。1903年にロシアの**メチニコフ**（Mechnikov, I. I.）がこの2つの科学分野を提唱し，命名したとのことです（Maddox, 1995；柴田, 2007）。メチニコフは，免疫（食菌作用）の研究によってノーベル生理学・医学賞を1908年に受賞し，仏・パスツール研究所長を務めた生物学者です。彼は，ブルガリアのヨーグルトを常食とするある地方の人々に長寿者が多いことを知ったことで長寿の研究に関心を抱き，ヨーグルトが長寿に有用であることを唱えました。彼の影響は世界中に及び，今やヨーグルトは健康食品としての地位を築きました（ただし，長寿との直接的な関係は現在のところ明確ではないようです）。

　長寿に関心をもったメチニコフは，老年学の科学的研究の重要性に気づくとともに，病死と老化に伴う自然死の区別に関心をもち，死生学を今後注目すべき科学として位置づけたのです。それから100年以上後の今日，世界中の人々の長寿化が進み，また，がんやエイズに罹患した人々の終末期ケアの進展とともに，この2つの科学分野が注目されるようになったのですから，メチニコフはみごとな慧眼の持ち主だったといえるでしょう。

　また，ロシアの文豪トルストイが，市井の俗人である一人の官吏の死に至る過程をリアルに描ききった名作『イワン・イリッチの死』のモデルといわれる司法官は，メチニコフの長兄にあたります。同書は1884年から86年に書かれていますから，このことも彼の死

生学への関心を高めた理由の1つではないかと想像します。『イワン・イリッチの死』については，次節で取り上げます。

ところで，thanatology は，ギリシア神話の死の神「タナトス」からの命名です。したがって，正確に訳すとすれば「死学」となります。しかし，日本の死生学を発展させたアルフォンス・デーケン神父は，死は生とともにあり，死を学ぶことは生を学ぶことでもあることを示すために，あえて「死生学」と名付けました（デーケン, 1996）。死それ自体は，学ぶことも理解することもできません。死に瀕する生，生の先の彼岸に死はあるのですから，死を学ぶことは生を学ぶことに他なりません。デーケン神父もまた慧眼の持ち主です。

2 「人はなぜ死ぬのか」という問い

第1章で紹介した現存する人類最古の文学『ギルガメッシュ叙事詩』は，老いと死をテーマにした最古の文献です。紀元前2000年頃から書き継がれて紀元前7世紀に完成した『ギルガメッシュ叙事詩』は，ギルガメッシュ王が，友人の死をきっかけに，神々によって死ぬべきことが定められた人間の運命に抵抗し，永遠の生命を与えてくれるという泉を探し求める物語です。しかし，最後には死が避けられないものであることを悟り，その運命を受けいれるのです。つまり，死は，人間が抗うことのできない神の御心・運命，と受けいれることではじめて人生を楽しむことができるようになるということを示しました。

また，本章の冒頭で紹介したトルストイの『イワン・イリッチの

死』も同様のテーマのもとに書かれています。『アンナ・カレーニナ』の完成後，10年にもおよぶ苦悩とその間の絶筆から立ち直ってトルストイが書き上げたのが『イワン・イリイッチの死』でした。トルストイは，主人公の判事イワン・イリッチを，職業的栄達を熱望し，社会的地位のある紳士淑女と交遊することで私的生活の充実を求めるきわめて世俗的人物として描きます。その彼が，突然，腹痛を感じるようになり，ある日，医師から死の宣告を受けてしまうのです。死に至るまでのイワン・イリッチの身体的苦痛と精神的苦悩をリアルに描ききったトルストイは，最期には凡俗の象徴として描いてきたイワン・イリッチに世俗的な過去の欲望と生活の無意味さに気づかせ，それによって死の恐怖から逃れることのできた彼を神の御許(みもと)に旅出たせたのです。トルストイは，45歳で死の瞬間を迎えようとするイワン・イリッチに「もう死はおしまいだ」「もう死はなくなったのだ」と心の中で繰り返させます。トルストイは，死とは生のプロセスの末端であることを示そうとしたのです。

そして現在，図書館に行くまでもなく，街の書店を覗いてみれば，読み切れないほどの「死」をテーマにした書籍が棚に並んでいることがわかります。それほどに「死」をみつめることは，生者にとって，その「生」が終わる恐怖を越えた永遠の関心事なのでしょう。「死」を前にした病者とともに，永遠の命への望みが絶たれたことを実感する高齢期に至った者にとって，高齢期とは，再び切実な生の営みの継続を考える時でもあるのです。死をみつめることによって，いかに生きるべきかを必死に考えるようになるのです。

このように考えていくと，thanatology は「死生学」と訳される必然性があったように思います。「死」は「生」と対立するものではなく，「生」とともにあることをこの訳は示唆してくれます。い

かに生きるかという人生の最重要課題であり,また,人生の目標でもあるこのことの一部に「死」は存在する,と言い換えてもよいのかもしれません。

「武士道と云うは死ぬ事と見つけたり」という言葉は,武士が死を覚悟して生きる存在だったことを示しています。人生の正午から先(中年期以降)は,生きながら死を覚悟できている人だけが活き活きと生きられると述べたユングの考え(西平,1997)にも通じています。また,この考えは,末期がん患者の死のプロセスを研究したエリザベス・キューブラー＝ロスによる残された時を生きることの重要さの指摘(Kübler-Ross, 1969)にも見て取れます。

3 死すべき者としての人間の生物学と遺伝学

この節では,生物学的な観点から私たちの生と死を考えてみましょう。

ヘイフリック限界

人間の胎児の正常細胞を培養し,分裂させ続ける研究を世界ではじめて行ったのが**ヘイフリック**(Hayflic, L.)でした。1961年に発表された彼の研究は,それまでの脊椎動物の培養細胞は永遠に分裂を続けるという考えを否定する結果をもたらしました。彼が何度実験を繰り返しても,分裂が約50回に達すると,その細胞は分裂を止めてしまうのです。つまり,細胞は**寿命**を計る時計をもっているということが推定されました。これを「**ヘイフリック限界**」とよびます。

当初,ヘイフリックは,この寿命の時計の正体は特定の遺伝子だと想像していました。しかし,彼の研究からしばらくして,その正

体は、**染色体**を構成する DNA の二重らせん末端の繰り返し配列にあることがわかりました。

> 単細胞生物の死と多細胞生物の死

バクテリアなどの**単細胞生物**には、寿命が尽きて死ぬということはありません。しかし、**多細胞生物**に進化を遂げた種には死という自己の消滅という現象が生じました。多細胞生物と単細胞生物のこの違いは、生殖の在り方、すなわち、個体の増やし方の違いにあることがわかりました。

単細胞生物は、無性生殖である細胞分裂を繰り返すことによって無限に個体を増やすことができます。ただし、細胞分裂は個体を複製していくだけなので、同じ自己が増殖することになります。

一方、多細胞生物は有性生殖によって個体を増やしていきます。この違いは、染色体の形状の違いに現れています。単細胞生物の染色体はリング状をしています。ところが、有性生殖をする多細胞生物の染色体は2本の線状で、二重らせんを形成しています。有性生殖では、受精の際に**生殖細胞**のそれぞれ2本ずつの23対46本の染色体がほどけて半分ずつ（23本）になる**減数分裂**によって、父系（性染色体がXかY）と母系（性染色体は共にX）の染色体の一方同士が結びつきます（性染色体の組み合わせはXY〔雄〕またはXX〔雌〕）（図12-1参照）。さらに受精後には対になっている染色体の間で行われるDNAの遺伝子組み換えによって遺伝子が混ざり合います。それによって、一卵性双生児以外はまったく同一の遺伝子をもつ個体は生じず、生命進化が起きることになりました。

しかし、進化を手に入れることとの取引のように、単細胞生物にはない「寿命」、すなわち個体における生命現象の消滅である「死」に向かい合う必要が生じたのです。

図 12-1 減数分裂と体細胞分裂の違い

生殖細胞の減数分裂

男性の生殖細胞 46+XY → 分裂 → 23+Y, 23+X

女性の生殖細胞 46+XX → 分裂 → 23+X, 23+X

生殖細胞が分裂するとき染色体は半分になる

23+Y + 23+X → 受精 → 男性 46+XY

23+X + 23+X → 受精 → 女性 46+XX

体細胞分裂

46+XX → 分裂 → 46+XX, 46+XX

染色体を複製するので分裂しても染色体は同じ

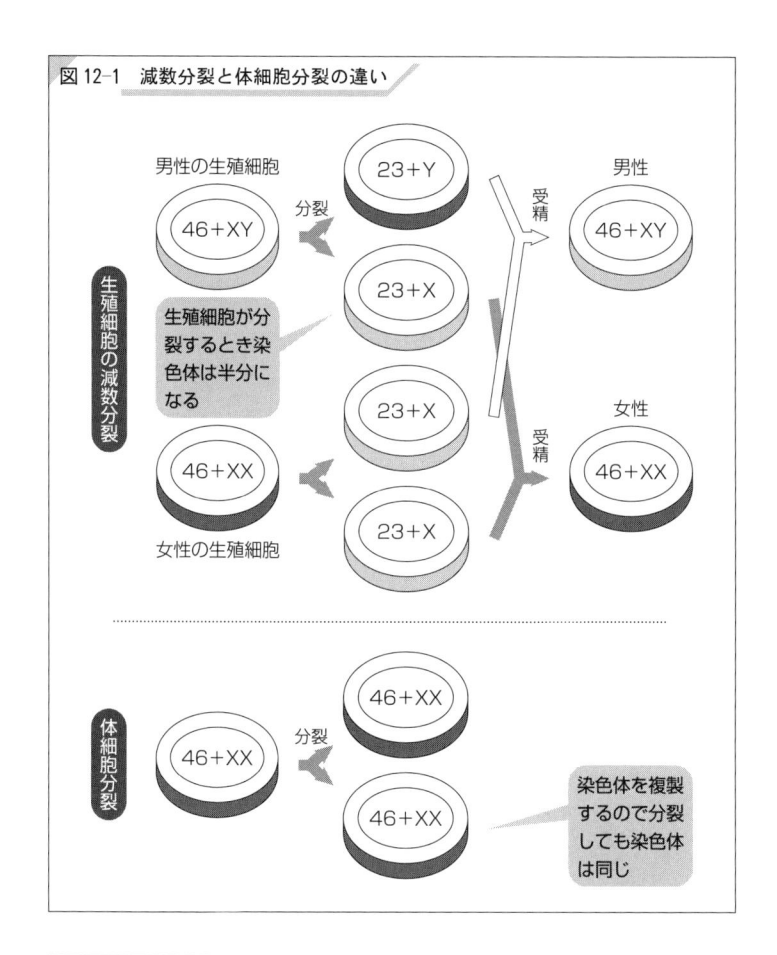

寿命の時計・テロメア

多細胞生物では，個体が発生（受精）した直後から，**体細胞**（生殖細胞以外の細胞）の細胞分裂が始まります。細胞分裂によってDNAを複製する際に，2本の染色体はいったんほどけてそれぞれの複製を作ります。その後に，相手の染色体と再度2本に寄り合わさることで，2つの細胞に分裂します。その際に，それぞれの染色体末端の**テロメア**とよば

第12章 死にゆくこころ

れる部分を合わせることで2つの染色体が再び二重らせんを形成することができます。ところが、テロメアは分裂のたびに短縮するため、それが一定回数を超えると細胞分裂が止まってしまい、細胞死が起きることが明らかになったのです。いわば寿命の時計といえます。

　単細胞生物が多細胞生物に進化するのに20億年かかったといわれます。それまでは生物の「生」には死は伴っていなかったわけです。つまり、「死」は「性」とともに、生物がその進化の途上で獲得した現象なのです。私たちは、唯一無二の自己を生み出す「性」を、その自己の存在を消滅させる「死」とともに獲得しました。そして、そのこと自体を知識として知っている人間だけが、「死」に恐怖する存在となりました。しかし、進化の道を選んだ多細胞生物である私たちは、この世に「生」を受けた瞬間から「死」をも受けいれることを予定されて存在しているということが、生物学的にも明らかであるといえるのではないでしょうか。

　体細胞では、通常、テロメアは細胞分裂に伴って短くなってしまいますが、生殖細胞では、**テロメラーゼ**といわれる酵素が働き、テロメアを修復しています。生殖細胞は、生殖によってその遺伝子を連綿と次世代に受け継がせるための細胞であり、個体を超えた不死の存在といえるのかもしれません。

　テロメアとテロメラーゼは、細胞の死と不死化に関わっています。たとえば、がん細胞はテロメラーゼの働きで際限なく分裂を繰り返すという意味で不死化してしまいます。逆に、テロメラーゼの働かない体細胞では、細胞の老化とその死が発現してしまうのです。ブラックバーン（Blackburn, E.）、グレイダー（Greider, C. W.）、ショスタク（Szostak, J. W.）の3人は、テロメアとテロメラーゼの研究

によって2009年度ノーベル生理学・医学賞を受賞しました。

細胞の自死・アポトーシス

体細胞には**アポトーシス**というもう1つの細胞死のメカニズムが働いています。私たちの体の中では，毎日たくさんの細胞ががん化しています。しかし，そのほとんどは取り除かれるので，がんが発現しなくて済んでいることはよく知られています。このようにがん化した細胞が成長せずに未然に取り除かれる仕組みも，アポトーシスといわれるあらかじめプログラム化された細胞死のメカニズムによっています。アポトーシスも単細胞生物が多細胞生物に進化する過程で獲得した機構です。

アポトーシスは，細胞に何かの異変が生じ，DNAが損傷した異常な細胞が分裂増加しないためのメカニズムでもあり，不要な細胞を計画的に自死させるメカニズムです。加齢に伴って異常な細胞が増加するため，老化の過程にアポトーシスが影響していると考えられています。

ブレナー（Brenner, S.），ホロビッツ（Horvitz, R.），サルストン（Sulston, J. E.）の3人の研究者が，アポトーシスの研究で2002年度のノーベル生理学・医学賞を受賞しました。

4 死生観

仏教でいう四苦八苦の四苦である「生老病死」は，私たちが誕生とともに背負う大きな苦しみです。これらの苦しみを乗り越えていくことに人生の意味も同時に存在します。しかしながら，四苦のうちの死のみは未知なるものであり続けます。それゆえに，**死生観**は

人それぞれが自覚し，対処しなければならない課題なのです。

本節では，フロイトの「**死の本能**」とジャンケレヴィッチの「人称と死」を通して，死生観について考えてみたいと思います。

死の本能・タナトス

精神分析学を創始したフロイト（Freud, S.）は，本能の基層に無意識のイドを想定しました。**イド**には，心的エネルギーであるリビドーが充満していると考えられています。**リビドー**は快を求める欲動であり，性的エネルギーをもつ生の本能である**エロス**をもたらすのです。物質が生命をもった最初からリビドーが作動してエロスが機能しますが，物質は生命を得た瞬間から緊張をはらむため，それを消去するために元の無機物状態に戻ろうとします。これが死の本能**タナトス**です。死の本能は，自然かつ生物的な秩序と調和しているためそれ自体を否定することはできません。しかし，生の本能と対立して，それを抑圧しようとする結果，神経症が生じてしまいます。死への恐れは，まさにこの対立を招いてしまっている結果だというのです。生命現象とは，生の本能エロスと死の本能タナトスが，ともに働き，そして互いに対立することによって進展するものだとフロイトはいいます。

集団的な破壊活動の深層心理にも死の本能が働いているとフロイトは考えています（Kastenbaum, 1992）。1931年，国際連盟はノーベル物理学賞受賞者であるアインシュタインに，当時の知的リーダーたちとの議論を依頼しました。その一人に選ばれたフロイトに対するアインシュタインの質問は，「なぜ，戦争は起こるのか」というものでした。アインシュタインは続けてこう言いました。「多数の人々がほとんど狂気にとらわれて自己犠牲もいとわなくなるほど自分を興奮状態に陥らせてしまうことが，どうしてありうるのでし

ょう。人は自分の中に憎悪と破壊の欲求をもっている，というのが唯一可能な答えなのではないでしょうか」

 これは，フロイトが唱えた死の本能に対する質問であり，さらにいえば，死の本能は制御できるものなのかと質問しているのです。フロイトは次のように答えます。

「戦争——それは死の本能の大規模な表出です。しかし，戦争は，人間同士の間に感情的なつながりを生み出す何かによって防ぐことができます。そのつながりは，私たちが自分を他者と感情的に同一視することができるときに生まれるのです。エロスはタナトスに対して完璧に釣り合う錘（おもり）なのです。」

 フロイトは，アインシュタインに対して，人間社会がもつ攻撃的で破壊的な衝動は，市民が心理的に成熟することができれば，法的な秩序のもとにおくことが可能であるともいいます。社会的な超自我である法が，社会の正義として力を発揮することができるからです。

「死の本能」という概念は，フロイトの思索の後半に提唱され，多くの批判を浴びました。本能という概念も否定され，フロイトの考えを科学的な知識と考えるアカデミックな研究者の数はきわめて少なくなってしまいました。しかし，『死の心理学』（邦訳版タイトルは『死ぬ瞬間の心理』）を著した**カステンバウム**（Kastenbaum, R.）は，「死の本能」には改めて学ぶべき点が多いと再評価しています。

死（death：第三人称の死）と死ぬこと（dying：第一人称の死）

 死（death）を考えることと，死ぬこと（dying）を考えることは異なります。このことに関連して，フランスの哲学者**ジャンケレヴィッチ**（Jankélévitch, V.）は，死を言語における人称，すなわち，第一人称の死，第二人称の死，第三人称の死に分けて考えまし

た (Jankélévitch, 1966)。

　第三人称の死であるdeathは，葬送や墓などの社会現象や文化現象，あるいは人口統計学上の数値，医学や老年学における問題であって，死の主体者は代替可能です。

　一方，第一人称の死であるdyingは，代替不能な「私」の死であり，死後の問題を含まない「自分は死ぬであろう」という未来形しかもたない死です。第一人称の死は，主体者の死生観が重要な役割を果たします。自分の死をどのように捉え，それにどう対処するか，そしてそのことを他者にいかに伝えるか。これらの在り方や方法は，すべて主体者である本人次第です。次節の「死への態度」と「死の準備」の項でこのことを検討します。

　第二人称の死は，家族や恋人，親友など，自分の人生に欠くことのできない相手，すなわち「あなたの死」です。第二人称の死に出会う「私」には，「あなた」をどのようにケアするかという責務と，自分の人生に欠かすことのできない「あなた」を失うという喪失体験による悲哀にどう立ち向かうかという課題が立ち現れます。このことについては，6節の「死別と看取り」の項で検討します。

5　現代における死への態度と死の準備

死への態度

　人々が健康なときに思い描く死をカステンバウムは「元気な死」とよびました (Kastenbaum, 1992)。家族や親しい友人に看取られ，最期の言葉を述べてスーッと息を引き取る姿は，ドラマや映画で描かれます。しかし，現代における現実の死はそれとはまったく異なります。病院の奥で，

家族からは引き離され,延命措置に急ぐ医師と看護師に囲まれ,彼らの努力も甲斐なく心臓が停止し,呼吸が止まるのです。

　人々が死に抱く感情は,痛みや苦しみへの恐怖,親しい人と永遠に別れることの孤独,そしていかなる想像をも超越した死が自分に訪れ,自分が無に帰すという知的理解の及ばないことへの不安ではないでしょうか。知性が及ばない死であるからこそ,宗教的あるいは霊的(spiritual)に解決しようという試みは意味をもつのでしょう。一方で,宗教的信念をもたない人々の多い日本人には,老いや死から目を背けるという対処法をとる人も数多くいるようです。

　現在の日本は超高齢社会といわれますが,このことは死亡者数がきわめて多い社会であることも示唆しています。厚生労働省の人口動態調査によれば,第2次世界大戦前の日本人の年間死亡者数は110万人から130万人にものぼっていました。しかし,戦後は急速に減少し,1952年には約76万5000人と70万人台となり,1955年に70万人を切ると,その後はしばらく70万人前後に落ち着いていました。ところが,1990年に80万人を超えるとその後は徐々に増加し,2003年には終戦直後のベビーブームの年であった1947年以来100万人を超えました。そして,2010年には119万7000人という戦後最多の死亡数になりました(内閣府,2013)。

　戦前の死亡者の世代別の割合をみると,若年世代の死亡が多かったのですが,近年の死亡数の増加には高齢者,特に75歳以上の後期高齢者層の死亡数が非常に多くなっています。超高齢社会は,多くの人々が寿命を全うできる社会でもあるのです。今後は,戦後のベビーブームに誕生した団塊の世代が超高齢期に移行するまでは,死亡者数は増加し続けると予想されます。

　超高齢社会においては,死はきわめてありふれた出来事になるで

しょう。新聞には連日多数の有名人の死が報じられるようになるはずです。これまで,ほとんどの死が病院等の医療機関で生じていましたが,今後は,特別養護老人ホームなどの高齢者福祉機関でも増加していきます。死は,医療費負担の相当な部分を占めているからです。家庭での死の看取りも,在宅医療や訪問看護の制度が拡充していけば徐々に可能になっていくでしょう。すなわち,死が家族のもとに返ってくるようになることが予想されます。しかし,家族には死を受け取れるだけの構えと知識はまだ準備されていません。死にゆく者にとっても,死を看取る者にとっても,新たな時代が始まると予想されます。

　死は,高齢期においてのみ自然な出来事です(Schaie & Willis, 2002)。したがって,死を取り巻く従来の医療中心の環境を否定して,死を自分や家族のもとに取り戻すために,死に対する準備を意識化する人は増加するでしょう。終の場所の選択,遺言,尊厳死のための**リビング・ウィル**(living will),死の理解のための思考,宗教的・霊的行動などに対する関心は高まり,具体的な行動をとる人々が増加すると思われます。しかしそれと同時に,老いやそれに伴う疾病の予防行動に人々は駆り立てられることでしょう。死が生涯発達心理学における発達課題であるとしたら,超高齢社会とは,それがますます現実のものと意識化される社会なのです。そのような中で自己を維持することは,人間としての尊厳を保つことと同義であり,その形態はエリクソンのいう他者に対する基本的信頼感の回復によって信頼できる他者と共に迎える死であるかもしれないですし,トーンスタムのいうように宇宙との一体感をもつことで乗り越える死であるかもしれません(第11, 13章参照)。

> 死の準備：エンディングノート

死の準備というと財産相続のために遺言状を準備するということを思い浮かべるのではないでしょうか。しかし，最近は，介護を受けたり，不治の病に陥ったりした場合にどのようにしてほしいか，財産はどのくらいあって，それを誰に分け与えたいか，葬儀はどのように執り行ってほしいか，お墓はどうしてほしいかなど，老後の生活設計から死後のことまでを「**エンディングノート**」に記す人々が増加しています。

個人の権利を重視する近代的教育を受け，民主主義的な環境で生きてきた現代の中高年者には，自己の老後から死に至るまでの人生をも積極的に築いていこうと考える人が増えてきています。元気なうちに自らの最期の時までを自らの手で決めておきたいという気持ちの現れでしょう。

内容は，自分自身の出身地や経歴から自分史的な体験の記録，介護を受けるようになったときのこと（誰に，どこで，費用は），重大な病気にかかったときのこと（病名の告知，延命治療の有無，臓器提供や献体について），対人関係（入会している団体，葬儀を知らせてほしい人の連絡先），財産，葬儀（内容や予約状況，宗派や戒名，費用），お墓，法事，等々です。

これらのうち，特に，延命治療の希望はほとんどの人が書き込んでいるとのことです。死に向かう高齢期には不安なことが数多く存在します。エンディングノートの利用者の増加は，それらの不安に元気なうちから対処し，準備をしておくことで，高齢期をよりよく安心して過ごしたいというきわめて自律的な態度の人が増えてきていることを示しています。

エンディングノートは，法的な根拠をもつものではありませんが，

Column ⑪ 人の尊厳と死

　末期がん患者のように少なくとも半年以内に死期を迎えると予測される患者へのケアを**終末期ケア**（terminal care）といいます（小池，2005）。内閣府（2008）の調査によると 87.7% の高齢者は延命のみを目的とした「医療は行わず，自然にまかせてほしい」と回答しています。また，日本尊厳死協会の会員数は 1990 年の 1 万人から 2013 年には 12 万 5000 人を超えていることからわかるように，多くの人々は過度な延命は求めず，安らかな最期を望んでいることがわかります。1992 年には日本医師会が，1994 年には日本学術会議が尊厳死を積極的に進めると宣言しています。エンディングノートを利用する中高年者のうちの 9 割が延命治療に関する記述をしていることからも，尊厳死の重要さについての認識は，今後なお高まってくることでしょう。

　最近，**エンド・オブ・ライフケア**（end of life care）という言葉が使われるようになりました。この言葉は，高齢者医療と**緩和ケア**（palliative care）を統合する考え方として提唱されました。身体的な痛みと死を目前にするこころの痛みを対象とする緩和ケアを受ける末期がん患者の多くは高齢ですし，緩和ケアはがんを対象とするという印象が強くあるため，エンド・オブ・ライフケアは，がんのみならず認知症や脳血管障害など広く高齢者の終末期の尊厳あるケアを指しています。さらには，残された人々をも対象とするケアであるとも考えられています（堀内，2006）。

　また，こころの痛みのケアを**スピリチュアルケア**（spiritual care）とよぶことが多くなってきました。1967 年に**ソンダース**（Saunders, C.）によって始められた**ホスピスケア**（hospice care）は身体的痛みについては医療による緩和ケアを中心としますが，精神的ケアは主にチャプレンとよばれるキリスト教聖職者（仏教的ホスピスをビハーラとよぶ）が担っています。そのためにホスピスケアはより宗教的と考えられています。一方，スピリチュアルケアは，それをも含むより広い概念のもとに，生きている意味や目的を意識して魂の救済に向かうケアであると位置づけられています。

いつでも書き直すことができますし，書き加えることもできます。また，文字で記すことで，考えを整理することができますし，話すことの難しい心の内面的な内容も家族に伝えることができます。今後は，ますます利用頻度が高まることでしょう。それによって，目をそらしがちだった老後と死を見据えて，人生を生き抜く心構えができるのではないでしょうか。

6 死のプロセス

死のプロセス

キューブラー＝ロス（Kübler-Ross, E.）は，約200人の末期がん患者へのインタビューに基づいて，人の死に向かう5段階の心理的なプロセスを記述しました（Kübler-Ross, 1969）。なお，5段階は必ずしも第1段階から順に体験されるわけではありませんし，また，すべてが体験されるというわけでもありません。がんの末期患者の多くは高齢者です。ですから，臨床の場では，加齢のプロセスとがん患者としてのこころの変化のプロセスを重ね合わせながら，ケアを行うことが求められています。

● 〈第1段階〉否認　　予期しない衝撃的な死の予告を聞かされたとき，そのショックを認めず回避しようとするために，まず否認が起こります。

● 〈第2段階〉怒り　　否認が維持できず，死という現実を認めざるをえなくなると，自分が病気であること，死が近づいていることに対して，怒りがこれに取って代わるようになります。そして，健康な他者への恨みや羨望が現れます。

● 〈第3段階〉取引　　神や運命に対して,「○○はもうしない(○○をする)から助けてください」というような自分がどうしたら延命できるかの取引を始める段階です。
● 〈第4段階〉抑うつ　　怒りが静まり,否認や取引が無駄であることを知って,患者は抑うつや絶望感に襲われるようになります。
● 〈第5段階〉受容　　苦痛との闘いが終わると,患者は,やがて訪れる自分の死を静かにみつめることのできる受容の段階に入ります。「長い旅路の前の最後の休息のとき」なのです。

*

キューブラー゠ロスの示した5段階は,がん患者の心理過程を示そうとする試みでしたが,人生途上で障害をもってしまった場合や他の深刻な病に罹患してしまった場合などにも応用されています。

> 死別と看取り

病気や障害をもち,他者のケアを必要として生きていくことはとても難しいことです。残りの生を共有してくれる重要な他者は,家族や友人,知人ばかりでなく,医師や看護師,介護士などの専門家のこともあります。これらの人々に支えられてこそ,人は死を迎えられるのです。一人で迎えるには,死は私たちにとって重すぎる課題だからです。

また,かけがえのない「あなた」を看取る側の家族や友人たちにとっても,第二人称の死は大きな課題を投げかけます。作家の柳田邦男は,精神の病との戦いの果てに自死を試みた次男が脳死状態に陥り,その死を看取った記録『犠牲(サクリファイス)——わが息子・脳死の11日』(柳田,1995)において,著者がその苦悩の中で,息子の死を第二人称の死と捉えて,息子の死と自分の関係を考え抜きます。そして,最終的に息子の臓器提供を決意するのです。このプロセスに第二人称の死が凝集されているだけでなく,脳死問題の当事者として

の問題提起の書となっています。

看取りの場

1977年を境に、死に瀕する者たちの居場所は自宅から病院へと移っていきました。**看取りの場**が、家族の手から医療の手に渡ったのです。現代の日本で、自宅で看取られる人は10数％しかいません。約8割は病院で死を迎えているのです。しかし、内閣府（2013）によれば、55歳以上の者の54.6％と約半数が自宅での看取りを望んでおり、病院などの医療施設を選ぶ高齢者は27.7％でした。特別養護老人ホームなどの福祉施設を望む人は4.5％に過ぎません。高齢者向けケア付き住宅を望む人は4.1％でしたが、自宅と施設の中間的な役割をもつこうした住居での看取りは今後増えていくことと予想されます。一方で、「わからない」と答えた55歳以上の者が6.9％、75歳以上では7.8％もあったことが、高齢者の自らの終末期への不安を示していると思われます。

ところで、今や自宅で看取った経験のある日本人はほとんどいなくなっています。看取りの場が、家庭から病院に移ったことで、死が日常から非日常の出来事に変わってしまったからです。

少子高齢化の時代を迎えて、現代の日本は未曾有の大量死の時代に入りました。戦後のマスメディアの発達により、政治家や作家、俳優、歌手、タレントなどの有名人とよばれる人々が現れました。その人々も死を迎える年齢になっています。今後、大量の有名人の死が、これまでは彼らの活躍の指標を提供していたマスメディアによって報道されることでしょう。こうした有名人の死は、身近な人の死よりも頻繁に報道されるだけでなく、大衆はマスメディアに接することによって、その有名人の私生活までをも知っている気になっています。彼らの死が、大衆の死生観にどのような影響をもたら

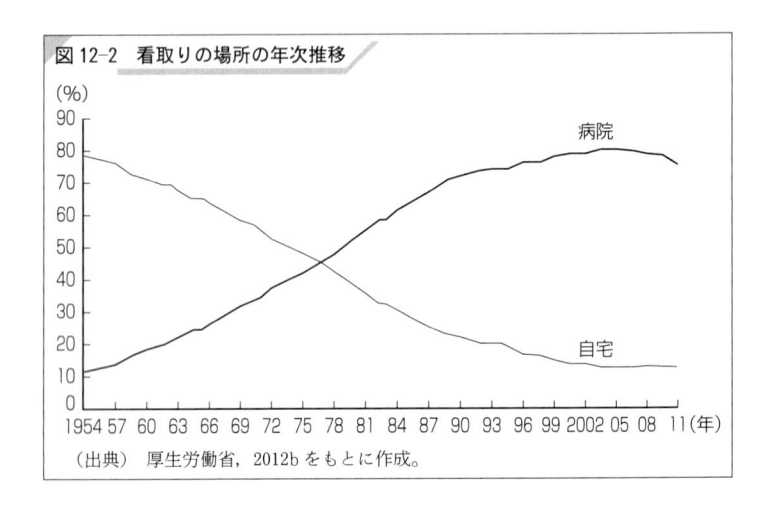

図12-2 看取りの場所の年次推移

(出典) 厚生労働省，2012b をもとに作成。

すのでしょうか。このことは，死を日常に引き戻すひとつのきっかけになるのかもしれません。

　また，高齢者人口の増加によって，病院だけでは死を受けいれることが困難になってきました。以前，入院患者に占める高齢者が多くなりすぎ，「社会的入院」とよばれて救急治療の不必要な高齢者が病院から退院を迫られるという状況が生じました。老人保健施設が新たにつくられたことも，また，介護保険制度ができたことも，高齢の入院患者が多くなってしまったことが大きな理由でした。実際に，病院での死亡率は2005年の79.8%から徐々に低下してきています。2006年が79.7%，2007年が79.4%，2008年が78.6%，2009年が78.4%，2010年には77.9%，2011年には76.2%になっています（厚生労働省，2012b）。しかし，その減少分がすべて自宅での看取りになったわけではありません。介護保険制度の改定により，政策的に高齢者福祉施設での看取りを促進していることが影響しているものと思われます。しかし，高齢者福祉施設の数には限界があ

ります。社会的な看取りの場をどのように準備するかは，今後の超高齢社会の重要な課題といえるでしょう。

孤独死

自宅での死を望む高齢者は5割を超えていますが，彼らの多くは家族や近親縁者に囲まれて最期の安らぎの時を迎えたいと考えているのでしょう。しかし，結果として自宅での最期を，しかも一人きりで迎えざるをえなかった人々もまた数多くいます。いわゆる「**孤独死**」です。

孤独死の明確な定義は今のところありませんが，東京の新宿区では，孤独死対策のために「2週間に1度以上見守りのない独居または高齢者の世帯」として，死後の発見が遅れても介護保険や行政のサービスを受けていたり，通院していたり，家族など他者との接触があった人や自殺は孤独死に含めないという定義をしました。また，厚生労働省では，「**孤立死**」という名称を用いて一人暮らしでなくとも高齢者夫婦のみの世帯や要介護高齢者とその中年の独身の息子世帯などで，社会的に孤立している状態の人々をも対象に含めようとしています。いずれにしても，孤独死は，社会的な関係が絶たれているために，他者に気づかれることなく，死後かなり時間を経てから発見された死であり，同じ地域に暮らす人々にはきわめてショッキングな出来事です。

定義が明確でないこともあって，孤独死の認定はなかなか難しいようですが，東京都監察医務院（2012）の資料によれば，2011年の東京23区内の変死者1万3997人中65歳以上の一人暮らし高齢者は3488人でした。さらにその中で，自宅で亡くなっているところを発見された人の数は2618人でした。自宅で亡くなっても医師にかかっていれば変死者扱いにはならないため，彼らはすべて孤独死とみなすことができます。

孤独死に至る事情は男女によって異なります。男性では50歳代と60歳代が特に多く，40歳代，70歳代がそれに続きます。そして，その多くがアルコール依存症といわれています。社会的に孤立して孤独感が強くなり，アルコールに依存し，健康を害するというパターンです。一方，女性の孤独死は，加齢に伴って増加するので，老化に伴う衰弱が原因であると思われます。孤独死は，中高年者の特に男性の孤独とアルコールとの関連性がはっきりしています。話す相手のいない一人だけの生活は，「孤食」の虚しさとともにアルコールに頼りがちになってしまいます。社会的な対応がさまざまに試みられていますが，高齢者を孤立させないコミュニティづくりが早急に必要でしょう。

> **自　　殺**

　1998年に前年の2万4391人から3万2863人と急激に増加した日本の自殺者数ですが，その後の対策によって2012年にはついに3万人を下回る2万7858人に減少しました（警察庁，2013a）。しかし，この数値は自殺既遂者数ですから，未遂者も含めた自殺企図者数は膨大な数になると考えられます。

　日本の**自殺率**を年代別にみると，50歳代が最も多いのですが，高齢者の自殺率の高いこともわかります。80歳以上でも自殺率は減少せず，70歳代よりも増加していることは見逃すことができません。

　また，欧米では女性に比べて男性の自殺率が圧倒的に高いのですが，日本ではそれほど大きな差はありません。女性高齢者の自殺率の高いこともわが国の特徴です。

● 直接動機　　自殺の原因を考える際には，**直接動機**と**準備状態**に分けて考えることが必要です（長谷川，1994）。高齢者の自殺の直

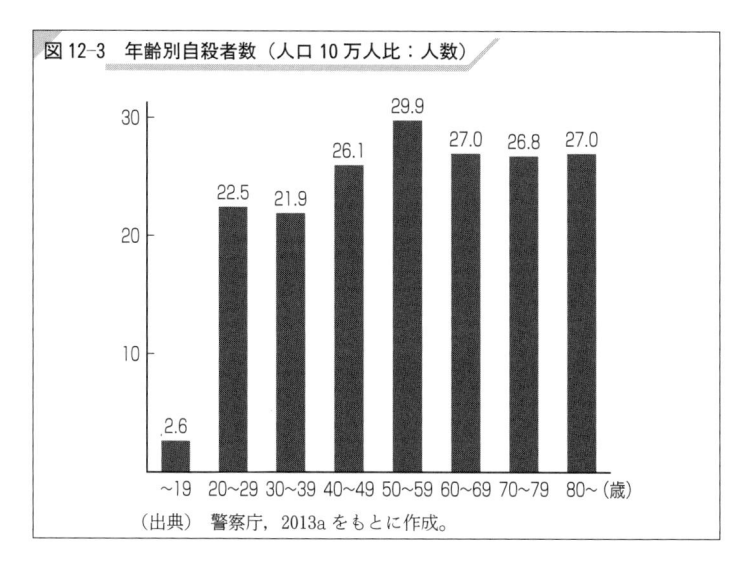

図 12-3　年齢別自殺者数（人口 10 万人比：人数）

年齢	人数
～19	2.6
20～29	22.5
30～39	21.9
40～49	26.1
50～59	29.9
60～69	27.0
70～79	26.8
80～	27.0

（出典）警察庁, 2013a をもとに作成。

接動機としては，まず，うつ病との関連性を挙げることができます。高齢期の自殺は，若年期よりもうつ病との関連性が高いといわれていますし，高齢期にはさまざまな喪失体験など危機的なライフイベントが若年期よりも頻繁に経験されます。環境の自己制御も困難になってくるので，無力感は増大します。こうしたことが，高齢者のうつ病の背景にはあると思われます。また，認知症初期のうつ状態も高齢者の自殺の直接的な動機となります。

　身体的な病気の苦しみから逃れるための自殺，すなわち病苦が直接的な原因の第一として挙げられます。次いで多いのが経済苦です。これらは，次に示す準備状態と密接な関係にあります。

● **準備状態**　高齢者の自殺動機の大半は，病苦といわれています。高齢者の病気の多くは慢性の経過をとるために，長期にわたって看護や介護をうけなければなりません。つまり，他者に依存しなければ生きていけなくなります。しかし，自分自身の要求と家族や

他の介護者の世話などの対応が一致しているとは限りませんし，「自分を理解してもらえない」「家族は自分を大切に思っていない」などの思い込みから，家族と共に暮らしていながら孤独に陥るということも稀ではありませんし，こうした家庭内不和（あるいはその思い込み）がうつ病やうつ状態の引き金になってしまいます。

　また，配偶者やきょうだい，親友などの重要な他者の死も自殺の準備状態を作り出します。特に，配偶者の死は，一般的に人生最大のライフイベントともいわれ，その衝撃度はきわめて高くなります。ですから，この第二人称の死をいかにして乗り越えるかは人生最大の課題でもあるわけです。

　高齢者においても，経済苦は直接的な自殺の原因になります。特に，一人暮らし高齢者の多くは経済的に困難な状況にあります。そして，社会的にも孤立しています。「生き恥をさらしたくない」「世間に迷惑はかけられない」との信念が自殺の準備状態を作り出してしまいます。

　高齢者の自殺の特徴として，夫婦や親子のどちらか一方の病気に苦しんで無理心中をするというケースもありますし，誕生日や敬老の日などを選んで「記念日自殺」をしてしまうケースも高齢者には多いといわれます。こうした事例がおかれている社会的状況や心理状態を，他者がいかにして支援するかを考える必要があり，実際に地域ではそうした活動が行われています。高齢者夫婦世帯，一人暮らし世帯，要介護者のいる世帯（特に未婚の息子との同居世帯）に対する自殺防止の支援策は，ますますその必要性が高まると考えられています。

読書案内

トルストイ,L.N./米川正夫訳(1973)『イワン・イリッチの死』改訂版,岩波文庫
- 文豪トルストイが世俗的凡人であるイワン・イリッチを通じて人の生と死の苦悩をリアルに描ききった短編。イワン・イリッチは,死を目の前にして世俗的な欲望と生活の無意味さに気づき,それによって死の恐怖から逃れることができたのです。トルストイは,死とは生のプロセスの末端であることを示そうとしたといえるでしょう。

柳田邦男(1995)『犠牲(サクリファイス)――わが息子・脳死の11日』文藝春秋社(文春文庫版,1999)
- 死を執筆のテーマの1つとする著者が,自死を試みて脳死状態に陥った次男の死をジャンケレヴィッチの言う第二人称の死と捉えて,息子の死と親としての自分の関係を考え抜く。そして,最終的に息子の臓器提供を決意する。脳死問題の問題提起の書ともなっています。

カステンバウム,R./井上勝也監訳(2002)『死ぬ瞬間の心理』西村書店
- 心理学者の立場から死を研究するカステンバウムの「死の心理学」の邦訳。「もしも死がなかったら」などの課題に対する回答の分析,本人,家族,医師,看護師などの臨終をめぐる心の動き,フロイトの死の本能の再考など,キューブラー゠ロスの「死の瞬間」とは異なる切り口から死に迫っています。

第13章 老いを共に生きるこころ

家族として，援助者として

　老いと死は，一人で迎えるには重すぎる課題です。老いを共に生きてくれる重要な他者の存在は，高齢期を生き抜くためには不可欠な条件です。

　本章では，日本の老いを，欧米諸国とも比較しながら，家族と介護という側面から改めて考えます。伝統的に家族の絆が強い日本では，かつての「家」制度の法的根拠はかなりの程度薄まったとはいえ，家族の心理的絆の在り方は超高齢社会を迎えて新たな変化の段階に入ったと考えられます。そのような新たな社会的段階の象徴ともいえる高齢者介護を通じて，家族とその援助者による支援の光と影を検討し，コミュニティにおける新たな絆の必要性を示します。

1 老いを共に生きるという課題

共に生きるということ　日本人の生きがいの形態として,「自己実現的生きがい」とともに「対人関係的生きがい」のあることはすでに示した通りです。家族や大切な友人など,自己の人生と重なり合って生きてきた人々との関係性そのものが自分の生きがいになる,と述べる高齢者が日本では多数存在しました。エリクソン夫妻は,第8段階まではサクセスフル・エイジングの実現が可能であるが,第9段階の超高齢期には,改めて重要な他者との基本的信頼感をもつことの重要性を示唆しました（以上,第11章参照）。また,終末期にQOLを維持し,人間としての尊厳を保つためにも人生最後の時期に寄り添ってくれる人のあることは重要であることを示しました（第12章参照）。

一方で,人生の最終段階である高齢期に人生を振り返り,自己の唯一の人生をポジティヴに捉え直すことや,祖先とのつながりを感じ,生命の神秘や宇宙の意志を感じることも,重要な老いの生き方としてエリクソンやトーンスタムによって示されました（第11章参照）。

個人の自立性と尊厳を最も重視する欧米の先進諸国も超高齢時代を迎えました。彼らも,個人の力だけで尊厳ある幸福な長寿を実現することの難しさに戸惑い,老いを共に生きてくれる他者の存在の意義を考える時代になってきたようです。日本人は,明治期以降に限ってみても,子は親の老後を支えながら共に生きてきた伝統があります。しかし,そのことが子の自由な人生の選択を阻害する要因

であったことの反省から，欧米と同様に，個人の自立と人生の選択を最も重要視することが社会的に認識されるようになった後に，超高齢社会がやってきたのです。その意味では，日本も欧米の長寿国と同様に，誰もが終末期の生き方に戸惑い，いかにすれば個人の尊厳を守りながら，他者の支えが必要な高齢者と共に超高齢社会を生きていくかという課題に対する模索が始まっています。

欧米諸国の介護という概念

私たちが考える**介護**という概念は，デンマークやスウェーデンのような社会保障の整った国にはないと言う人がいます。障害者にしても，高齢者にしても，ADLが低下して他者の援助が必要になると社会福祉サービスを受けるため，介護という概念は必要ない，というのがその理由のようです。

また，日本に先駆けて高齢者**介護保険**を制度化したドイツでは，家族の介護に対する現金給付が行われています。日本でも介護保険制度の創設が議論されている頃に，家族介護に対する現金給付の是非が検討されたことがあります。しかし，ドイツの介護保険における現金給付は，私たち日本人が考えるものとは少し違うようです。日本で現金給付をするとすれば，本来給付を受けることのできる介護サービスを，家族が行うことに対する慰労金と考えるのではないでしょうか。しかし，ドイツでは，給付された現金で要介護高齢者本人が家族のケアを購入する，というイメージを抱いている人も多いと聞きます。しかも，介護保険が規定している「**家族**」には，近隣の人々や友人などをも含んでいるのです。介護を有償労働と規定しているからでしょう。高齢になっても子と同居することの少ないドイツでは，介護に関する考え方と同時に，人の生き方についての考え方がわれわれ日本人とは根本的に違うということが想像でき

す。

　英語・米語圏では，**家族介護者**という概念があります。英語ではcarer，米語ではcaregiverといいます。それに対して**職業介護者**についてはcare workerという言葉があります。コミュニティにおけるケアが一般的なイギリスや介護がビジネスとして機能しているアメリカでは，早くから報酬を得る職業介護者が現れるようになったからでしょう。

「家」制度と親の扶養義務

　日本の場合，武士の家父長的な家族制度が元になり，明治民法に家族法が規定されました。いわゆる「家（いえ）」制度です。家名，家産などの嫡子単独相続と親の扶養義務などがその内容となっていました。家督相続をする子は，親の扶養も同時に義務となったため，家族が老親と同居し，扶養するのは当然のことでした。

　また，元来，僧侶のたしなみであった仁（他者を思いやること）・義（利欲に囚われないこと）・礼（人の上下関係をを守ること）・智（学問に励むこと）・信（誠実であること）の五常という徳性に基づいて「長幼の序」などの人間関係の在り方を示す儒教の教えは，江戸時代に朱子学や陽明学などの学問として武士が身につける教養となりました。それが，明治維新以後，教育勅語に取り入れられるなど，国民の守るべき教義とさえいえる存在となりました。父親を中心とする家族の構造と機能は，天皇を頂点とする家族的国家観と重ね合わせられ，人々はひたすらそれに従って生きてきたのです。会社等の組織も，家族的経営などと家族になぞらえて捉えられ，社員は会社あるいは社長に忠義を誓ったものでした。このように，「家」あるいは家族が1つとなり，同時に老親を扶養することは家族の当然の義務として，日本人の心の底に深く刻まれることになりました。そし

て，それは日本人にとっての美徳ともいえるものでした。

戦後の家族関係の変化

戦後，民法が改正され，親の扶養義務は一部残ったものの，「家」制度は徐々に薄らいでいきました。また，第二次，第三次産業の成長と都市化によって，老親を地方に残し，都市部に移り住んだ若者が，その後，老親のいない核家族を形成するようになりました。

その間，欧米風の民主主義的教養が教育の中心的内容となり，個人の目的追求をただ一度きりの人生の最重要事項とする考え方が普及しました。その結果，親の扶養や介護を義務と考えるのではなく，社会的存在としての高齢者を社会が支援するという考え方が，国民の多くに共有されるようになりました。もともと国民の経済力の低かった日本では，年金制度や健康保険制度といった社会的互助システムが比較的早くから整うようになったため，経済的には親が子の経済力に頼る必要性はあまり高いものではありませんでした。ただし，肉体的にも心理的にも負担が多く，また，時間も要する親の介護が，「高齢者問題」として残されていたのです。

しかし，介護の社会化も日本では比較的素直に受けいれられ，2000年に介護保険制度が施行されました。

2 家族システムと高齢者

家族構造の変化と同・別居

近年，一人暮らし，あるいは夫婦のみの高齢者世帯が急増しています。2013（平成25）年度「高齢社会白書」（内閣府, 2013）によれば，世帯別に高齢者の割合をみると，子などと同居している

第13章 老いを共に生きるこころ

高齢者は2000（平成12）年には53.3％と半数を超えていたのですが，2011（平成23）年には，45.9％に減少しています。一方，夫婦のみで暮らす高齢者は27.1％から30.0％へ，**一人暮らし高齢者**は19.7％から24.2％へと増加しています。若い世代と同居しない老親の世代は，今後ますます増加すると予想されています。

こうした変化をみると，現代の日本の高齢者は子と同居するよりも別居することを望んでいるかのように思えます。しかし，これは都市化や高学歴化，産業の高度技術化，さらには少子化などがもたらした結果でもあります。必ずしも高齢者自らの本音の表出とは限りません。身体機能の低下した高齢者にとっては，成人した子が一緒に暮らしてくれること以上に心強いことはないはずだからです。

同別居の良し悪しは，簡単にいえば，同居をしてうまくいく親子関係であれば同居がよいのであり，逆に，別居していることが親子双方にとって都合がよければ，同居しないほうがよいことなのです。同居も別居も，うまくいく，いかないにはそれぞれ理由がありますし，その理由は親の老いの状況の変化とともに変わっていきます。ですから，同居と別居のどちらがよいかは，時間とともに常に変化していると考えるべきで，大事なことは，親子のコミュニケーションを絶やさず，お互いの事情を斟酌するような温かい関係性にあります。北欧やドイツとは異なり，同居も別居もどちらも選ぶことのできる精神性の存在する日本人なのですから，それぞれの家族にとってよいと思われる生活の仕方を実現してほしいものです。

しかし，明治民法に規定された「家」制度以来の日本の親子同居に潜む問題を，心理学的に捉えておくことも重要です。超高齢化時代における家族同居を考えるうえで，乗り越えるべき課題がみえてくるからです。

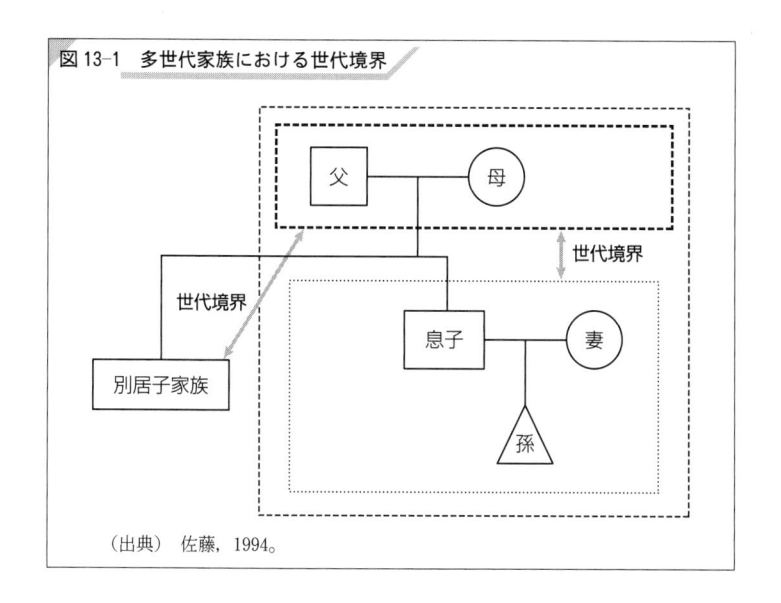

図 13-1　多世代家族における世代境界

(出典)　佐藤, 1994。

多世代同居と世代境界　　夫婦のみの世帯や未婚子との同居世帯と既婚子との同居世帯の違いは，1つの世帯に2つの夫婦が存在するかどうかということです。そして，同居する老親夫婦と子ども夫婦の間には，目には見えない心理的な**世代境界**が出現します（佐藤, 1994）。つまり，子ども夫婦に孫が加わって新たな核家族が形成されることによって，1つの拡大家族内に老親夫婦と子どもの家族という2つの家族サブシステムが形成されます。これが，三世代同居家族の背景に存在する心理的力動の源泉となるのです（図 13-1 参照）。

　家族サブシステム間の境界にいち早く注目して，家族カウンセリングに応用してきたミニューチン（Minuchin, 1974）によれば，サブシステムの成員同士が不当な介入を受けることなく機能するためには，サブシステム間の境界が明確になっていることが必要です。

そこで，日本の親子同居世帯における世代境界を考えた場合，親子双方のサブシステム間の境界がそれぞれ同等に明確になっているかというと，旧来の「家」制度が法的には消滅しているとはいえ，依然として境界を曖昧にしておく力動が働く傾向にあるといえるでしょう。

　家族サブシステム間の心理的境界を明確にする方途として一般に行われるのは，親子間に明確な物理的境界を設定することです。二世帯住宅のように住宅の1階と2階に親子それぞれが住み分けることによって，日常生活を分離させることは，家計を分離させることにもつながります。こうすることで，両世帯間の葛藤や対立を低減させようとするのです。

　しかし，世代間の区別を行おうとするこの努力が，一方で，世代間の溝として捉えられ，それが親子断絶をつくりだしているとみなされることもあります。子どもの側からは，世代間の独立または区別と考えた二世帯住宅が，親側からは親子断絶をもたらす住宅であると認識されることは大いにありうることなのです。つまり，物理的境界が心理的境界の出現に効果をもつ反面，それが世代間の溝あるいはギャップとなってしまう危険性を秘めているのです。

家族神話の呪縛

　親には家庭をつくる役割があり，子は親から独立する存在であるため，世代境界の捉え方が両世代で逆転する傾向のあることは当然なのかもしれません。ところが，家族という集団には，家族の凝集性（まとまり）を維持するための独自の非合理的メカニズムが存在するという指摘が家族療法では注目されてきました。

　ジャクソン（Jackson, 1957）は，家族成員間の力関係の均衡を維持するためのメカニズムを**家族ホメオスタシス**（family homeostasis）

> 表13-1 家族神話の例
>
> ① 「言葉に出さなくとも夫婦はわかりあえる」
> ② 「家族に秘密があってはならない」
> ③ 「波風の立たない,問題のないことが家族の幸福である」
> ④ 「父親に従っていれば家庭はうまくいく」
>
> (出典) 佐藤, 2005。

とよびましたが,これは**家族神話**(family myth)へと発展し(Ferreira, 1963),家族療法において盛んに用いられるようになりました。家族神話とは,家族成員間の絆を脅かすような脅威や不安から防衛するために,家族成員が相互の合意のうえで用いる歪んだ家族役割関係のことを指しています。

家族神話には,一見,幸せな家族とはそういうものかと思わせるところがあります。しかし,それにとらわれることによって家族関係は歪んだものになってしまいます。

こうした家族神話の呪縛から逃れようとして,子は親から独立し,そして再び,自分のつくった新たな家庭で新たな家族神話をつくりだしていくのです。

家族神話は,核家族内部ではそれがたとえ歪んだ信念だとしても,家族を維持する方向に働くのですが,2つの核家族がサブシステムとして同時に存在する親子同居家族では,それが両者の葛藤や対立を引き起こす方向に働きやすいといえます。このことが,世代境界が世代間の溝として意識されるもう1つの理由なのです。

3 家族による介護の困難

家族介護という神話

近年の親子同居の仕方は，特に都市部では，かつてとはかなり異なったものになってきました。同居するにしても，子どもの結婚と同時に嫁または婿が親の家に入るという「一貫同居」はきわめて少数となり，親の身体が弱くなるか，親のどちらかが亡くなってから同居を始めるという「途中同居」が多数を占めています。つまり，目的がはじめからから介護に限定されているのが老親との同居なのです。現代の日本社会における，特に都市部に住む中年世代の人々にとって，「老親との同居」とは「今から家族介護が始まる」ということを意味するのです。中高年の子ども世代にとって老親の介護は，子育て後の次なる大きな課題になっています。

ところで，家族という集団は，他の集団と比べて，何よりもまず居心地のよい環境を提供する要素を内包しています。そして，家庭の居心地がよいというのは，肯定的感情に満たされているときに感じるものです。しかし，介護は，提供するほうもされるほうも必ずしもよい感情のときばかりではありません。むしろ，介護の期間が長引くに連れて，否定的感情を体験することのほうが多くなるものです。そして，たとえば，介護者がわずかでも介護から解放されたいと思って代わりの人を捜そうとすると，それだけで周囲は「冷たい」「自分勝手だ」「親を捨てようとしている」などの反応を示します。

「介護は家族にされてこそ幸福である」「親や配偶者の介護をする

のは家族の愛情の現れである」「親や配偶者の介護を辛いと感じてはならない」などの家族神話に縛られて介護を続けている介護関係では，それまで我慢していた否定的感情が最後には抑制できず，一気に問題が表面化してしまいかねません。このような「**家族介護という神話**」にとらわれている介護者は，燃え尽きる（burnout）まで介護から離れることができず，また，介護される側の老親もホームヘルパーを依頼したり，施設に入ることになったりしたときに，家族に捨てられたと生きる意欲を失ってしまうのです。

認知症と家族神話

認知症高齢者の行動障害として現れる徘徊，妄想，奇声，異食などの問題は，BPSD（認知症の行動・心理症状）として研究が進み始めました。家族は，認知症高齢者のこうした行動障害に苦しむことが多く，その苦しみの原因の大きな部分を「論理よりも感情が優先する家族」という特徴が占めています。

「もの盗られ妄想」を例にこのことを考えてみましょう。

認知症が進むと「自分の大切にしていたものが盗られた」と繰り返し大騒ぎすることがあります。しかも，それを訴える姿は切々としていて，盗まれたことを真に怒り，盗んだ人を恨むのです。しかも，盗んだと訴えられるのは，いつも身近で介護をしている家族（主介護者）なのです。

毎日懸命に介護に明け暮れているにもかかわらず，「この人が盗んだ」と訴えられた介護者は，自分の毎日の努力が本人には全く通じていないばかりか，盗人よばわりされたことに，腹が立つよりも情けなさで一杯になってしまいます。まして，自分の親ではなく，結婚したために人生の途中から家族の一員になって夫の親の介護をしている「嫁」にとっては，その理不尽さに耐えられなくなってし

まう気持ちもよくわかります。

　もの盗られ妄想は，認知症高齢者に現れる代表的な BPSD の 1 つであり，認知症という病気の症状に他ならないのですから，論理的に考えれば腹を立てたり，情けなく思ったりする必要はないはずです。しかし，このような状況の中で冷静になり続けることは，「幸福な家族」を演じ続けなければならないという神話を背景にした「家族」という集団にいる以上，きわめて困難なことなのです。

家族介護に潜む危険性：ケアとコントロール

「介護」という用語のもととなった「**ケア**」(care) という言葉は，たとえば，仲のよい友だち同士が別れるときに，"Take care !"（「気をつけて！」）と言うように，「相手を心配する，気遣う」とい意味を含んでおり，単に世話をする行為のみを指す言葉ではありません。したがって，介護とは，そもそも愛情，友情，思いやりなどの情緒的側面を伴う行為なのです。

　親密な関係には必ず「ケア」という側面が伴います。夫婦関係，親子関係，きょうだい関係，友人関係，さらにはボランティアによる他者援助の関係性にも，その行為の始まりには，相手を心配し，思いやり，気遣うという愛が存在します。福祉を職業とする人々も，その職業選択には，人間，特に援助を必要とする人々に対する愛情や思いやりが背景となっているはずです。

　介護という状況にある**介護者と被介護者の関係**は，したがって，親密な人間関係であることが前提になります。家族や友人による介護は，そもそも親密な関係に伴う愛情や友情が，介護行為の動機づけとなっています。一方，介護士やヘルパーによる介護は，そこに金銭が介在するとしても，相互の信頼関係が成立しない限り，十分な介護関係となることが困難であることは，あらゆる研究事例によ

って示されています。

 ところが，相手を思いやる行為を伴う関係性には思わぬ落とし穴のあることが，社会心理学の研究から明らかにされています。

 対人関係において力関係の不均衡が存在することは苦痛なことです。たとえば，友人に借金をするということを想像してみてください。おそらく，少しでも早く借金を返してしまいたいと思うはずです。しかも，単に借りた金額を返済するだけではなく，別にお礼の品を添えるということをするのではないでしょうか。この「借金とは別に添えるお礼の品」が，両者の対等な関係を復活させるためには重要なのです。なぜなら，友人に借金をするということは，金銭的な負債だけではなく，精神的な借りをつくることでもあるからです。

 親密な関係性を維持するためには，両者はもともと対等でなければなりません。そこに不均衡な関係が生じたままでいると，私たちは苦痛を感じます。人は，相手から何かをしてもらうと「借り」という不均衡を背負った気になります。だから，私たちは，他者に何かをしてもらったら，お返しをしないではいられないのです。このことを人間関係における「社会的交換」という観点からみると，何らかの援助や報酬を提供された側は，その提供者との対等な関係性を維持するために，対価に見合った「返報」が動機づけられる，ということになります。

 介護関係にこの社会的交換の原則を当てはめてみましょう。介護する家族から「ケア」を受ける被介護者である高齢者は，家族との対等な関係性を維持するために，受け取った報酬に見合う対価を返報したいと動機づけられることになります。たとえば，介護を受ける高齢者が，自分の資産を家族に残すことを返報とするということ

があるかもしれません。しかし，愛情や思いやりを基礎にした家族の「ケア」に対しては，それだけでは精神的な負債への返報として妥当ではないと感じます。つまり，介護を受ける高齢者にとって，愛情や思いやりに対する返報が叶わないことが心理的苦痛の源泉になっていると考えられるのです。

　返報が不可能な状態でいると，相手の「ケア」を受けることに抵抗感が生じます。この抵抗感を「**心理的負債感**」とよびます。つまり，精神的な「借り」ができてしまうのです。

　心理的負債感の生じた関係で，さらに「ケア」が継続している場合，被介護者には「ケア」であるはずの介護者の行為にも心理的な苦痛を感じるようになり，それを自分に対する「コントロール」，つまり自分の自由を奪う支配と感じるようになってしまうのです。心理的負債感を抱えた被介護者は，介護者の支配に抵抗できず，服従せざるをえない状況に自らを追い込み，感情を抑制するだけでなく，孤独や抑うつ状態に陥ってしまうことも稀ではありません。

　一方，介護する側も返報が期待できないために，被介護者に対する愛情や思いやりが報われないと感じるようになってしまいます。そして，「ケア」であったはずの行為がいつしか相手を支配し，服従させるような荒んだ感情になっていることに気づき，その原因が介護そのものにあることから，介護者も逆に被介護者に束縛され，自由を奪われ，「コントロール」されていると感じるようになってしまうのです。

　相手に対する愛情や思いやりの行為として始まった「ケア」が，いつしか，互いが互いを縛る「コントロール」関係に陥ってしまう危険性が，介護という行為には潜んでいるのです。

　行為としては「虐待」といわざるをえない介護場面の出来事にも，

その背景には，こうした"善悪を超えた"問題が存在するのです。私たちは，介護場面における介護者と被介護者の表面に現れた行為だけではなく，その背後に存在する心理学的問題にも思いを寄せる必要があるのではないでしょうか。

4 コミュニティケア

●新たな絆の創出

孤立する高齢者，見捨てられる高齢者

2012（平成24）年度「高齢社会白書」（内閣府，2012）のデータから，ここでは高齢者世帯の構成割合を検討してみましょう。高度成長の本格化した1960（昭和35）年の子との同居世帯は86.8%を占めていました。しかし，2011年には，三世代同居，未婚の子との同居およびその他の同居世帯を含めても45.9%にすぎません。しかもそのうちの4割は未婚の子との同居世帯であることが最近の特徴です。一人暮らし世帯が24.2%，夫婦のみの世帯が30.0%なので，少なくとも若い世代のいない世帯が54.2%を占めています。2030（平成42）年の推計値では，子との同居世帯は20%にまで減少し，夫婦のみの世帯は30%程度でそれほど変化はしないのですが，一人暮らし世帯が37.7%となり，高齢者世帯の中で最も多くを占めるようになると予想されています。

前章では孤独死を取り上げました。**社会的孤立**が孤独感を生み出し，孤独の不安と虚しさからアルコールに依存するようになり，心も体もボロボロになって死に至る比較的若い高齢層の男性の問題を指摘しました。一方，一人暮らし高齢者は，圧倒的に女性が多く，配偶者と死別後の高齢女性の中には，貧困と病苦の中で社会的に孤

立していき，誰に看取られることもなく亡くなる方も多くいます。斉藤ら（2010）によれば，高齢期には女性のほうが孤立しやすいのですが，退職後の社会的ネットワークの小さい男性のほうが極端な孤立に陥りやすいこと，そして，日本人は家族規範が強いため，親戚，友人，近隣との関係の比重が軽く，配偶者と子どもとの関係を極端に重視しているので，子どものない夫婦の死別後の配偶者の孤立の可能性が非常に高いことを指摘しています。

また，最近，行方不明の超高齢者がマスコミを賑わせました。2010 年に起きた「高齢者所在不明問題」（厚生労働省），いわゆる「消えた高齢者」問題です。蘭学者・緒方洪庵や侠客・国定忠治，作曲家ショパンと同年生まれの 200 歳になる男性，生きていれば西郷隆盛より 3 歳年上の 186 歳になる男性などが生存していることになっていたり，すでに亡くなっているにもかかわらず 110 歳を超えて生きていることにして，その親の老齢福祉年金を子と孫が不正に受け取っていたりと，理由はさまざまにあるようですし，意図的なケースのあることも明らかになっています。大阪市ではこのような行方不明高齢者が，記録上の年齢が 120 歳以上の人に限っても 5000 人を超えていることを発表しました。いずれにしても，一人暮らし高齢者やホームレスの高齢者だけでなく，かつては子と同居していた高齢者ですら，いつのまにか行方がわからなくなっているケースのあることに世間はショックを受けたようです。

これら高齢期の孤立と孤独に関わる諸事実を知り，配偶者や子のないことや，親子の絆の脆弱さ，そして近隣に住む人々の無関心さに改めて不安を抱くとともに，自戒と反省を込めて地域コミュニティの再構築を図ろうとする人々も現れてきました。2011 年 3 月 11 日に発生した東日本大震災以降，同じ地域に住む人々の絆の重要さ

が改めて認識されるようにもなりました。

コミュニティの再生

千葉県松戸市常盤平団地で，死後3年間，誰にも気づかれずにいた死亡時69歳の一人暮らし男性の死体が発見された事件が，団地住民を**コミュニティ**づくりに目覚めさせることになりました（NHKスペシャル取材班&佐々木とく子, 2007）。

子どもたちの歓声と若い夫婦の笑顔に包まれたニュータウンが，いつしか高齢者の街になっている例は国内に数多くあります。子どもたちが巣立ち，夫婦も年老い，そして配偶者と死別した一人暮らし高齢者の増加，というかつてのニュータウンを想像するだけでは，高齢者の街となった団地の事情を理解することはできません。古くなった団地に若いエリート層が新たに入居することはありません。古くなった住宅は，家賃も下がり，単身入居枠も広がります。2DKや3Kの部屋にも保証人無しで入居できるように規定も変更されました。そして，低所得者や年金生活者が単独で移り住むようになったのです。

こうして，かつてのニュータウンであった大規模な公団住宅は独居率と高齢化率のきわめて高い街に変貌しました。団地高齢者の孤独死が社会問題化するのは時間の問題だったのです。

常盤平団地の住民は，この問題に真剣に取り組みました。団地自治会は，地区の社会福祉協議会と民生委員と共に「孤独死ゼロ」を合い言葉に，崩壊したコミュニティの復活に取り組みました。自治会長を中心に，団地内に「孤独死110番」の緊急通報体制を整え，シンポジウムを開催して一人暮らし世帯や孤独死の問題を周辺住民や自治体に広く知ってもらう活動もしました。水道メーター検診時の声かけも水道局に要請しました。こうした自治会の活動が実を結

び，今では，一人暮らし高齢者を団地コミュニティが守る仕組みができあがりました。猛暑の夏には，住民ボランティアが熱中症予防の声かけをして回り，認知症高齢者の住戸には，福祉サービスだけでなく，近隣の住民が総菜などをもって訪ねてくるのです。

常盤平団地は高齢者にやさしいコミュニティとして知られるようになり，転居してくる高齢者が増加しているとのことです。安心と安全をもたらすコミュニティが再構築されただけでなく，住民同士の新たな絆は，人と人との損得抜きの関係性によって，共に支え合うことの意味と，それに伴う幸福感をもたらしたのです。

コミュニティケアの必要性

90歳，100歳という長寿者が増大し続けている超高齢社会の現代日本においては，介護する側の子ども世代自身が高齢化しており，いわゆる「老老介護」はもはや少数派ではなくなっています。共に80歳を超えた老夫婦の一方がその配偶者を介護することがきわめて難しいことと同様に，90歳代の認知症の親を70歳代の子どもが，夜中も安眠することもできないほどの厳しい介護が続いたために，疲労と心理的ストレスに倒れて先に逝ってしまった，というような事態すら起きているのが現実なのです。

また，両親と同居していた息子が，父親の死後，母親を介護しながら二人だけの生活を続けていたのですが，母親の認知症が進んだため，結局，介護放棄状態になる，という事件が起こることも珍しくなくなりました。高齢の母親と中年の息子のみの家庭は，社会的孤立状態になりやすいといわれています。一人暮らしの問題とともに，高齢夫婦のみの世帯，そして最近では，高齢の親と息子の世帯の問題が，新たな社会的課題として立ち現れてきました。

介護保険制度によるサービスの支援を受けながら，中高年の子ど

もの家族が老親の介護をすることは、元来の介護保険制度の目的でした。専門家による援助は、あくまでも家族介護を支援するためと考えられていました。しかし、老親の介護に時間を割けない事情のある子どもたち、貧困のために親の年金さえ当てにしなければ暮らせない子どもたち、一人暮らしや老老介護の世帯、社会から孤立する老親と息子の家庭、これらの人々を支えることができるのは、介護の専門家集団と近隣の人々です。**コミュニティケア**の実現は、これからの超高齢社会においては欠かせない課題といえるでしょう。

　かつての家族や近隣の人々による介護では、重度化した要介護高齢者の心身のケアは困難な時代になっています。単なる身辺介護にとどまらない専門的な介護によってこそ、認知症や車いす生活、経管栄養など「自律的な生活」(「自律性」については第1章18頁参照)が困難になってしまった要介護者の本来の人間性を取り戻すことができるのです。従来の素人でもできる介護ではなく、専門家であればこそ可能な高度な知識と技能を背景とする全人的介護としての**パーソナルケア**が望まれているといえるでしょう。専門家、家族、そして近隣コミュニティとが一体となったとき、私たちは専門家であるか、家族であるか、近隣に住む者であるかを問わず、老いを共に歩むことのできる存在になれるのです。

　全人的介護としてのパーソナルケア(佐藤, 2011)は、生活習慣によって築かれてきたその人の生き方そのものを対象にしなければなりません。それは家族や近隣コミュニティの支えの中で、専門介護士が課題の解決を行うことによってはじめて成り立つのです。

表13-2 パーソナルケアの新しい考え方

身辺介護としてのパーソナルケア（従来の考え方）

概念：日常生活援助のうち家事援助を除く身体的援助

目標：本人ができないことを援助し，生活を可能にする

内容：食事，排泄，衣類の着脱，清潔（入浴，清拭など），整容（洗面，爪切り，ひげそり，洗髪など），移動（トランスファー，歩行・車椅子介助など），自助具・介護用品の工夫，自立生活訓練，その他

方法：状態観察→介護内容の説明と了解→準備→実施→終了→後始末

留意点：安全，安楽，自立性の拡大

➡誰にでも可能な介護，簡単に済ますことの可能な介護，一人でできる介護

全人的介護としてのパーソナルケア（新しい考え方）

概念：生活とはその個人の歴史そのものである。要介護とはそれが不可能になることである

目標：本人ができないことの背景，原因を考察し，身体面の変化に伴う心理的変化に対応し，本人の自律性を高める

内容：生活全般における対処困難な問題を分析・考察し，問題の原因を探り，それによる心身の変化に対応する

方法：ケアサイクル（インテーク・介護診断→標準的ケアプラン策定→標準的ケアの実施→個別データ収集→ケアカンファレンス→パーソナルケアプラン策定→パーソナルケアの実施→パーソナルケアの評価）

留意点：原因の所在の明確化，心理的変化への対応，自律性の拡大

➡専門的な介護，簡単には済ますことのできない介護，一人ではできない介護

(出典) 佐藤，2011を改変。

Column⑫ 死別と悲嘆

家族など愛する人を失うことを予想して嘆き悲しむことを「**予期的悲嘆**」といいます。予期的悲嘆は，死別への心の準備をすることと，死別後の衝撃を多少とも和らげることに役立つと考えられています。

愛する人の死にゆくプロセスを共有することは，とても辛いことです。やせ衰えるなどの容貌の変化のみならず，死をみつめて苦しむ本人の嘆きや悲しみなどの精神の乱れを受けとめることも，辛く悲しいことです。特に，高齢者の場合，長年連れ添った伴侶を看取る悲しみは，想像を絶するものがあるでしょう。

悲嘆のプロセスは，死別後も続きます。死者は私たちの中に生きて

います。その意味で，死者と関わった生者がいる限り，死者は死んでいないのです。死別の悲嘆は，その証なのです。残された配偶者や家族が**「喪の仕事（悲嘆作業，グリーフワーク）」**を適切に行い，死者が生者の心の中で生き続けられるように支援するためにも，予期的悲嘆や喪の仕事への支援は，医療や介護に関わる者にとっては重要な課題になります。特に，**死別後の家族へのケア**（bereavement care）は，わが国ではほとんど行われていないのが現状です。少なくとも死別後の1年間は，残された者の精神的ダメージは解消することが困難だといわれています。また，死別が10数年経っても残された高齢の配偶者に影響することを明らかにした研究さえ存在します（河合・佐々木，2004）。そのような人にとっては，よりよい老後を迎えるどころか自分の寿命をさえ縮めかねない問題です。本人だけではなく，残された者へのケアもわが国の今後の課題といえるでしょう。

読書案内

城仁士編著（2009）『do for から do with へ——高齢者の発達と支援』ナカニシヤ出版
●心理学者である編者が「高齢者の発達を支援する環境づくり」を支えるシステムとして，社会システム論，医療システム論，生活環境論，身体機能システム，自立支援福祉サービスの5つのアプローチを提示し，その具体的な実践例を示しています。タイトルが示すように，高齢社会に生きる人々は高齢者と共にあることを改めて感じることができるでしょう。

佐藤眞一・大川一郎・谷口幸一編著（2010）『老いとこころのケア——老年行動科学入門』ミネルヴァ書房
●日本老年行動科学会に草創期から所属するメンバーが執筆した「老年行動科学」を冠する書。1970年代から高齢者ケアのケース・スタディを積み重ねてきた著者たちによって，ケアする側とされる側の心理的側面を意識しながら書かれています。

佐藤眞一（2011）『ご老人は謎だらけ——老年行動学が解き明かす』光文社新書

●高齢者の心理的側面を行動学の観点から論じた書。本章のテーマである高齢者へのサポートのみならず，本書全体の副読本として読むことができます。高齢期に特徴的な行動を他者との関係性から解き明かしています。

引用・参考文献

朝田隆（2013）「都市部における認知症有病率と認知症の生活機能障害への対応」『厚生労働科学研究費補助金認知症対策総合研究事業平成 23 年度～平成 24 年度総合研究報告書』

朝田隆・本間昭・木村通宏・宇野正威（1999）「日本語版 BEHAVE-AD の信頼性について」『老年精神医学雑誌』10，825-834.

荒井由美子・熊本圭吾・傳農寿・北本正和（2005）「わが国の一般生活者の高齢社会に対する意識」『日本医事新報』4229，23-27.

池田学（2004）「前頭側頭型痴呆」日本老年精神医学会編『老年精神医学講座；各論』ワールドプランニング

一般社団法人日本尊厳死協会ホームページ　http://www.songenshi-kyokai.com

稲垣宏樹・増井幸恵・権藤恭之・広瀬信義（2002）「日常生活能力（ADL）」広瀬信義（主任研究者）『百寿者の多面的検討とその国際比較——平成 13 年度厚生科学研究費補助金長寿科学総合研究事業総括報告書』慶應義塾大学医学部老年内科

稲葉央子・石丸雄二・田村義之・千葉茂（2006）「高齢者せん妄における環境調整と事故防止」『老年精神医学雑誌』17，644-652.

入谷修司（2004）「難聴と妄想」『老年精神医学雑誌』15，286-293.

岩佐一・鈴木隆雄・吉田祐子・吉田英世・金憲経・古田丈人・杉浦美穂（2005）「地域在宅高齢者における記憶愁訴の実態把握——要介護予防のための包括的健診（「お達者健診」）についての研究」『日本公衆衛生雑誌』52，176-185.

内田博行（1996）「心気症のある独居高齢者のケア」佐藤眞一・米山淑子編『「事例集」高齢者のケア 4　不安／訴え／心気症状』中央法規

上田閑照・柳田聖山（1992）『十牛図』ちくま学芸文庫

岡林秀樹・杉澤秀博・矢冨直美・中谷陽明・高梨薫・深谷太郎・柴田博（1997）「配偶者との死別が高齢者の健康に及ぼす影響と社会的支援の緩衝効果」『心理学研究』68，147-154.

岡村清子・古之野亘・安藤孝敏・長谷川万希子・浅川達人・児玉好信（1995）「子どもの性別構成と既婚子同居の関連」『老年社会科学』16，156-163.

加藤伸司（1991）「改訂長谷川式簡易知能評価スケール（HDS-R）」大塚俊男・本間昭監修『高齢者のための知的機能検査の手引き』ワールドプランニング

加藤伸司・下垣光・小野寺敦志・植田宏樹・老川賢三・池田一彦・小坂敦二・今井幸充・長谷川和夫（聖マリアンナ医科大学神経精神科学教室）（1991）「改訂長谷川式簡易知能評価スケール（HDS-R）の作成」『老年精神医学雑誌』2，1339-1347.

河合千恵子・佐々木正宏（2004）「配偶者の死への適応とサクセスフルエイジング——16 年にわたる縦断調査からの検討」『心理学研究』75，49-58.

河合千恵子・下仲順子（1992）「老年期におけるソーシャルサポートの授受——別居家族との関係の検討」『老年社会科学』14, 63-72.
河野理恵（1999）「高齢者のメタ記憶——特性の解明，および記憶成績との関係」『教育心理学研究』47, 421-431.
川畑信也（2005）『認知症疾患の診断と治療の実際——「もの忘れ外来」レポート：すべての臨床医のための実践的アドバイス』ワールドプランニング
北村俊則（1991）「Mini-Mental State（MMS）」大塚俊男・本間昭監修『高齢者のための知的機能検査の手引き』ワールドプランニング
木村みさか（1991）「高齢者への運動負荷と体力の加齢変化および運動習慣」*Japanese Journal of Sports Sciences*, 10, 722-728.
警察庁（2013a）「平成24年中における自殺の状況」http://www.npa.go.jp/safetylife/seianki/jisatsu/H24/H24_jisatunojoukyou_01.pdf
警察庁（2013b）「平成24年中の交通事故の発生状況」http://www.e-stat.go.jp
小池眞規子（2005）「高齢者の死」井上勝也責任編集『老人の心理と援助』第3版，メヂカルフレンド社
厚生省（2000）「平成12年版厚生白書」
厚生労働省（2011）「平成23年患者調査」
厚生労働省（2012a）「入浴関連事故の実態把握及び予防策に関する研究について」http://www.mhlw.go.jp/stf/shingi/2r9852000002rkou-att/2r9852000002rkv5.pdf
厚生労働省（2012b）「平成23年度人口動態統計」
厚生労働省（2013）「平成24年簡易生命表」
国立社会保障・人口問題研究所（2013）「日本の将来推計人口（平成24年1月推計）」
小阪憲司（2004）「レビー小体型痴呆」日本老年精神医学会編『老年精神医学講座；各論』ワールドプランニング
小林江里香・杉原陽子・深谷太郎・秋山弘子・Liang, J.（2005）「配偶者の有無と子どもとの距離が高齢者の友人・近隣ネットワークの構造・機能に及ぼす効果」『老年社会科学』26, 438-450.
古谷野亘・安藤孝敏・浅川達人・児玉好信（1998）「地域老人の社会関係にみられる階層的補完」『老年社会科学』19, 140-150.
近藤勉（2007）『生きがいを測る——生きがい感てなに？』ナカニシヤ出版
斉藤雅茂・冷水豊・武居幸子・山口麻衣（2010）「大都市高齢者の社会的孤立と一人暮らしに至る経緯との関連」『老年社会科学』31, 470-479.
阪上雅史（2006）「高齢者の味覚障害」*Geriatric Medicine*, 44, 819-824.
佐藤眞一（1994）「高齢者のいる家族の世代間関係——世代境界尺度の構造と関連要因」『高齢者のケアと行動科学』1, 47-57.
佐藤眞一（1995）「ライフイベントと心の健康」東京都老人総合研究所心理学部門編『ライフイベントと心の処方箋——東京都老人総合研究所・板橋区共同プロジェクト中間報告』東京都老人総合研究所
佐藤眞一（1998）「高齢者福祉の心理」佐藤泰正・山根律子編『福祉心理学』学芸図書

佐藤眞一（1999）「"生きがい"――その評価と測定のポイント」『生活教育』（へるす出版）43 (6), 28-31.
佐藤眞一（2002）「定年後,「居場所不安」がなぜ起こるのか」『PHPほんとうの時代』7月号, 50-51.
佐藤眞一（2005）「老年期の家族と介護」『老年精神医学雑誌』16, 1409-1418.
佐藤眞一（2007a）「生きる――団塊世代の心と暮らし」『聖教新聞』（2月4日付）
佐藤眞一（2007b）同上（2月18日付）
佐藤眞一（2007c）同上（5月20日付）
佐藤眞一（2007d）同上（6月3日付）
佐藤眞一（2007e）「高齢者のサクセスフル・エイジングと生きがい」谷口幸一・佐藤眞一編『エイジング心理学――老いについての理解と支援』北大路書房
佐藤眞一（2009）「充実した高齢期の実現を目指して」ダイヤ高齢社会研究財団『超高齢社会を生きる――介護保険・介護予防の今とこれから』ダイヤ財団新書
佐藤眞一（2011）「行動科学と高齢者ケア――老年行動科学の意義と役割」『高齢者のケアと行動科学』16, 4-15.
佐藤眞一（2012）『認知症「不可解な行動」には理由がある』ソフトバンク新書
佐藤眞一・東清和（1998）「中高年被雇用者および定年退職者の行動特徴と生きがい」『産業・組織心理学研究』11, 95-106.
佐藤眞一・下仲順子・中里克治・河合千恵子（1997）「年齢アイデンティティのコホート差, 性差, およびその規定要因――生涯発達の視点から」『発達心理学研究』8, 88-97.
佐藤正美（1998）「老年期の感覚機能・聴覚」『老年精神医学雑誌』9, 771-774.
宍倉久里江・角田博之・宮岡等・永井哲夫（1998）「味覚障害と老年期うつ病」『老年精神医学雑誌』9, 799-804.
品川俊一郎・池田学・豊田泰孝・松本光央・松本直美・足立浩祥・森嵩明・石川智久・福原竜治・鉾石和彦・田邉敬貴（2007）「地域在住高齢者における主観的もの忘れの背景因子の検討」『老年精神医学雑誌』18, 313-320.
柴田博（2003）「クオリティ・オブ・ライフ（QOL）と生きがい」柴田博・長田久雄編『老いのこころを知る』ぎょうせい
柴田博（2007）「日本応用老年学会の使命」『応用老年学』1, 2-8.
清水徹男（2007）「夜間せん妄」*Geriatric Medicine,* 45, 703-707.
下仲順子・中里克治・河合千恵子・佐藤眞一・石原治・権藤恭之（1996）「中高年期に体験するストレスフル・ライフイベントと精神的健康」『老年精神医学雑誌』7, 1221-1230.
総務省（2012）「人口推計」
袖井孝子・都筑佳代（1985）「定年退職後夫婦の結婚満足度」『社会老年学』22, 63-77.
高卓輝・高坂知節（2006）「難聴2（感音難聴治療――臨床の最前線-a）高齢者の感音性難聴とデジタル補聴器の適合」*Geriatric Medicine,* 44, 773-779.

高橋恵子・波多野誼余夫（1990）『生涯発達の心理学』岩波新書
髙山緑（2002）「知恵の加齢変化と心理社会的関連要因に関する心理学的研究」博士学位論文（東京大学）
髙山緑・下仲順子・中里克治・権藤恭之（2000）「知恵の測定法の日本語版に関する信頼性と妥当性の検討——Baltesの人生計画課題と人生回顧課題を用いて」『性格心理学研究』9，22-35.
田邉敬貴（2000）『痴呆の症候学』医学書院
谷向仁・武田雅俊（2008）「高齢者のせん妄・意識障害」『臨床精神医学』37，581-587.
千葉茂・田村義之・稲葉央子・石本隆広・石丸雄二・高崎英気・坂本一剛・山口一豪（2007）「高齢者のせん妄と非定型抗精神病薬」『老年精神医学雑誌』18，729-738.
デーケン，A.（1996）『死とどう向き合うか』NHKライブラリー
東京都監察医務院（2012）「平成24年度版統計表及び統計図」http://www.fukushihoken.metro.tokyo.jp/kansatsu/database/24toukeihyou-toukeizu.html
内閣府（2008）「平成19年度高齢者の健康に関する意識調査結果（全体版）」http://www8.cao.go.jp/kourei/ishiki/h19/kenko/zentai/index.html
内閣府（2009）「平成20年度高齢者の地域社会への参加に関する意識調査結果（全体版）」http://www8.cao.go.jp/kourei/ishiki/h20/sougou/zentai/index.html
内閣府（2010）「平成22年版高齢社会白書」
内閣府（2011a）「平成23年版高齢社会白書」
内閣府（2011b）「平成22年度　第7回高齢者の生活と意識に関する国際比較調査結果（全体版）」http://www8.cao.go.jp/kourei/ishiki/h22/kiso/zentai/index.html
内閣府（2012）「平成24年版高齢社会白書」
内閣府（2013）「平成25年版高齢社会白書」
直井道子（1993）『高齢者と家族——新しいつながりを求めて』サイエンス社
直井道子（2010）「家族・親族関係」大内尉義・秋山弘子編『新老年学』第3版，東京大学出版会
中嶌康之・小田利勝（2001）「サクセスフル・エイジングのもう一つの観点——ジェロトランセンデンス理論の考察」『神戸大学発達科学部研究紀要』8，255-269.
中田英雄（2006）「障害の原因・程度・種類別心理的特性」中野善達・守屋國光編『老人・障害者の心理』改訂版，福村出版
仁王進太郎・渡邊衡一郎（2007）「高齢者の幻覚妄想と非定型抗精神病薬」『老年精神医学雑誌』18，715-722.
西平直（1997）『魂のライフサイクル——ユング・ウィルバー・シュタイナー』東京大学出版会
西村昌記・古谷野亘・石橋智昭・山田ゆかり（2001）「既婚子同居世帯における

世代間の生活の共同・分離」『厚生の指標』48（11），28-33.

布村明彦（2006）「認知症の予防総論」*Modern Physician*, 26, 1847-1851.

年金シニアプラン総合研究機構（1992〜2012）「第1回〜第5回サラリーマンの生活と生きがいに関する調査――サラリーマンシニアを中心にして」調査報告書　http://www.nensoken.or.jp/

年金シニアプラン総合研究機構（2007）「第4回サラリーマンの生活と生きがいに関する調査――サラリーマンシニアを中心として」調査報告書

博報堂エルダービジネス推進室（2005）「団塊世代――定年（引退）後のライフスタイル調査」HOPEレポートXIX　http://www.h-hope.net

長谷川和夫（1994）「老年の心理的問題の理解」伊藤隆二・橋口英俊・春日喬編『老年期の臨床心理学』駿河台出版

濱口晴彦・嵯峨座春夫（1990）『大衆長寿時代の生き方』ミネルヴァ書房

博野信次・森悦朗・池尻義隆・今村徹・下村辰雄・橋本衛・山下光・池田学（1997）「日本語版 neuropsychiatric inventory――痴呆の精神症状評価法の有用性の検討」『脳と神経』49, 266-271.

藤澤大介・大野裕（2006）「高齢者のうつ病とサイコエデュケーション」『老年精神医学雑誌』17, 297-301.

堀内ふき（2006）「高齢者の「End-of-life care」」『老年社会科学』28, 35-40.

前田尚子（1999）「非親族からのソーシャルサポート」折茂肇編『新老年学』第2版，東京大学出版会

増本康平・林知世・藤田綾子（2007）「日常生活における高齢者の展望的記憶に関する研究」『老年精神医学雑誌』18, 187-195.

松本博之（2005）「ぶぎん地域経済研究所調査レポート」http://www.bugin-eri.co.jp

丸田俊彦（2006）「高齢者の疼痛性障害――診断と治療」『老年精神医学雑誌』17, 184-189.

丸山仁司（1992）「老年者の運動機能」『運動生理』7, 145-150.

溝口環・飯島節・江藤文夫・石塚彰映・折茂肇（1993）「DBDスケール（Dementia Behavior Disturbance Scale）による老年期痴呆患者の行動異常評価に関する研究」『日本老年医学会雑誌』30, 835-840.

宮地英雄・宮岡等（2004）「味覚・嗅覚の異常と口腔内の体感異常」『老年精神医学雑誌』15, 299-305.

三好功峰（2004）「高齢者のおもな精神症状」日本老年精神医学会編『老年精神医学講座；総論』ワールドプランニング

湯沢雍彦（1972）「高齢者と家族の社会学的側面」地域社会研究所編『高年齢を生きる』21, 地域社会研究所

横山博子・杉澤秀博（2000）「老年期の世帯構成別にみた子どもの別居から同居への変化と関連要因の研究――9年間の追跡調査から」『家族研究論叢』（奈良女子大）6, 151-159.

吉益晴夫（2003）「老年期のうつ状態」鹿島晴雄・宮岡等編『よくわかるうつ病のすべて――早期発見から治療まで』永井書店

吉松和哉（1998）「触覚障害と皮膚寄生虫妄想」『老年精神医学雑誌』9, 805-811.
Allport, G. W. (1937) *Personality: A Psychological Interpretation*. Henry Holt.
Allport, G. W. (1961) *Pattern and Growth in Personality*. Holt, Rinehart and Winston. (今田恵監訳 (1968)『人格心理学』上・下，誠心書房)
Anstey, K. J., Butterworth, P., Borzycki, M., & Andrews, S. (2006) Between- and within-individual effects of visual contrast sensitivity on perceptual matching, processing speed, and associative memory in older adults. *Gerontology*, 52, 124-130.
Antonucci, T. C. (2001) Social Relations: An examination of social networks, social support, and sense of control. In J. E. Birren, & K. W. Schaie (Eds.), *Handbook of the Psychology of Aging*. Academic Press.
Bäckman, L. & Farde, L. (2005) The role of dopamine systems in cognitive aging. In R. Cabeza, L. Nyberg, & D. Park (Eds.), *Cognitive Neuroscience of Aging*. Oxford.
Baltes, P. B. (1997) On the incomplete architecture of human ontogeny: Selection, optimization, and compensation as foundation of developmental theory. *American Psychologist*, 52, 366-380.
Baltes, P. B. & Baltes, M. M. (Eds.) (1990) *Successful Aging: Perspectives from the Behavioral Sciences*. Cambridge University Press.
Baltes, P. B. & Lindenberger, U. (1997) Emergence of a powerful connection between sensory and cognitive functions across the adult life span: A new window to the study of cognitive aging? *Psychology and Aging*, 12, 12-21.
Baltes, P. B. & Mayer, K. U. (Eds.) (1999) *The Berlin Aging Study: Aging from 70 to 100*. Cambridge University Press.
Baltes, P. B. & Smith, J. (1999) Multilevel and systemic analyses of old age: Theoretical and empirical evidence for a fourth age. In V. L. Bengtson & K. W. Schaie (Eds.), *Handbook of Theories of Aging*. Springer.
Baltes, P. B. & Smith, J. (2003) New frontiers in the future of aging: From successful aging of the young old to the dilemmas of the Fourth Age. *Gerontology*, 49, 123-135.
Baltes, P. B. & Staudinger, U. M. (2000) Wisdom: A metaheuristic (pragmatic) to orchestrate mind and virtue toward excellence. *American Psychologist*, 55, 122-136.
Bengtson,V. L. & Schrader, S. S. (1982) Parent-child relations. In D. J. Mangen & W. A. Peterson (Eds.), *Research Instruments in Social Gerontology*. Vol. 2. University of Minnesota Press.
Bengtson, V. L., Cutler, N. E., Mangen, D. J., & Marshall, V. W. (1985) Generations, cohorts, and relations between age groups. In R. H. Binstock & E. Shanas (Eds.), *Handbook of Aging and the Social Sciences*. 2nd ed.

Nostrand Reinhold.

Bengtson, V., Giarrusso, R., Mabry, B., & Silverstein, M. (2002) Solidarity, conflict, and ambivalence: Complementary or competing perspectives on intergenerational relationships? *Journal of Marriage and Family*, 64, 568–576.

Berkman, L. F. & Syme, S. L. (1979) Social networks, host resistance and mortality: A nine year follow-up study of Alameda County residents. *American Journal of Epidemiology*, 109, 186–204.

Birditt, K. S., Jackey, L. H., & Antonucci, T. C. (2009a) Longitudinal patterns of negative relationship quality across adulthood. *The Journals of Gerontology: Series B: Psychological Sciences and Social Sciences*, 64B (1), 55–64.

Birditt, K. S., Miller, L. M., Fingerman, K. L., & Lefkowitz, E. S. (2009b) Tensions in the parent and adult child relationship: Links to solidarity and ambivalence. *Psychology and Aging*, 24, 287–295.

Birren, J. E. & Schroots, J. J. F. (2001) The History of Geropsychology. In J. E. Birren & K. W. Schaie (Eds.), *Handbook of the Psychology of Aging*. 5th ed. Academic Press.

Bluck, S. & Glück, J. (2004) Making things better and learning a lesson: Experiencing wisdom across the lifespan. *Journal of Personality*, 72, 543–572.

Botwinick, J. (1977) Intellectual abilities. In J. E. Birren, K. W. Schaie, J. Botwinick, S. Chown, & C. Eisdorfer (Eds.), *Handbook of the Psychology of Aging*. Van Nostrand Reinhold.

Bradburn, N. M. (1969) *The Structure of Psychological Well-Being*. Aldine.

Brandtstädter, J. & Greve, W. (1994) The aging self: Stabilizing and protective processes. *Developmental Review*, 14, 52–80.

Brissette, I., Cohen, S., & Seeman, T. E. (2000) Measuring social integration and social networks. In S. Cohen, L. G. Underwood, & B. H. Gottlieb (Eds.), *Social Support Measurement and Intervention: A Guide for Health and Social Scientists*. Oxford University Press.

Bühler, Ch. (1935) The curve of life as studied in biographies. *Journal of Applied Psychology*, 19, 405–409.

Butler, R. N. & Gleason, H. P. (1985) *Productive Aging: Enhancing Vitality in Later Life*. Springer.(岡本祐三訳(1998)『プロダクティブ・エイジング——高齢者は未来を切り開く』日本評論社)

Cantor, M. H. (1979) Neighbors and friends: An overlooked resource in the informal support system. *Research on Aging*, 1, 434–463.

Carstensen, L. L. (1995) Evidence for a life span theory of socioemotional selectivity. *Current Directions in Psychological Science*, 4, 151–156.

Carstensen, L. L., Pasupathi, M., Mayr, U., & Nesselroade, J. R. (2000)

Emotional experience in everyday life across the adult life span. *Journal of Personality and Social Psychology*, 79, 644–655.

Cattell, R. B. (1963) Theory of fluid and crystallized intelligence: A critical experiment. *Journal of Educational Psychology*, 54, 1–22.

Charles, S. T., Mather, M., & Carstensen, L. L. (2003) Aging and emotional memory: The forgettable nature of negative images for older adults. *Journal of Experimental Psychology: General*, 132, 310–324.

Cohen, S. (2004) Social relationships and health, *American Psychologist*, 59, 676–684.

Cohen, S. & Janicki-Deverts, D. (2009) Can we improve our physical health by altering our social networks? *Perspectives on Psychological Science*, 4, 375–378.

Cohen, S., Frank, E., Doyle, W. J., Skoner, D. P., Rabin, B. S., & Gwaltney, J. M., Jr. (1998) Types of stressors that increase susceptibility to the common cold in healthy adults. *Health Psychology*, 17, 214–223.

Cohen, S., Gottlieb, B., & Underwood, L. (2000) Social relationships and health. In S. Cohen, L. Underwood, & B. Gottlieb (Eds.), *Measuring and Intervening in Social Support*. Oxford University Press.

Cohen-Mansfield, J. (1986) Agitated behaviors in the elderly. II. Preliminary results in the cognitively deteriorated. *Journal of the American Geriatrics Society*, 34, 722–727.

Cohen-Mansfield, J. & Billig, N. (1986) Agitated behaviors in the elderly. I. A conceptual review. *Journal of the American Geriatrics Society*, 34, 711–721.

Colcombe, S. & Kramer, A. F. (2003) Fitness effects on the cognitive function of older adults: A meta-analytic study. *Psychological Science*, 14, 125–130.

Colcombe, S. J., Erickson, K. I., Scalf, P. E., Kim, J. S., Prakash, R., & McAuley, E. et al. (2006) Aerobic exercise training increases brain volume in aging humans. *Journal of Gerontology: Medical Sciences*, 61, 1166–1170.

Colcombe, S. J., Kramer, A. F., Erickson, K. I., Scalf, P., McAuley, E., & Cohen, N. J. et al. (2004) Cardiovascular fitness, cortical plasticity, and aging. *Proceedings of the National Academy of Sciences of the United States of America*, 101, 3316–3321.

Connidis, I. A. & McMullin, J. A. (2002) Sociological ambivalence and family ties: A critical perspective. *Journal of Marriage and Family*, 64, 558–567.

Costa, P. T. & McCrae, R. R. (1988) Personality in adulthood: A six-year longitudinal study of self-reports and spouse ratings on the NEO Personality Inventory. *Journal of Personality and Social Psychology*, 54, 853–863.

Costa, P. T. & McCrae, R. R. (1992) *Revised NEO Personality Inventory (NEO-PI-R) and NEO Five-Factor Inventory (NEO-FFI) Professional Manual*. Psychological Assessment Resources.

Crimmins, E. M., Hayward, M. D., & Saito, Y. (1996) Differentials in active life expectancy in the older population of the United States. *Journal of Gerontology: Social Science*, 51B (3), S111-120.

Cumming, E. & Henry, W. E. (1961) *Growing Old: The Process of Disengagement*. Basic Books.

Diener, E., Gohm, C. L., Suh, E., & Oishi, S. (2000) Similarity of the relations between marital status and subjective well-being across cultures. *Journal of Cross-Cultural Psychology*, 3, 419-436.

Diener, E., Lucas, R. E., & Scollon, C. N. (2006) Beyond the hedonic treadmill: Revising the adaptation theory of well-being. *American Psychologist*, 61, 305-314.

Dohrenwend, B. S. & Dohrenwend, B. P. (1974) *Stressful Life Events: Their Nature and Effects*. John Wiley & Sons.

Doty, R. L., Shaman, P., Applebaum, S. L., Giberson, R. Siksorski, L., & Rosenberg, L. (1984) Smell identification ability: Changes with age. *Science*, 226. 1441-1443.

Eizenman, D. R., Nesselroade, J. R., Featherman, D. L., & Rowe, J. W. (1997) Intraindividual variability in perceived control in a older sample: The MacArthur successful aging studies. *Psychology and Aging*, 12, 489-502.

Elder, G. H. Jr. (1974) *Children of the Great Depression: Social Change in Life Experience*. University of Chicago Press.(本田時雄・川浦康至・伊藤裕子・池田政子・田代俊子訳（1986）『大恐慌時代の子どもたち——社会変動と人間発達』明石書店）

Elder, G. H. Jr. & Giele, J. Z. (2009) *The Craft of Life Course Research*. The Guilford Press.（本田時雄・岡林秀樹監訳（2013）『ライフコース研究の技法——多様でダイナミックな人生を捉えるために』明石書店）

Erikson, E. H. (1959a) *Identity and the Life Cycle*. International Universities Press.（小此木啓吾訳（1973）『自我同一性——アイデンティティとライフサイクル』誠信書房）

Erikson, E. H. (1959b) Identity and the life-cycle. *Psychological Issues*, 1, 18-164.

Erikson, E. H. (1963) *Childhood and Society*. 2nd ed. W. W. Norton.（仁科弥生訳（1977）『幼児期と社会』みすず書房）

Erikson, E. H. & Erikson, J. M. (1997) *The Life Cycle Completed*. Extended version. W. W. Norton.（村瀬孝雄・近藤邦夫訳（2001）『ライフサイクル，その完結』増補版，みすず書房）

Erikson, E. H., Erikson, J. M., & Kivnick, H. Q. (1989) *Vital Involvement in*

Old Age. W. W. Norton. (朝長正徳・朝長梨枝子訳 (1997)『老年期──生き生きしたかかわりあい』新装版, みすず書房)

Ferreira, A. J. (1963) Family myth and homeostasis. *Archives of General Psychiatry*, 9, 457–463.

Fingerman, K. L. (2000) "We had a nice little chat": Age and generational differences in mothers' and daughters' descriptions of enjoyable visits. *Journal of Gerontology: Psychological Sciences*, 55, 95–106.

Fingerman, K. L. (2003) *Mothers and their Adult Daughters: Mixed Emotions, Enduring Bonds*. Prometheus Books.

Fingerman, K. L., Miller, L. M., Birditt, K. S., & Zarit, S. (2009) Giving to the good and the needy: Parental support of grown children. *Journal of Marriage and Family*, 71, 1220–1233.

Folstein, M. F., Folstein, S. E., & McHugh, P. R. (1975) "Mini-mental state". A practical method for grading the cognitive state of patients for the clinician. *Journal of Psychiatric Research*, 12, 189–198.

Friedman, H. S., Tucker, J. S., Tomlinson-Keasey, C., Schwartz, J. E., Wingard, D. L., & Criqui, M. H. (1993) Does childhood personality predict longevity? *Journal of Personality and Social Psychology*, 65, 176–185.

George, L. (2010) Still happy after all these years: Research frontiers on subjective well-being in later life. *The Journals of Gerontology: Series B: Psychological Sciences and Social Sciences*, 65B (3), 331–339.

Giarrusso, R., Feng, D., & Bengtson, V. L. (2004) The intergenerational stake Phenomenon over 20 years. In M. Silverstein (Ed.), *Annual Review of Gerontology and Geriatrics*. Vol. 24. Springer.

Giarrusso, R., Silverstein, M., & Bengtson, V. L., (1990) "Affect and conflict between middle-aged parents and adult children." Paper presented at the annual meeting of the Gerontological Society of America, Boston.

Grady, C. L. & Craik, F. I. (2000) Changes in memory processing with age. *Current Opinion in Neurobiology*, 10, 224–231.

Greenwood, P. M. (2007) Functional plasticity in cognitive aging: Review and hypothesis. *Neuropsychology*, 21, 657–673.

Gross, J. J., Carstensen, L. L., Pasupathi, M., Tsai, J., Skorpen, C. G., & Hsu, A. Y. C. (1997) Emotion and aging: Experience, expression, and control. *Psychology and Aging*, 12, 590–599.

Havighurst, R. J. (1953) *Human Development and Education*. Longmans. (荘司雅子監訳 (1958)『人間の発達課題と教育』牧書店〔再版:1995, 玉川大学出版部〕/児玉憲典・飯塚裕子訳 (1997)『ハヴィガーストの発達課題と教育──生涯発達と人間形成』Third edition, 川島書店)

Havighurst, R. J. & Albrecht, R. (1953) *Older People*. Longmans.

Heckhausen, J. (1997) Developmental regulation across adulthood: Primary and secondary control of age-related challenges. *Developmental Psycholo-*

gy, 33, 176–187.
Heckhausen, J. & Schulz, R. (1995) A life span theory of control. *Psychological Review*, 102, 283–304.
Holmes, T. H. & Rahe, R. H. (1967) The social readjustment rating scale. *Journal of Psychosomatic Research*, 11, 213–213.
本間昭（1991）「Clinical Dementia Rating（CDR）」大塚俊男・本間昭監修『高齢者のための知的機能検査の手引き』ワールドプランニング
Hooker, K. & McAdams, D. P. (2003) Personality reconsidered: A new agenda for aging research. *The Journals of Gerontology: Series B: Psychological Sciences and Social Sciences*, 58B (6), P296–P304.
Horn, J. L. (1968) Organization of abilities and the development of intelligence. *Psychological Review*. 75, 242–259.
Hughes, C. P., Berg, L., Danziger, W. L., Coben, L. A., & Martin, R. L. (1982) A new clinical scale for the staging of dementia. *The British Journal of Psychiatry*, 140, 566–572.
Ingersoll-Dayton, B., Morgan, D., & Antonucci, T. C. (1997) The effects of positive and negative social exchanges on aging adults. *The Journals of Gerontology: Series B: Psychological Sciences and Social Sciences*, 52B (4), S190–S199.
Jackson, D. D. (1957) The question of family homeostasis. *Psychiatric Quarterly*, 31 (supplement), 79–90.
Jahoda, M. (1958) *Current Concepts of Positive Mental Health*. Basic Books.
Jankélévitch, V. (1966) La Mort. Defterdarević-Muradbegović Almasa.（仲澤紀雄訳（1978）『死』みすず書房）
Jeune, B. & Andersen-Ranberg, K. (2000) What can learn from centenarians? In P. Martin, C. Rott, B. Hagberg, & K. Morgan (Eds.), *Centenarian: Autonomy Versus Dependence in the Oldest Old*. Serdi Edition.
Jung, C. G. (1933) *Modern Man in Search of a Soul* (W. S. Dell & C. F. Baynes Trans.) Harcourt, Brace & World.
Kastenbaum, R. (1992) *Psychology of Death*. 2nd ed. Springer.（井上勝也監訳（2002）『死ぬ瞬間の心理』西村書店）
Kinsella, K. & Velkoff, V. A. (2002) The demographic of aging. *Aging Clinical and Experimental Research*, 14, 159–169.
Kivipelto, M., Ngandu, T., Laatikainen, T., Winblad, B., Soininen, H., & Tuomilehto, J. (2006) Risk score for the prediction of dementia risk in 20 years among middle aged people: A longitudinal, population-based study. *The Lancet Neurology*, 5, 735–741.
Kohli, M. (2004) Intergenerational transfers and inheritance: A comparative view. In M. Silverstein & K. W. Schaie (Eds.), *Intergenerational Relations Across Time and Place: Annual Review of Gerontology and Geriat-

rics, 24, 266–289.

Koyano, W., Hashimoto, M., Fukukawa, T. Shibata, H., & Gunji, A. (1994) The social support system of the Japanese elderly. *Journal of Cross-Cultural Gerontology*, 9, 323–333.

Krause, N. (2005) Negative interaction and heart disease in late life. *Journal of Aging and Health*, 17, 28–55.

Krause, N. (2006) Church-based social support and mortality. *Journal of Gerontology: Social Sciences*, 61B (3), S140–S146.

Kübler-Ross, E. (1969) *On Death and Dying*. Macmillan.（川口正吉訳（1971）『死ぬ瞬間——死にゆく人々との対話』読売新聞社〔鈴木晶完全新訳改訂版, 1998,『死ぬ瞬間——死とその過程について』読売新聞社〕）

Kunzmann, U. & Baltes, P. B. (2003) Wisdom-related knowledge: Affective, motivational, and interpersonal correlates. *Personality and Social Psychology Bulletin*, 29, 1104–1119.

Kunzmann, U. & Baltes, P. B. (2005) The psychology of wisdom: Theoretical and empirical challenges. In R. J. Sternberg & J. Jordan (Eds.), *A Handbook of Wisdom: Psychological Perspectives*. Cambridge University Press.

Laslett, P. (1987) The emergence of the Third Age. *Ageing and Society*, 7, 133–160.

Lawton, M. P. (1975) The Philadelphia Geriatric Center Morale Scale: A revision. *Journal of Gerontology*, 30, 85–89.

Levenson, R. W., Carstensen, L. L., Friesen, W. V., & Ekman, P. (1991) Emotion, physiology, and expression in old age. *Psychology and Aging*, 6, 28–35.

Levy, B. R., Slade, M. D., Kunkel, S. R., & Kasl, S. V. (2002) Longevity increased by positive self-perceptions of aging. *Journal of Personality and Social Psychology*, 83, 261–270.

Lindenberger, U. & Baltes, P. B. (1994) Sensory functioning and intelligence in old age: A strong connection. *Psychology and Aging*, 9, 339–355.

Lindenberger, U., Scherer, H., & Baltes, P. B. (2001) The strong connection between sensory and cognitive performance in old age: Not due to sensory acuity reductions operating during cognitive assessment. *Psychology and Aging*, 16, 196–205.

Litwak, E. & Szelenyi, I. (1969) Primary group structures and their functions: Kin, neighbors, and friends. *American Sociological Review*, 34, 465–481.

Lowenstein, A. & Daatland, S. O. (2006) Filial norms and family support in a comparative cross-national context: Evidence from the OASIS study. *Ageing & Society*, 26, 203–223.

Lucas, R. E. (2005) Time does not heal all wounds: A longitudinal study of reaction and adaptation to divorce. *Psychological Science*, 16, 945–950.

Lucas, R. E., Clark, A. E., Georgellis, Y., & Diener, E. (2003) Reexamining adaptation and the set point model of happiness: Reactions to changes in marital status. *Journal of Personality and Social Psychology*, 84, 527–539.

Luescher, K. & Pillemer, K. (1998) Intergenerational ambivalence: A new approach to the study of parent-child relations in later life. *Journal of Marriage and the Family*, 60, 413–425.

Maddox, G. L. (Ed. In-Chief) (1995) *The Encyclopedia of Aging: A compreheusive resource in gerontology and geriatrics*. 2nd ed. Springer.

Marshall, G. N., Wortman, C. B., Vickers, R. R., Kusulas, J. W., & Hervig, L. K. (1994) The five-factor model of personality as a framework for personality-health research. *Journal of Personality and Social Psychology*, 67, 278–286.

Masumoto, K., Nishimura, C., Tabuchi, M., & Fujita, A. (2011) What factors influence prospective memory for elderly people in a naturalistic setting? *Japanese Psychological Research*, 53, 30–41.

Mather, M. & Carstensen, L. L. (2005) Aging and motivated cognition: The positivity effect in attention and memory. *Trends in Cognitive Science*, 9, 496–502.

McDonald-Miszczak, L., Hertzog, C., & Hultsch, D. F. (1995) Stability and accuracy of metamemory in adulthood and aging: A longitudinal analysis. *Psychology and Aging*, 10, 553–564.

Meier, C. A. (1977) Der Individuationsprozeß im Lichte der Typologie C. G. Jungs. Walter-Verlag.（河合隼雄監修／氏原寛訳（1993）『ユング心理学概説 4――個性化の過程』創元社）

Minuchin, S. (1974) *Families and Family Therapy*. Harvard University Press.（山根常男監訳（1984）『家族と家族療法』誠信書房）

Mroczek, D. K. & Kolarz, C. M. (1998) The effect of age on positive and negative affect: A developmental perspective on happiness. *Journal of Personality and Social Psychology*, 75, 1333–1349.

Mroczek, D. K. & Spiro, A. (2003) Modeling intraindividual change in personality traits: Findings from the normative aging study. *The Journals of Gerontology: Series B: Psychological Sciences and Social Sciences*, 58B (3), P153–P165.

Neugarten, B. L. (1974) Age groups in American society and the rise of young-old. *Annuals of the American Academy of Politics and Social Sciences*, 9, 187–198.

Neugarten, B. L. (1979) Time, age and the life cycle. *American Journal of Psychiatry*, 136, 887–894.

Neugarten, B. L., Havighurst, R. J., & Tobin, S. S. (1961) The measurement of life satisfaction. *Journal of Gerontology*, 16, 134–143.

Neugarten, B. L., Havighurst, R. J., & Tobin, S. S. (1968) Personality and pattern of aging. In B. L. Neugarten (Ed.), *Middle Age and Aging*. The University of Chicago Press.

Neyer, F. J. & Asendorpf, J. B. (2001) Personality-relationship transaction in young adulthood. *Journal of Personality and Social Psychology*, 81, 1190–1204.

Okun, M. A. & Keith, V. M. (1998) Effects of positive and negative social exchanges with various sources on depressive symptoms in younger and older adults. *The Journals of Gerontology: Series B: Psychological Sciences and Social Sciences*, 53B (1), P4–P20.

Palmore, E. B. (1999) *Ageism: Negative and Positive*. 2nd ed. Springer.（鈴木研一訳（2002）『エイジズム——高齢者差別の実相と克服の展望』明石書店）

Park, D. C. & Gutches, A. H. (2002) Aging, cognition, and culture: a neuroscientific perspective. *Neuroscience and Biobehavioral Reviews*, 26, 859–867.

Pasupathi, M., Staudinger, U. M., & Baltes, P. B. (2001) Seeds of wisdom: Adolescents' knowledge and judgement about difficult life problems. *Developmental Psychology*, 37, 351–361.

Pervin, L. A. (1996) *The Science of Personality*. John Wiley & Sons.

Petersen, R. C. (2004) Mild cognitive impairment as a diagnostic entity. *Journal of Internal Medicine*, 256, 183–194.

Petersen, R. C., Smith, G. E., Waring, S. C., Ivnik, R. J., Tangalos, E. G., & Kokmen, E. (1999) Mild cognitive impairment: Clinical characterization and outcome. *Archives of Neurology*, 56, 303–308.

Pinquart, M. & Sörensen, S. (2000) Influences of socioeconomic status, social network, and competence on subjective well-being in later life: A meta-analysis. *Psychology and Aging*, 15, 187–224.

Pinquart, M. & Sörensen, S. (2001) Influences on loneliness in older adults: A meta-analysis. *Basic & Applied Social Psychology*, 23, 245–266.

Piolino, P., Desgranges, B., Clarys, D., Guillery-Girard, B., Taconnat, L., & Isingrini, M. et al. (2006) Autobiographical memory, autonoetic consciousness, and self-perspective in aging. *Psychology and Aging*, 21, 510–525.

Reisberg, B. (1988) Functional assessment staging (FAST). *Psychopharmacology Bulletin*, 24, 653–659.

Robert, E. L., Richards, L. N., & Bengtson, V. L. (1991) Intergenerational solidarity in families: Untangling the ties that bind. In S. K. Pfeifer & M. B. Sussman (Eds.), *Marriage and Family Review. Vol. 16. Families: Intergenerational and Generational Connections*. Haworth.

Roberts, B. W. & DelVecchio, W. F. (2000) The rank-order consistency of personality traits from childhood to old age: A quantitative review of lon-

gitudinal studies. *Psychological Bulletin*, 126, 3-25.
Roberts, B. W., Walton, K. E., & Viechtbauer, W. (2006) Patterns of mean-level change in personality traits across the life course: A meta-analysis of longitudinal studies. *Psychological Bulletin*, 132, 1-25.
Rook, K. S. (1987) Social support versus companionship: Effects on life stress, loneliness, and evaluations by others. *Journal of Personality and Social Psychology*, 52, 1132-1147.
Rosenberg, M. (1965) *Society and the Adolescent Self-Image*. Princeton University Press.
Rossi, A. S. & Rossi, P. H. (1990) *Of Human Bonding: Parent-Child Relations Across the Life Course*. Aldine de Gruyter.
Rothbaum, F., Weisz, J. R., & Snyder, S. S. (1982) Changing the world and changing the self: A two-process model of perceived control. *Journal of Personality and Social Psychology*, 42, 5-37.
Rowe, J. W. & Kahn, R. L. (1987) Human aging: Usual and successful. *Science*, 237 (4811), 143-149.
Rowe, J. W. & Kahn, R. L. (1997) Successful aging. *The Gerontologist*, 37, 433-440.
Ryff, C. D. (1989a) Beyond Ponce de Leon and life satisfaction: New directions in quest of successful aging. *International Journal of Behavioral Development*, 12, 35-55.
Ryff, C. D. (1989b) Happiness is everything, or is it ?: Explorations on the meaning of psychological well-being. *Journal of Personality and Social Psychology*, 57, 1069-1081.
Ryff, C. D. (1991) Possible selves in adulthood and old age: A tale of shifting horizons. *Psychology and Aging*, 6, 286-295.
Ryff, C. D. & Keyes, C. L. M. (1995) The structure of psychological well-being revisited. *Journal of Personality and Social Psychology*, 69, 719-727.
Salthouse, T. A. (1996) The processing-speed theory of adult age differences in cognition. *Psychological Review*, 103, 403-428.
Salthouse, T. A. & Babcock, R. L. (1991) Decomposing adult age differences in working memory. *Developmental Psychology*, 27, 763-776.
Sato, S. (2011) Subjective age and aging: An aspect of psychological gerontology. *International Workshop: Consumption and Well-being in the Aging Society Advancing Research on Older Consumers*. German Institute for Japanese Studies Tokyo (DIJ).
Schaie, K. W. (2013) *Developmental Influences on Adult Intelligence: The Seattle Longitudinal Study*. 2nd ed. Oxford University Press.
Schaie, K. W. & Willis, S. L. (2002) *Adult Development and Aging*. 5th ed. Prentice Hall. (岡林秀樹訳 (2006)『成人発達とエイジング』第5版, ブレーン出版)

Schein, E. H. (1978) *Career Dynamics: Matching Individual and Organizational Needs.* Addison-Wesley. (二村敏子・三善勝代訳 (1991)『キャリア・ダイナミクス——キャリアとは,生涯を通しての人間の生き方・表現である。』白桃書房)

Schulz, R. & Heckhausen, J. (1997) Emotion and control: A life-span perspective. In K. W. Schaie & M. P. Lawton (Eds.), *Annual Review of Gerontology and Geriatrics.* 17, 185–205.

Shaw, B. A., Krause, N., Liang, J., & Bennett, J. (2007) Tracking changes in social relations throughout late life. *The Journals of Gerontology: Series B: Psychological Sciences and Social Sciences,* 62B (2), S90–S99.

Silverstein, M., Chen, X., & Heller, K. (1996) Too much of a good thing? Intergenerational social support and the psychological well-being of aging parents. *Journal of Marriage and the Family,* 58, 970–982.

Silverstein, M., Conroy, S. J., Wang, H., Giarrusso, R., & Bengtson, V. L. (2002) Reciprocity in parent-child relations over the adult life course. *The Journals of Gerontology: Series B: Psychological Sciences and Social Sciences,* 57, S3–S13.

Simonton, D. K. (1989) The swan-song phenomenon: Last-works effects for 172 classical composers. *Psychology and Aging,* 4, 42–47.

Simonton, D. K. (1990) Creativity and wisdom in aging. In J. E. Birren & K. Schaie (Eds.), *Handbook of the Psychology of Aging.* 3rd ed. Academic Press.

Simonton, D. K. (1991) Career landmarks in science: Individual differences and interdisciplinary contrasts. *Developmental Psychology,* 27, 119–130.

Singer, T., Verhaeghen, P., Ghisletta, P., Lindenberger, U., & Baltes, P. B. (2003) The fate of cognition in very old age: Six-year longitudinal in the Berlin Aging Study (BASE). *Psychology and Aging,* 18, 318–331.

Small, B. J., Hertzog, C., Hultsch, D. F., & Dixon, R. A. (2003) Stability and change in adult personality over 6 years: Findings from the Victoria Longitudinal Study. *The Journals of Gerontology: Series B: Psychological Sciences And Social Sciences,* 58B (3), P166–P176.

Smith, J. & Baltes, P. B. (1990) Wisdom-related knowledge: Age/cohort differences in response to life-planning problems. *Developmental Psychology,* 26, 494–505.

Spearman, C. (1904) 'General intelligence,' objectively determined and measured. *The American Journal of Psychology,* 15, 201–293.

Squire, L. R. (1992) Declarative and nondeclarative memory: Multiple brain systems supporting learning and memory. *Journal of Cognitive Neuroscience,* 4, 232–243.

Staudinger, U. M. (1989) *The Study of Life Review: An Approach to the Investigation of Intellectual Development Across the Life Span.* Max-planckinstitut fur Bildungsforschung.

Staudinger, U. M., Lopez, D. F., & Baltes, P. B. (1997) The psychometric location of wisdom-related performance: Intelligence, personality, and more? *Personality and Social Psychology Bulletin*, 23, 1200–1214.

Staudinger, U. M., Smith, J. J., & Baltes, P. B. (1992) Wisdom-related knowledge in a life review task: Age differences and the role of professional specialization. *Psychology and Aging*, 7, 271–281.

Sunderland, T., Hill, J. L., Lawlor, B. A., & Molchan, S. E. (1988) NIMH dementia mood assessment scale (DMAS) *Psychopharmacology Bulletin*, 24, 747–753.

Takayama, M. & Smith, J. (2011) "Do social relationships contribute to well-being after age 85?: Findings from Japan and Germany." 119th Annual Convention of the American Psychological Association.

Takayama, M., Ando, J., Arai, Y., Takayama, M., Fukuda, R., Akiyama, H., Gondo, Y., & Hirose, N. (2009) "The relations between subjective well-being and physical, psychological and social functions among the oldest Old." 19th IAGG World Congress of Gerontology and Geriatrics.

Takayama, M., Gondo,Y., & Inagaki, H. (2007) "The social and experiential factors relevant to wisdom: Social support and coping." 60th Annual Scientific Meeting of the Gerontological Society of America.

Thomas, P. A. (2010) Is it better to give or to receive? Social support and the well-being of older adults. *Journal of Gerontology: Social Sciences*, 65B (3), 351–357.

Thurstone, L. L. (1938) *Primary Mental Abilities*. University of Chicago Press.

Tornstam, L. (2005) *Gerotranscendence: A Developmental Theory of Positive Aging*. Springer.

Tsai, J. L., Levenson, R. W., & Carstensen, L. L. (2000) Autonomic, subjective, and expressive responses to emotional films in older and younger Chinese Americans and European Americans. *Psychology and Aging*, 15, 684–693.

Uchino, B. N., Holt-Lunstad, J., Smith, T. W., & Bloor, L. (2004) Heterogeneity in social networks: A comparison of different models linking relationships to psychological outcomes. *Journal of Social and Clinical Psychology*, 23, 123–139.

Valentijn, S. A., van Boxtel, M. P., van Hooren, S. A., Bosma, H., Beckers, H. J., & Ponds, R. W. et al. (2005) Change in sensory functioning predicts change in cognitive functioning: Results from a 6-year follow-up in the maastricht aging study. *Journal of the American Geriatrics Society*, 53, 374–380.

van Hooren, S. A., Valentijn, A. M., Bosma, H., Ponds, R. W., van Boxtel, M.

P., & Jolles, J. (2007) Cognitive functioning in healthy older adults aged 64–81: A cohort study into the effects of age, sex, and education. *Neuropsychology, Development, and Cognition. Section B, Aging, Neuropsychology and Cognition*, 14, 40–54.

Verhaeghen, P. & Cerella, J. (2002) Aging, executive control, and attention: A review of meta-analyses. *Neuroscience & Biobehavioral Reviews*, 26, 849–857.

Verhaeghen, P. & Marcoen, A. (1994) Production deficiency hypothesis revisited: Adult age differences in strategy use as a function of processing resources. *Aging, Neuropsychology and Cognition*, 1, 323–338.

Verhaeghen, P. & Salthouse, T. A. (1997) Meta-analyses of age-cognition relations in adulthood: Estimates of linear and non-linear age effects and structural models. *Psychological Bulletin*, 122, 231–249.

Wang, H. et al. (2012) Age-specific and sex-specific mortality in 187 countries, 1970–2010: A systematic analysis for the Global Burden of Disease Study 2010. *The Lancet*, 380, 2071–2094.

Ward, R. A. (2008) Multiple parent-adult child relations and well-being in middle and later life. *The Journals of Gerontology: Series B: Psychological Sciences and Social Sciences*, 63B (4), S239–S247.

Wechsler, D. (1958) *The Measurement and Appraisal of Adult Intelligence*. 4th ed. Williams & Wilkins.

WHO (2010) *World Health Statistics 2010*. World Health Organization.

Willis, S. L. & Schaie, K. W. (1986) Training the elderly on the ability factors of spatial orientation and inductive reasoning. *Psychology & Aging*, 1, 239–247.

World Health Organization (WHO) (2002) Noncommunicable disease prevention and health promotion, ageing and life course. active ageing: A policy framework, p. 13. http://www.who.int/ageing/

Zacks, R. & Hasher, L. (1997) Cognitive gerontology and attentional inhibition: A reply to Burke and McDowd. *Journal of Gerontology: Series B Psychological Science and Social Science*, 52B (6), P274–P283.

事項索引

● アルファベット

ADL (activities of daily living：日常生活動作)　18
BEHAVE-AD (Behavioral Pathology in Alzheimer's Disease Scale)　192
BPSD (behavioral and psychological symptoms of dementia：認知症の行動・心理症状)　192, 261
CDR (Clinical Dementia Rating)　192
CMAI (Cohen-Mansfield Agitation Inventory)　192
CT (computed tomography)　189
DBD (Dementia Behavior Disturbance Scale)　192
DMAS (Dementia Mood Assessment Scale)　192
DNA　230
DSM (Diagnostic and Statistical Manual of Mental Disorders)　188
FAST (Functional Assessment Staging)　192
HDS-R (長谷川式認知症スケール)　189
IADL (instrumental ADL：手段的日常生活動作)　18
ICD-10 (International Classification of Diseases-10)　188
Major NCD (major neurocognitive disorder：大神経認知障害)　188
MCI (mild cognitive impairment：軽度認知障害)　196, 198
Mild NCD (mild neurocognitive disorder：軽度神経認知障害)　188, 198
MMSE (Mini-Mental State Examination)　189
MRI (magnetic resonance imaging：磁気共鳴画像)　189
NCD (neurocognitive disorder：神経認知障害)　188
NEO 性格検査　129
NPI (Neuropsychiatric Inventory)　192
OPS モデル　40
PMA (サーストンの知能検査)　110
QOL (quality of life：生活の質)　17, 60, 217
REM 睡眠行動障害　195
SOC 理論 (補償を伴う選択的最適化理論)　37, 57
SPECT (single photon emission computed tomography)　189
WAIS (ウェクスラー式成人知能検査)　107

● あ 行

アイコニックメモリ (視覚的感覚記憶)　100
愛する能力　214
アポトーシス　233
アルツハイマー病　184, 188, 194
アンビヴァレンス　154, 156
家制度 (家族制度)　7, 144, 254
生きがい　58, 210, 216-218
意識混濁　185

痛 み 71
1次的制御 39
イ ド 234
イベントヒストリー分析 35
意味記憶 95
引退のプロセス 42
ウェルビーイング 17, 139, 156
　サブジェクティヴ・──（主観的幸
　　福感） 58, 217, 220
　心理的── 60, 217
うつ病 66, 102, 182, 194, 247
運 動 102
運動機能 71, 73
エイジズム 15, 57
エイジング 11
　──のパラドクス 139
　アクティヴ・── 17, 221
　アンチ・── 52, 222
　サクセスフル・── 56, 164, 220
　ハッピー・── 222
　プロダクティヴ・── 57, 221
　ポジティヴ・── 54, 58, 222
英 知 31
エコイックメモリ（聴覚的感覚記憶）
　100
エンディングノート 239
エンド・オブ・ライフケア 240
老いのイメージ 14
横断法 107
親子関係 147, 152
　──の対立 153
　ネガティヴな── 153

● か 行

介 護 160, 253, 260
　──予防 19
外向性 129
介護者
　──と被介護者の関係 262
　家族── 254
　職業── 254

介護保険 253
階層的補完モデル 151
海 馬 74
灰白質 76
学習知 115
獲 得 23, 37
家 族 144, 253
　──観 146
　──関係 152, 258
家族介護 254, 260
　──という神話 261
家族神話 259
家族法 8
家族ホメオスタシス 258
家族療法 258
可塑性 75, 112
課題特定モデル 151
加 齢 12, 22
感覚（機能） 66, 73
　──遮断 186
環 境 23
環境制御能力 215
感 情 96, 138
　──認知 189
記 憶 73, 80, 86
　エピソード── 90
　感覚── 90, 100
　作動── →ワーキングメモリ
　短期── 90, 92
　長期── 90
　手続き── 98
　展望的── 93
記憶愁訴 86
記憶障害 194
記憶補助ツール 75, 87, 90
危 機 29
気分障害 66, 182
基本的信頼感 211
キャリア 43
嗅 覚 69
共感性 214

きょうだい関係　160
グリーフワーク　271
ケア　17, 241, 262
　エンド・オブ・ライフ——　240
　緩和——　240
　コミュニティ——　269
　死別後の家族への——　271
　終末期——　240
　スピリチュアル——　240
　パーソナル——　269
　ホスピス——　240
経験知　115
経験への開放性　118, 129
軽度神経認知障害　→Mild NCD
系列法　110
幻覚　186
健康　18, 175
　——行動　137
　——寿命　18, 206
言語機能（言語能力）　73, 110
幻視　185, 186, 195
減数分裂　230
見当識障害　185
5因子モデル　129
高年齢者雇用安定法　15, 42
幸福感　58, 157, 164, 170, 217
幸福度　58
幸福な老い　210, 218
高齢化　204
　——率　10
高齢化社会　10
高齢者　11, 14, 204, 221
　——世帯　144, 255
　——像　13, 210
　——の権利　17
　——の自殺率　246
　——の生活と意識　145
　——のための国連原則　17
高齢社会　10
国際高齢者年　17
互恵性　149, 172

心の理論　189
孤食　246
個人差　114, 168
　個人内変化の——　132, 168
個性化　9, 35
古典的加齢パターン　107
コーピング（対処）　175
コホート効果　108
コミュニケーション　68
コミュニティ　51, 267
コンパニオンシップ　148, 160, 174

● さ　行

最適化　38
錯覚　185
作動記憶　→ワーキングメモリ
サブジェクティヴ・ウェルビーイング
　（主観的幸福感）　58, 217
サポート
　——の授受　147
　親子間での——　148
　手段的——　148, 150, 166
　受領した——　166, 172
　情緒的——　148, 150, 166
　承認——　166
　情報——　166
　知覚された——　166, 172
　提供された——　166
　提供する——　173
三世代世帯　144
死　226, 235
　——の準備　239
　——のプロセス　241
　——の本能　234
　孤独——　179, 245, 267
　孤立——　245
　尊厳——　240
シアトル縦断研究　110
視覚（視力）　67, 78, 100
視覚的感覚記憶　→アイコニックメモリ

事項索引　293

視空間認知障害　194
自己（概念）　13, 16, 35, 126, 212
　　──の語り　136
　　──の適応性　39
　　拡張した──　148
自己決定　215
自己効力感　136
自己実現　9, 17, 36, 43, 219
自己受容　213
自己制御　136
自殺率　246
死生学　226
死生観　233
失語症　194
死　別　158, 236, 242, 270
　　──後の家族へのケア　271
社会関係　140, 164
　　──と幸福感　170
社会関係資本　51
社会参加　17, 165, 177
社会資源　51
社会情動的選択性理論　139, 167
社会的孤立　178, 265
社会的入院　244
社会的認知　189
弱　者　12
縦断法　109
集中力の低下　183
終末期ケア　240
主観的幸福感　→サブジェクティヴ・ウェルビーイング
主観年齢　24
熟　成　17
手段的日常生活動作　→IADL
寿　命　10, 204, 229
　　──とパーソナリティ　137
　　健康──　18, 206
生涯発達心理学　23, 25
少子化　11
情　動　138
生老病死　233

職業生活　43
食行動の異常　195
処理速度　79, 89
自立（性）　18, 210
自律性　18, 215
視力　→視覚
人格　→パーソナリティ
人格的成長　216
心気症　67
神経症傾向　129
神経認知障害　→NCD
心理社会的発達（モデル）　13, 127
心理的負債感　264
遂行機能　73
睡眠障害　183
ストレス　102, 138, 175
生活の質　→QOL
誠実性　129
成　熟　22, 213
生殖細胞　230
精神的加齢変化　23
精神発達　22
精神分析モデル　35
成　長　22, 216
世代間アンビヴァレンス　154
世代間連帯　152
世代境界　257
世代継承性　214
絶望（感）　128
先行症　194
潜在記憶　98
染色体　230
選　択　18, 37
前頭前野　73, 74
せん妄　185
躁うつ病　182
喪　失　23, 37, 247
創造性　115, 121
　　──の発達曲線モデル　122
躁　病　182
ソーシャルインテグレーション

165, 175
ソーシャルサポート　165, 168
　——の分類　166
ソーシャルネットワーク　164, 168

● **た　行**

体細胞　231
対処理論　40
対人関係（人間関係）　126, 167, 214, 219
大神経認知障害　→Major NCD
多細胞生物　230
他者（関係）　211, 214
他者への関心　115
タナトス　227, 234
単細胞生物　230
知　恵　115, 128
　——と感情　119
　——の測定　116
知能（知的能力）　78, 106
　——の構造　106
　——の個人差　114
　　結晶性——　107
　　社会的——　118
　　流動性——　107
注　意　81
　——資源　89
聴覚（聴力）　67, 78, 100
聴覚的感覚記憶　→エコイックメモリ
超高齢化　205
超高齢期　46
超高齢者　11, 205, 208
超高齢社会　10
長寿（長命）　4, 9, 205, 208, 226
調和性　129
定年（制度）　15, 42, 45
適　応　27
テロメア　231
テロメラーゼ　232
転　倒　71
統合（性）　13, 31, 127, 129, 214

　——と絶望　31, 127, 136
ドーパミン　76

● **な　行**

内省的態度　115
内部統制　215
難　聴　67
2次的制御　39
日常生活動作　→ADL
人間関係　→対人関係
認知機能　75, 77, 187
認知行動療法　71
認知症　183, 187, 192, 261
　仮性——　184
　前頭側頭型——　195
　脳血管性——　194
　まだら——　194
　レビー小体型——　186, 195
ネガティヴな関係　152, 156, 157, 176
年齢アイデンティティ　25
年齢差別　15, 25, 57
脳　73, 194
　——の老化　75, 88
脳梗塞　194

● **は　行**

配偶者　146, 158
パーキンソン症状　77, 195
白　質　76
白鳥の歌現象　122
長谷川式認知症スケール　→HDS-R
パーソナリティ（人格）　126, 213
　——特性と知恵　118
　——と寿命　137
　——の変化と安定性　127
発達課題　27, 127
発達段階　27, 127
発達的対立仮説　153
発達的調整作用　38
判断力　115

悲嘆のプロセス　270
一人暮らし（高齢者）　144, 150, 256
皮膚感覚　70
皮膚寄生虫妄想　187
百寿者　11, 205
病識の低下　194, 197
不確実性の理解　116, 117
符号化　100
プライミング　98
フリン効果　113
文化化　107
ヘイフリック限界　229
ベルリン加齢研究　173, 208
補充現象　68
補償　37
補償を伴う選択的最適化理論
　　→SOC 理論
ホスピスケア　240

● ま　行

慢性疼痛　71
味覚　69
看取り　238, 243
無意識　234
無気力　194
メタ記憶　86
妄想　186
　　物とられ――　186, 261
喪の仕事　271
物忘れ　86, 90, 183
　　主観的――　183

● や　行

役割獲得　43

友人関係　146, 171
予期的悲嘆　270
抑制機能　81
欲求の5段階説　36

● ら　行

来談者中心療法　36
ライフイベント　14, 26, 31, 118, 134
ライフコースモデル　33
ライフサイクルモデル　29
ライフステージ　153
ライフストーリー　136
理解力　115
離婚　158
離脱理論　40, 53, 167
リビドー　234
リビング・ウィル　238
老化　12, 22, 206
老眼　67
老後　46
老性自覚　16
老年学　53, 226
老年観　16
老年的超越　40, 212
老老介護　160, 268
6焦点モデル　135

● わ　行

ワーキングメモリ（作動記憶）　80, 90, 92

人名索引

● あ 行

アインシュタイン（A. Einstein）　234
アンスティ（K. J. Anstey）　89
井原西鶴　9
ウィリス（S. L. Willis）　112
ヴェルコフ（V. A. Velkoff）　204
ヴェルハーゲン（P. Verhaeghen）　89, 91
エリクソン（E. H. Erikson）　13, 29, 127, 128, 136, 211, 252
エルダー（G. H. Elder, Jr.）　34
大野裕　184
小田利勝　212
オルポート（G. W. Allport）　126

● か 行

カーステンセン（L. L. Carstensen）　139, 167
カステンバウム（R. Kastenbaum）　235, 236
カミング（E. Cumming）　40, 53
カーン（R. L. Kahn）　56
観阿弥　7
キケロ（M. T. Cicero）　4
キャッテル（R. B. Cattell）　106
キューブラー＝ロス（E. Kübler-Ross）　229, 241
キンセラ（K. Kinsella）　204
グルック（J. Glück）　119, 120
グレイダー（C. W. Greider）　232
クレイマー（A. F. Kramer）　102
クンツマン（U. Kunzmann）　119
コーエン（S. Cohen）　176
コスタ（P. T. Costa）　129, 131
コニディス（I. A. Connidis）　155
コルコム（S. Colcombe）　102
ゴールドシュタイン（K. Goldstein）　36

● さ 行

サイモントン（D. K. Simonton）　122
サーストン（L. L. Thurstone）　106, 110
サルストン（J. E. Sulston）　233
シャイエ（K. W. Schaie）　110
ジャクソン（D. D. Jackson）　258
ジャンケレヴィッチ（V. Jankélévitch）　235
シュルーツ（J. J. F. Schroots）　4
シュルツ（R. Schulz）　39
ショスタク（J. W. Szostak）　232
シルバーシュタイン（M. Silverstein）　148
シンガー（T. Singer）　97
スピアマン（C. E. Spearman）　106
世阿弥　7
セレラ（J. Cerella）　89
ソルトハウス（T. A. Salthouse）　81, 91
ゾレンゼン（S. Sörensen）　158
ソンダース（C. Saunders）　240

● た 行

ダーウィン（C. R. Darwin）　53
チャールズ（S. T. Charles）　96
ディーナー（E. Diener）　158
デーケン（A. Deeken）　227
トーンスタム（L. Tornstam）　40,

212, 252

● な 行

ニューガーテン（B. L. Neugarten）　221
ネイヤー（F. J. Neyer）　134

● は 行

ハヴィガースト（R. J. Havighurst）　27
バーディット（K. S. Birditt）　154
バトラー（R. N. Butler）　15, 57, 220
パービン（L. A. Pervin）　126
バルテス（P. B. Baltes）　23, 37, 57, 116, 119, 208
ピルマー（K. Pillemer）　154
ビレン（J. E. Birren）　4
ピンカート（M. Pinquart）　158
ファレンテイン（S. A. Valentijn）　88
フィンガーマン（K. L. Fingerman）　153
フッカー（K. Hooker）　134
ブラック（S. Bluck）　119, 120
ブラックバーン（E. H. Blackburn）　232
プラトン（Platon）　5
ブラントシュテッター（J. Brandtstädter）　40
フリン（J. R. Flynn）　113
ブレナー（S. Brenner）　233
フロイト（S. Freud）　234
ヘイフリック（L. Hayflick）　229
ヘックハウゼン（J. Heckhausen）　38
ベックマン（L. Bäckman）　77
ベングトソン（V. L. Bengtson）　152
ヘンリー（W. E. Henry）　40, 53
穂積陳重　8
ホロビッツ（R. Horvitz）　233
ホーン（J. L. Horn）　106

● ま 行

マイヤー（C. A. Meier）　35
マクアダムス（D. P. McAdams）　134
マクマレン（J. A. McMullin）　155
マズロー（A. H. Maslow）　36
マックレイ（R. R. McCrae）　129, 131
マルクーン（A. Marcoen）　90
ミニューチン（S. Minuchin）　257
メチニコフ（I. I. Mechnikov）　226

● や 行

柳田邦男　243
ユング（C. G. Jung）　9, 35, 229

● ら 行

ラスレット（P. Laslett）　208
リフ（C. D. Ryff）　59, 213, 216
リュッシャー（K. Luescher）　154
リンデンバーガー（U. Lindenberger）　77
レヴィ（B. R. Levy）　137
ロウ（J. W. Rowe）　56
ロジャーズ（C. R. Rogers）　36
ロスバウム（F. Rothbaum）　39
ロバーツ（B. W. Roberts）　131

● わ 行

ワード（R. A. Ward）　157
ワン（H. Wang）　204

● 著者紹介

佐藤 眞一（さとう しんいち）
大阪大学名誉教授，大阪府社会福祉事業団特別顧問，博士（医学）

髙山 緑（たかやま みどり）
慶應義塾大学理工学部教授，博士（教育学），臨床心理士，公認心理師

増本 康平（ますもと こうへい）
神戸大学大学院人間発達環境学研究科教授，博士（人間科学）

老いのこころ
――加齢と成熟の発達心理学
The Mind in Old Age

有斐閣アルマ

2014 年 6 月 10 日　初版第 1 刷発行
2019 年 9 月 5 日　初版第 2 刷発行（補訂）
2024 年 8 月 10 日　初版第 4 刷発行

著　者	佐　藤　眞　一
	髙　山　　　緑
	増　本　康　平
発行者	江　草　貞　治
発行所	株式会社　有　斐　閣

郵便番号　101-0051
東京都千代田区神田神保町 2-17
https://www.yuhikaku.co.jp/

印刷・株式会社理想社／製本・牧製本印刷株式会社
© 2014, Shinichi Sato, Midori Takayama,
Kouhei Masumoto. Printed in Japan
落丁・乱丁本はお取替えいたします。
★定価はカバーに表示してあります。

ISBN 978-4-641-22016-4

JCOPY　本書の無断複写（コピー）は，著作権法上での例外を除き，禁じられています。複写される場合は，そのつど事前に，(一社)出版者著作権管理機構（電話03-5244-5088, FAX03-5244-5089, e-mail: info@jcopy.or.jp）の許諾を得てください。